2 €

POCHES ODILE JACOB

LES FILLES
ET LES PÈRES

DU MÊME AUTEUR
CHEZ ODILE JACOB

Les Filles et les Pères, 2007.
Mère et fils, 2005, « Poches Odile Jacob », 2007.
Petit ou grand anxieux, 2002, « Poches Odile Jacob », 2004.
Le Guide de l'adolescent. De 10 à 25 ans, 1999, 2001, 2007.
L'Adolescent aux mille visages, avec D. Marcelli, 1998.
Le Sexe des émotions, 1996, « Poches Odile Jacob », 2000.
Tout est dans la tête, avec É. Albert, 1992, « Poches Odile Jacob », 2001.

ALAIN BRACONNIER

LES FILLES ET LES PÈRES

Odile Jacob
poches

15, rue Soufflot, 75005 Paris

www.odilejacob.fr

ISBN : 978-2-7381-2064-9
ISSN : 1621-0654

INTRODUCTION

Un père peut-il parfois trop aimer sa fille ? C'est à partir de sa relation avec son père que chaque fille va construire son destin de femme. C'est cette relation qui cimentera toute son existence quand, de petite fille, elle va devenir adolescente, puis femme, amante ou épouse.

Comprendre la relation qu'une fille a avec son père, c'est toujours comprendre le rôle que celui-ci joue dans sa construction de jeune fille, puis de femme. L'empreinte laissée est positive quand les filles se sentent portées par le désir de leur père et l'envie qu'ils soient fiers d'elles : la fierté est un stimulant à nul autre pareil, sans équivalent pour la vie professionnelle, familiale et amoureuse, et les filles ont besoin d'être portées par ce désir paternel, à condition que ce ne soit ni un désir superficiel, ni un désir égoïste. Mais cette empreinte peut aussi être négative, quand il y a trop d'amour, par exemple, ou lorsque le lien a laissé une blessure mal refermée.

Aujourd'hui, nombre de femmes attendent d'un homme qu'il soit à la hauteur de leur père, mais qu'il n'en ait pas les défauts, qu'il force leur admiration, mais qu'il sache aussi leur donner les marques d'affection qu'elles n'ont pas toujours ou assez reçues. Serait-ce parce que leur attente du « père idéal » n'est pas comblée qu'elles continuent parfois de le chercher longtemps ? Serait-ce parce qu'elles veulent un homme qui ait l'ensemble des qualités de leur père que certaines filles ne trouvent pas la « perle rare » qui saurait s'occuper d'elles et les aider à se réaliser dans leur vie de femme ?

Tous les pères ont un rôle déterminant sur le destin de leurs filles, et cela est vrai dès les premiers jours, les premiers mois de vie. Comment, alors, doivent-ils se comporter pour pouvoir délivrer à leur enfant ce passeport de féminité dont elle aura tant besoin plus tard pour construire sa vie de femme ? Que doivent-ils faire et que doivent-ils ne pas faire pour que leur fille, devenue grande, puisse être heureuse avec eux, grâce à eux, et non pas contre eux ? Bien sûr, on ne peut résumer l'histoire d'une femme aux modalités de sa relation avec son père, mais combien de satisfactions et d'insatisfactions féminines peuvent pourtant s'analyser à travers cette histoire, quand on se donne la peine d'y réfléchir !

Le rôle et la fonction des pères ne sont plus les mêmes qu'il y a cinquante ans. La place qu'ils prennent, ou qu'ils devraient prendre auprès de leur fille dès sa toute petite enfance, a considérablement changé. Nous sommes passés d'un modèle patriarcal, inaccessible, à un modèle paternel auquel une fille peut directement s'identifier, à condition qu'il en vaille la peine. La relation entre un père et sa fille en est nécessairement modifiée. Aujourd'hui, un père participe affectivement et concrètement à la construction de sa fille dès les tout premiers mois de sa vie ; les études sur ce sujet le confirment toutes. Quelle transformation en à peine quelques décennies ! Du côté des filles, aujourd'hui beaucoup plus qu'hier, celles-ci peuvent s'identifier dans tous les domaines de la vie à leur père : dans leur scolarité, dans leur mode de vie, dans leur indépendance, dans leur vie affective et amoureuse, dans leur réussite sociale : leurs attentes face à ce père en sont, du même coup, profondément transformées. Quelles sont-elles ? Comment se manifestent-elles et que signifient-elles fondamentalement ? On sait que la relation entre une mère et sa fille est marquée par l'ambivalence, que la relation entre un père et son fils est dominée par la complicité et la rivalité et qu'entre une mère et son fils, c'est l'amour et le besoin de distance qui prédominent. Mais, entre un père et sa fille, qu'en est-il ? Comment qualifier ce lien et comment expliquer les principales difficultés rencontrées à notre époque ? Même si elle est différente pour chaque fille, y compris dans une même famille, il me semble que l'histoire qui unit un père à sa fille reste faite de non-dits, des non-dits qui sont le fruit d'une pudeur aussi forte que les sentiments éprouvés, mais des non-dits qui résultent aussi des colères et des déceptions qui ont pu s'accumuler au fil du temps. On voit cela chez certaines filles qui prennent conscience que leur père ne s'est pas suffisamment détaché de sa propre enfance et continue à projeter sur toutes les femmes, y compris sa fille, l'image de sa propre mère.

* * *

Catherine de Médicis, reine de trois rois de France, doit-elle son énergie, sa force de caractère, son goût du pouvoir, à sa lignée paternelle qui a fait de Florence, à l'époque de son père, Laurent II, et de son grand-père, Laurent le Magnifique, le centre de l'Europe ? Si j'en crois mon expérience professionnelle, l'empreinte que laisse un père sur une fille n'est pas réservée aux rois et aux princesses. Revenons aux jeunes femmes d'aujourd'hui. Comment ne pas considérer que la relation à leur père a, pour une part, cimenté leur existence ? Prenons Anaïs. Cette jeune femme moderne, qui aime l'indépendance, n'est pas satisfaite de son couple. Ce qu'elle voudrait, dit-elle, c'est se sentir aimée, libre, soutenue et « impressionnée ». Prenons maintenant le père d'Anaïs. Comme souvent les hommes de cette génération, c'était un père autoritaire, parfois colérique, mais qui aimait ses enfants ; un homme distant, mais qui avait réussi socialement ; un homme très investi, aussi, dans sa vie extrafamiliale, qu'elle soit professionnelle ou extraconjugale. Petite, Anaïs aurait aimé que son père soit plus présent, qu'il lui parle plus, qu'il s'intéresse à elle davantage. Elle aurait voulu sentir qu'elle comptait infiniment pour lui, mais ce n'était pas le genre d'homme à montrer ses sentiments. Devenue femme, cette trentenaire intelligente et débordante d'énergie souhaite, certes, comme nombre de ses contemporaines, que son mari l'aide, qu'il partage avec elle les joies et les difficultés quotidiennes, qu'il ne la déçoive pas au jour le jour, mais elle désire aussi, plus profondément, pouvoir retrouver à son contact certains des sentiments que son père a fait naître. Cette « figure du père » a suscité chez sa fille un mélange de colère, d'admiration et de pudeur.

Tout change quand on avance en âge, et les filles en ont probablement plus conscience que leurs pères. Souvent, ces derniers ont du mal à voir que leur fille grandit, ils peinent à la découvrir femme dans les bras d'un autre homme, à l'entendre demander conseil à un autre homme, à la voir accepter l'autorité qui n'est pas la leur. S'il s'estompe avec le temps, ce désir de rencontre, cette quête du père, ne s'épuise jamais avec le temps. Au fond, filles et pères ne sont pas « si » différents, mais ils le sont suffisamment pour chercher, et parfois pendant longtemps, à se parler et se rencontrer. Dans le très beau film *La Maison du lac*, récompensé par trois oscars, Jane et Henry Fonda jouent le rôle d'une fille et d'un père qui font le bilan de leur étonnante relation. Se retrouvant ensemble au bord d'un lac, Chelsea (Jane Fonda) prend conscience des échanges qui lui ont manqué avec son père et de l'amour qu'elle en attendait. Norman (Henry Fonda), d'un caractère fier et d'une ironie parfois corrosive, découvre, lui, toutes les erreurs qu'il a faites en ne comprenant pas ce que sa fille voulait de lui. Cette fille et son père sont alors confrontés à l'intensité d'une affection que leur absence de communication et leur distance apparente ne laissaient pas supposer. Les filles et leur père auraient-ils besoin de toute une vie pour se rencontrer ? En riant, je demandai un jour à une amie qui se lamentait sur l'égoïsme masculin, jusqu'à quel âge elle avait aimé son père. Elle me répondit avec humour : « Jusqu'à 2 ans, jusqu'à ce que je découvre qu'il était un homme ! » Puis, devenant tout à coup sérieuse, elle ajouta sur le mode de la confidence : « Je crois bien que mon père a toujours été l'homme le plus important de ma vie. Un jour, j'aimerais bien lui dire tout cela, mais à une condition : qu'il prenne le temps de m'écouter, qu'il ne se vexe pas si je lui fais des reproches, et qu'il se dispense de ce ton paternaliste qui m'a si souvent agacée, comme si j'étais toujours une petite fille ! »

* * *

Les femmes qui m'ont longuement parlé de leur père m'ont souvent aussi longuement parlé des difficultés qu'elles rencontraient avec lui. Je me suis interrogé avec elles : pourquoi, dans cette relation parfois dure, faite d'amour et de pudeur, faut-il, pour certaines, toute une vie pour réellement se trouver, s'approcher et se dire qu'on s'aime ? Est-ce parce que la relation avec leurs pères cimente l'existence des filles, et que le ciment est un matériau qui demande du temps pour permettre la réalisation d'un édifice réussi ? Avec le temps, donc, les filles deviennent des femmes, et elles conservent longtemps, au-delà des apparences, cette admiration qui les habitait petites filles. De leur côté, les pères, avec le temps, finissent par accepter le fait incontestable que leurs filles sont devenues des femmes et qu'ils continuent de les aimer, mais différemment. La rencontre profonde entre ces deux êtres nécessite parfois des années pour permettre un recul suffisant et une parole sans culpabilité, sans agressivité, comme entre deux adultes qui s'aiment profondément. Le temps, toujours le temps…

De tout cela, ne doit-on pas tirer les conclusions qui s'imposent avant qu'il ne soit trop tard ? Ne peut-on pas mieux favoriser aujourd'hui ce dialogue, plus difficile qu'il n'y paraît, entre les filles et les pères ? Les pères doivent admettre que leurs filles ont des intuitions et des attentes, même si elles ne les expriment pas directement ; les filles doivent savoir que leur père a souvent de la tendresse, de l'amour et de l'estime à leur égard, même s'il n'est pas le champion de l'expression des sentiments. Chacun a un pas vers l'autre à faire.

Au cœur de la relation des filles et de leur père se trouve un fort besoin de pudeur qui protège le plus souvent de grands moments passionnels : à défaut d'être totalement levé, cet obstacle doit au moins être en partie contourné. Ce livre est issu de tout ce que les filles qui se sont confiées à moi m'ont raconté sur leur père, à moi qui suis un homme, mais aussi un thérapeute, et qui joue, pour cette raison, un rôle particulier. Que leur relation à leur père ait été heureuse ou malheureuse, toutes m'ont assuré, tôt ou tard, de l'importance capitale que cet homme avait joué dans leur vie. Évidemment, j'ai aussi pris en compte ce que les pères me disaient ou encore ce que les mères me rapportaient. J'ai essayé de comprendre ce qui m'était dit clairement et directement, j'ai tenté d'extraire le sens caché d'autres propos. Je souhaite ici transmettre ce que j'ai ainsi appris, dans l'espoir que les filles d'aujourd'hui et de demain ne se sentent plus seules face aux questions qu'elles se posent sur leur père et que leur vie en soit plus facile, dans l'idée aussi que les pères en sachent un peu plus sur ce que leurs filles attendent d'eux et qu'ils les comprennent mieux. Au bout du compte, il s'agit donc, pour nous, ici, d'apporter des éléments de réponse à cette question fondamentale que se posent les filles : « Mais qui est mon père ? » et à celle, tout aussi troublante et essentielle, que se posent en miroir les pères : « Mais qui est donc ma fille ? »

Chapitre I

PÈRE, QUI ES-TU ? FILLE, QUI ES-TU ?

Une fille qui parle de son père en donne très vite une image qui le fige dans une de ses postures. Cette image donne à voir l'aspect sur lequel elle a le plus envie d'insister, celui qui l'a le plus préoccupée. Le panorama que je présente ici rassemble les « photos » que j'ai souvent entendu évoquer. Il n'est pas forcément complet, il ne reflète pas tout l'éventail des possibles, mais il rend compte des représentations les plus fréquentes, les plus déterminantes. Évidemment, derrière ces images, les liens qui unissent une fille et son père sont riches, et beaucoup plus complexes qu'un simple label. Cela dit, un cliché reste un repère ; c'est de lui qu'il faut partir pour comprendre les enjeux d'une relation singulière et à nulle autre pareille. Une fille peut s'appuyer sur l'image globale qu'elle a de son père – « tu étais tellement autoritaire ! » –, mais ce sont les raisons qui l'ont amenée à se focaliser sur cette image qui méritent, une fois le cliché éclairci, d'être comprises.

Ce que les femmes racontent de leur père

Les filles ont souvent peur de leur père, et cette crainte ne les quitte souvent pas avant longtemps. Pourtant, elles aiment leur père. C'est l'un des paradoxes les plus notables de la relation entre les filles et leur père. On peut se lasser d'aimer, mais jamais d'être aimé : la peur que les filles éprouvent envers leur père viendrait-elle de leur crainte de ne plus être aimées ? Ou bien est-elle liée à la position d'autorité symbolique qu'incarne le père ? Dès 6-7 ans, les filles réfléchissent à ce que leur père représente pour elles et elles portent, c'est incontestable, des jugements sur leur géniteur. Jusqu'où cet amour peut-il donc aller ? À quelle désillusion peut-il, parfois, aboutir ? Voyons tout cela au gré de différentes histoires.

« *Il a toujours été là pour moi* » : *le père idéal*

Valérie, une amie à qui je parlais du projet de ce livre, me dit d'emblée : « J'espère que tu ne parleras pas que des problèmes... Tu sais, je me suis beaucoup mieux entendue avec mon père qu'avec ma mère... Il m'a toujours donné le sentiment qu'il serait là pour moi... » Il existe beaucoup de « bons pères » ou, pour paraphraser la formule du pédiatre et psychanalyste Winnicott, de pères « suffisamment bons ». Est-ce un don inné, un modèle heureux qui leur aurait été transmis par leur propre père ? S'agit-il, au contraire, d'une « réparation » par rapport à un père qu'ils n'auraient pas aimé, qu'ils ne voudraient surtout pas imiter ? Ou, alors, d'une filiation par rapport à une mère tellement aimée qu'ils en ont cherché l'image dans leur fille ? Chaque histoire est singulière, mais on retrouve presque toujours, chez ces filles, ces femmes, l'idée que leur père était le meilleur, qu'il sera toujours là pour elles : les autres hommes peuvent-ils être à la hauteur ? Telle est la vraie question quand le père est jugé parfait et au-dessus de tout soupçon...

Ainsi, Diane, étudiante en langues, qui vient de rompre avec son petit ami. Elle se sent triste et a besoin de réconfort. Elle en parle à sa meilleure amie et à son frère, qui est son confident, mais qui vit actuellement en Angleterre. Sa relation avec sa mère est une relation mère-fille typique, faite de complicité et de rivalité. Les conflits sont fréquents. Diane se sent seule et cette solitude lui pèse. Le moment qu'elle vit est difficile. Je lui demande : « Et votre père ? » Pour la première fois, dans ce premier entretien, un sourire illumine son visage. Elle me répond : « Avec mon père, on ne se parle pas beaucoup, mais je sais qu'il m'aime ; il m'a toujours beaucoup aimée. Je pense même que je suis sa préférée. Je sais que je peux compter sur lui. » Ce sentiment qu'un père saura toujours « répondre présent » est une constante chez toutes les filles qui ont une bonne, sinon une très bonne image de leur père. À l'évidence, cette base de sécurité – que les psychologues de l'attachement ont attribuée à la mère – revient, dans leur cas, au père.

Laurence, elle, a des soucis professionnels. Elle se sent maltraitée par sa directrice ; c'est à la limite du harcèlement moral. Elle me dit qu'elle n'a pas été habituée à vivre de tels conflits. Ses parents sont très différents, mais ils ont été, l'un et l'autre, très attentionnés envers leurs enfants. Envers elle notamment. Ses parents étaient facilement anxieux – surtout sa mère, ajoute-t-elle ; ils se disputaient parfois, mais ils évitaient toujours de faire retentir leurs problèmes personnels sur leurs enfants. Laurence a le souvenir d'un père qui, lorsqu'elle était petite, venait tous les soirs s'asseoir sur son lit pour lui raconter une « histoire » et lui dire bonsoir. Elle se souvient aussi que son père, dès qu'il le pouvait, l'aidait à réviser ses leçons ; il le faisait sans s'énerver, sans non plus exiger qu'elle soit une élève parfaite ; il se montrait attentif à sa vie scolaire, aux notes qu'elle rapportait à la maison ; il participait aux conseils de classe. Devenue adolescente, Laurence a eu besoin de prendre ses distances par rapport à son père, ce qu'il a, dit-elle en souriant, bien supporté. Il ne s'est jamais mêlé de ses flirts, il n'a porté aucun jugement sur ses petits amis. Pourtant, il était là et bien présent. *Via* sa mère, évidemment, qui le tenait au courant de ses confidences... Le jour du baccalauréat, Laurence se souvient que son père l'a accompagnée le matin, sans lui poser de questions, sans la stresser ; il lui a simplement acheté un pain au chocolat, son petit déjeuner favori...

C'est une série de petits détails, apparemment sans importance, qui lui reste affectivement en mémoire. Laurence pense qu'elle a toujours parlé facilement à son père. Ce souvenir est précieux au moment où elle doit affronter des difficultés professionnelles. Elle a l'image d'un père qui a toujours été de bon conseil, qui a toujours cherché à lui apporter de l'affection. Elle ne voit pas son père comme un papa poule, un papa qui l'aurait trop aimée. Elle ne le voit pas comme un père égoïste ou un père indifférent.

Cet homme, orphelin de son propre père lorsqu'il était enfant, a été élevé avec sa sœur par sa mère, sa grand-mère et son grand-père paternels. Laurence pense que, bien qu'il n'en parle jamais, son père n'a pas toujours eu une enfance heureuse. Est-ce la raison pour laquelle il s'est montré toujours aussi attentif à ses enfants ? A-t-il hérité de sa mère d'un caractère plutôt optimiste ? Est-il tout simplement doué pour être un bon père ? Laurence n'a pas la réponse, mais elle est persuadée qu'elle pourra toujours compter sur son affection tant qu'il sera sur terre et, sans doute, même au-delà…

L'histoire d'Émilie est apparemment aux antipodes de celle de Laurence. Celle-ci se juge trop capricieuse, elle a le sentiment d'avoir toujours besoin de réassurance. Après des études de décoration, elle a travaillé dans plusieurs ateliers, mais aucun ne lui a convenu. Émilie a pris rapidement conscience qu'elle avait besoin d'un patron qui la rassure. Elle en a trouvé un et se sent, depuis, beaucoup moins anxieuse. Côté vie privée, elle est tombée amoureuse d'un homme de quinze ans plus âgé qu'elle ; elle l'admire, il lui apporte une sécurité qu'elle n'a rencontrée auprès d'aucun garçon de son âge. D'où vient ce besoin de se sentir protégée ? Sûrement de loin, dit-elle. Déjà enfant, elle se souvient qu'elle était très anxieuse ; elle avait besoin de bien faire et d'avoir de bonnes notes. Elle se souvient aussi que, lorsqu'un professeur lui paraissait plus sévère ou ne comprenait pas son caractère, elle était désemparée : ses notes pouvaient alors s'effondrer. Douée pour le dessin, Émilie se réfugiait, dans ces moments d'angoisse et de doute, dans sa chambre pour rêver et dessiner. C'est ainsi que, tout naturellement, elle s'est dirigée vers des études d'arts plastiques.

Cette anxiété, Émilie a longtemps pensé la tenir de sa mère. Elle considérait son père comme un homme très protecteur, rigoureux, qui lui avait toujours donné ce dont elle a besoin, sans la gâter. « Il a su, dit-elle, ne pas entrer dans mes caprices. Il s'occupait de tout à la maison. Sans doute, dit-elle, en raison de l'anxiété de sa mère pour qui tout était un problème. Après qu'elle ait eu terminé son école d'arts plastiques, son père, contre l'avis de sa mère, a accepté qu'elle parte à l'étranger pour compléter son cursus et devenir plus autonome. Cette année-là lui a confirmé ses difficultés relationnelles avec les autres, en raison de son côté capricieux et trop dépendant. Elle a attribué ces aspects de son caractère aux angoisses qu'elle éprouvait, ce que j'ai moi-même pensé en début de cure. Avec le recul, Émilie pense que son père l'a laissée faire des erreurs mais qu'il a toujours exercé une autorité qu'elle considère comme positive. De retour en France, elle s'est installée seule, mais a continué à rencontrer des difficultés relationnelles et des difficultés dans sa vie de tous les jours. Elle se sentait incapable d'entreprendre des démarches, de s'occuper de documents administratifs, de gérer la vie quotidienne. Un exemple révélateur a été celui de l'achat de ses meubles. Elle a appelé son père à la rescousse, sous le prétexte qu'il était bon négociateur, tout en sachant que le prétexte était fallacieux...

Après sa liaison avec un homme nettement plus âgé qu'elle et dont elle savait qu'elle correspondait plus à un désir de protection qu'à un réel sentiment amoureux, elle a rencontré un jeune homme de son âge qui a su tout à la fois s'opposer à elle – lorsqu'elle devenait trop exigeante ou trop dépendante – et la rassurer par la sécurité affective et matérielle qu'il lui apportait. Bien qu'aimant toujours son père, Émilie a eu le sentiment qu'elle pouvait désormais s'en détacher et, même, s'autoriser à le critiquer, sans le rejeter pour autant. Elle a pris conscience des bienfaits que lui apportait un père tendre, protecteur et respectueux de ses désirs d'indépendance. Ces qualités, elle les attend de son compagnon, lorsqu'ils auront des enfants.

Comme en toute chose, mesure est bonne : la tendresse et la protection paternelles doivent laisser la possibilité à une jeune fille de gagner son autonomie et de prendre ses propres responsabilités. Cela veut dire qu'un père « suffisamment bon » doit savoir parfois faire preuve d'amour et de fermeté, c'est-à-dire ne pas être ambivalent. L'attention que j'évoque ici n'est pas synonyme d'étouffement et la fermeté n'est pas la méchanceté ou l'injustice : l'attention, c'est l'intérêt pour l'autre et la fermeté, la cohérence et la stabilité d'une attitude qui prend en compte le point de vue de l'autre. Une fille peut ne pas apprécier sur le moment l'attitude de son père, mais, plus tard, elle dira : « Au fond, j'ai toujours su qu'il le faisait pour mon bien ; il avait raison. » Pour une fille, la capacité que son père a d'accepter même des erreurs qui doivent la confronter aux difficultés de la vie est la preuve de sa qualité éducative.

Chaque mère sait que le dosage entre un sentiment protecteur et la nécessité de favoriser l'autonomie de son enfant est difficile. Pour un père envers sa fille, c'est tout aussi vrai. Sans affection ni protection, une fille peut se sentir malheureuse et en danger, mais, si les sentiments paternels sont trop intenses ou se prolongent trop longtemps, ils peuvent aussi l'étouffer. L'être humain, au-delà de ce qu'il réclame consciemment, est toujours prêt à se laisser porter par un autre – sans doute faut-il voir là une nostalgie inconsciente de la petite enfance. Comme une mère n'aime jamais trop son fils, à condition qu'elle aime son enfant, et non elle-même à travers son enfant, un père doit savoir doser son amour pour que sa fille ne se sente ni abandonnée ni étouffée. *Une fille sentira que son père l'aime s'il l'aime pour ce qu'elle est, avec ses défauts et ses qualités, ses certitudes et ses craintes, et non pas pour ce qu'elle suscite comme satisfaction personnelle chez lui.*

Ce qu'une fille attend de son père, et ce qu'elle en reçoit souvent, va l'amener à considérer son père comme un être tendre et protecteur. Les manifestations tangibles ont toute leur importance ici. Quand un père demande à sa fille au cours d'un repas : « Et toi, qu'en penses-tu ? », il lui manifeste un intérêt et un respect qui vont au-delà de la petite phrase anodine. Quand un père sait interrompre son travail et se rendre immédiatement disponible lorsque sa fille rencontre un vrai problème – scolaire, universitaire, professionnel, un problème de santé ou un problème matériel –, sa fille n'a pas besoin de l'entendre dire qu'il l'aime : elle le constate concrètement, par son attitude, par l'écoute et l'attention qu'il lui témoigne. Quand un père achète un livre, regarde un journal, une émission de télévision ou un site internet conseillés par sa fille, il lui dit à quel point elle compte pour lui. On pourrait multiplier les exemples qui signifient que, si les gestes affectueux et les mots tendres comptent, les comportements sont tout autant importants. En définitive, pour une fille, un père tendre et protecteur est un homme solide, ferme, stable, gai, digne de confiance, qui sait la défendre, un père attentionné, attentif, tendre, aimant et chaleureux. Ce père idéal est sans aucun doute un homme qui intègre les qualités masculines et féminines de force et de tendresse. Si tous les pères n'en sont pas encore capables, beaucoup cherchent à l'être aujourd'hui, mais est-ce l'image qu'en garde leur fille et est-ce l'image qu'elles en garderont lorsqu'elles chercheront un homme à la mesure de leurs attentes et de leur espérance ?

« Quand j'étais petite, il me faisait peur... » : les pères autoritaires

Combien de fois ai-je entendu cette phrase, de la bouche même de femmes ayant atteint la pleine maturité... Une petite fille peut être terrorisée par son père, et ce souvenir reste longtemps implanté dans son cœur. Les adultes font toujours un peu peur aux enfants, même quand il n'y a pas de violence verbale ni physique : ils sont grands, ils sont impressionnants, ils commandent, ils appartiennent à un autre monde... Cette crainte, les petites filles l'éprouvent tout particulièrement à l'égard de leur père, lequel n'a pas toujours conscience de l'effet que peuvent produire sa voix, sa stature, ses absences ou son mystère. Cela dit, qu'on soit père ou mère, il ne faut pas se refuser à exercer son autorité de parent ; il faut simplement que cette autorité soit juste, adaptée et proportionnée à la sensibilité des enfants.

Il existe incontestablement des caractères plus autoritaires que d'autres, et certains pères l'ont fortement. Il est vrai aussi que certaines filles sont plus sensibles que d'autres : un regard désapprobateur a, pour elles, une tonalité répressive qu'il ne contient pas forcément. C'est autant au père de s'adapter au caractère de sa fille que l'inverse. En psychologie, on appelle cela l'« ajustement réciproque ». Une jeune femme, hypersensible depuis l'enfance, me racontait : « Il suffisait que mon père fasse les gros yeux pour que je rentre dans ma coquille. Encore aujourd'hui, alors que je me sens tout à fait adulte, que je mène une vie d'adulte, que je me conduis comme une adulte, il suffit que je me retrouve devant lui pour que je redevienne la petite fille émotive d'avant. »

Cela dit, et c'est à mettre au crédit des filles, entre l'autorité protectrice et la réprobation à la limite de la méchanceté, la frontière est parfois mouvante. Écoutons le témoignage de cette collègue médecin : « J'étais la préférée de mon père, je le sentais bien. Il était injuste avec ma sœur, il la terrorisait. J'ai parfois eu l'impression qu'il ne l'aimait pas. Je n'ai jamais compris pourquoi. Cela a posé de gros problèmes. À ma sœur, bien sûr, mais aussi à moi. Ma sœur rencontre aujourd'hui toutes sortes de difficultés dans la vie, elle n'a jamais su s'affirmer. Au fond, je la crois dépressive et je pense que mon père y est pour beaucoup... Très tôt, je me suis rendu compte de ce traitement différent entre elle et moi. Cela m'a culpabilisée, mais, paradoxalement, le plus pénible pour moi était que je faisais tout pour plaire à mon père : j'étais prise entre l'envie qu'il ne traite plus ma sœur comme il la traitait et la peur qu'il me traite de cette façon-là. Du coup, j'ai été une adolescente très sage ; le moindre regard qui pouvait me faire craindre de ne pas être celle qu'il attendait que je sois m'arrêtait dans mes velléités de rébellion... J'ai été très sage, je vous dis. »

Ces pères sont souvent des hommes qui pensent, plus ou moins consciemment, que les femmes doivent « plier ». Leurs filles le comprennent, souvent tardivement ; elles en prennent conscience un jour, brutalement, ou bien à force de constater que, dans la vie, elles se sentent trop soumises à un représentant du sexe masculin – un petit ami, un collègue de travail, un patron, etc. Ainsi Séverine qui cherche à se désengager de son travail actuel d'assistante de direction et, par là même, des liens de soumission excessive qui la lient à son patron. Elle reconnaît que, lors de son entrée dans sa vie active, elle a cherché un « mentor ». Elle constate aujourd'hui qu'elle l'a trouvé... au-delà de ses espérances. Séverine se sent d'abord plus humiliée que révoltée, mais elle souffre de plus en plus des exigences de son patron, de la soumission qu'elle affiche, du caractère manipulateur de son « boss ». Elle commence doucement à réagir, elle se révolte avec prudence et intelligence. Elle arrive à dire non, ce qu'elle n'avait jamais fait auparavant. Séverine a fini par comprendre les raisons de cette soumission excessive qui la conduit à aller à l'encontre de ce qu'elle désire : son père a été et reste un homme autoritaire et violent par ses mots ; il a toujours montré sa force et sa puissance par l'argent qu'il gagnait et dont il faisait dépendre sa famille. De façon significative, en même temps qu'elle s'émancipe vis-à-vis de son patron, Séverine a, pour la première fois, osé dire à son père combien elle gagne par mois : c'est sans doute sa façon à elle de lui signifier qu'elle n'a plus besoin de lui... Toutefois, une telle démarche ne se fait pas sans difficulté. Par moments, Séverine a peur de ce qu'elle peut dire ou faire, mais elle a maintenant la certitude que, si elle ne s'affirme pas, elle restera toute sa vie profondément malheureuse. Physiquement, il n'est pas rare qu'un sentiment d'étouffement la saisisse ; elle sait que son corps exprime ainsi ce dont elle souffre psychiquement, mais elle est tout à fait convaincue que, avec le temps, son travail d'affirmation de soi va la guérir de cette angoisse.

J'ai constaté fréquemment que les filles qui réagissent contre un père trop autoritaire présentent des difficultés à reconnaître leur propre excès d'autorité. Elles ont tendance à choisir la révolte, à dire non quand il faut dire oui, à être idéalistes et à avoir du mal à gérer leurs forces et leur pouvoir. Comme si ces femmes s'étaient involontairement identifiées à leurs pères pour mieux s'en défendre... Sabine, par exemple, a deux sœurs et un frère. Elle est la seule à s'être révoltée contre un père autodidacte qui voulait que tous ses enfants travaillent dans l'entreprise familiale dès la fin de la scolarité obligatoire. Sabine s'est battue pour continuer l'école ; elle a été soutenue par son oncle maternel qu'elle adorait et qui, semble-t-il, était choqué par l'attitude de son beau-frère. Elle est partie de chez ses parents à 18 ans pour faire des études d'infirmière, elle s'est débrouillée seule pour subvenir à ses besoins. Tant qu'elle se battait contre son père pour gagner son autonomie, Sabine était plutôt heureuse, ce qui n'empêchait pas les moments de colère et de découragement. En revanche, dès qu'elle a été confrontée à d'autres jeunes gens de son âge, dans sa vie amicale ou amoureuse, elle s'est vite rendu compte de sa propre intransigeance et de son caractère autoritaire, et elle en souffre ! C'est un reproche de plus qu'elle fait à son père : il lui a transmis ses gènes !

« À la maison, c'était un vrai ado... » : les pères copains

On pense souvent aux « mères poules » quand on veut évoquer la trop grande proximité que certains parents ont avec leur enfant. Je ne reprendrai pas ici ce que j'ai pu écrire ailleurs sur cette question[1]. En revanche, il y a, me semble-t-il, un parallèle à faire avec ceux qu'on nomme familièrement les « pères copains ». En effet, un père peut, lui aussi, donner l'impression de trop aimer sa fille, de ne pas marquer assez la distance. Le plus souvent, c'est parce qu'il s'identifie à la jeunesse de son enfant : il lui porte un amour que l'on pourrait qualifier de narcissique, un amour tourné vers soi plutôt que vers l'autre. L'image du « père copain » renvoie souvent à des hommes qui n'arrivent pas à devenir des adultes et qui ont peur d'exercer leur fonction paternelle, des hommes qui ont du mal à assumer leur statut de parent et sont eux-mêmes dominés par le besoin infantile d'être aimés, au point, parfois, d'établir une relation fusionnelle avec leur fille.

Ces relations de copinage posent souvent de gros problèmes aux filles quand elles grandissent et à leurs mères qui ne trouvent pas l'appui paternel nécessaire pour élever leur enfant. Ces pères copains ont les mêmes centres d'intérêts que leur fille et les amis de son âge – séries télévisées, mode, musique… Ils font aussi parfois dans la surenchère, discutant des petits amis ou des flirts de leur fille, alors même que celle-ci n'y tient pas, préférant traditionnellement réserver ses confidences en ce domaine à ses copines ou, éventuellement, à sa mère.

Quand elles sont encore très jeunes, les filles de ces pères copains peuvent penser, voire laisser croire à leur entourage et même à leur père, qu'elles ont de la chance de pouvoir tout partager ainsi. Mais ce sentiment laisse toujours, à un moment ou un autre, place à un malaise qui les conduit à instaurer, plus ou moins adroitement, une distance qui n'existait pas. Parfois aussi, elles vont jouer, surtout à l'adolescence, sur l'opposition des comportements entre leurs deux parents : si leur mère dit non, elles arriveront à faire dire oui à leur père par exemple –, mais, ce faisant, elles s'aperçoivent, sans plaisir aucun, qu'elles peuvent manipuler leur père comme elles le veulent. Je me souviens d'une jeune fille qui a ainsi radicalement changé d'opinion sur le père d'une de ses amies. Après avoir commencé par me dire que son amie avait beaucoup de chance d'avoir un « père copain », qui lui parlait librement de sa vie et à qui elle pouvait tout dire, un père qui, en somme, n'était pas comme son père à elle qui, lui, ne comprenait rien aux jeunes, elle s'est ravisée. Elle a pris conscience que son amie n'était pas heureuse de voir son père se conduire avec elle comme un adolescent de son âge. Elle a même été horrifiée quand son amie lui a raconté que son père lui avait proposé de fumer un joint avec elle. Du coup, elle en est venue à changer de regard sur son propre père, qu'elle juge désormais beaucoup plus respectable… Je suis, comme beaucoup d'autres, persuadé de la nécessité de maintenir la « barrière transgénérationnelle », qui repose sur le respect des différents âges de la vie et des différents statuts au sein du groupe familial. Un père est un père : ce n'est pas un copain. Un copain, c'est un copain : ce n'est pas un père. Cette distinction n'empêche pas l'amour filial, bien au contraire.

« À part lui, rien n'existe ! » : les pères égocentriques

Chez les pères égocentriques, on trouve aussi une dominante narcissique, mais ce n'est pas un narcissisme projeté sur l'enfant comme dans le cas précédent du père copain, c'est un narcissisme « amibien » où tout est ramené à soi, à ses propres désirs, à ses propres besoins. « Les femmes servaient de nourriture affective à mon père, me raconte Géraldine. Il se comportait en égoïste face à elles ; il ne les regardait jamais pour ce qu'elles étaient, mais pour ce qu'elles lui renvoyaient comme image de lui-même. J'en ai aussi été victime, j'en ai souffert. » S'il faut s'aimer soi-même pour aimer les autres et pour construire sa propre identité, si le narcissisme a donc son utilité, il n'en est pas moins un obstacle à l'œdipe, c'est-à-dire au roman d'amour qui constitue la trame de la relation que les parents entretiennent avec leurs enfants et, notamment, des pères avec leur fille. Quand Narcisse détrône Œdipe, alors c'est l'égoïsme qui domine l'échange.

Aucune fille ne gagne à être la fille idéale de son père, car cette identification très forte au désir paternel risque de se faire au détriment de son existence de femme et de mère. Pensons à la redoutable déesse Athéna, fille de Zeus, le plus grand de tous les dieux grecs : toute-puissante et crainte qu'elle est, elle reste sans homme et sans enfant, ni femme ni mère. Pensons aussi, plus près de nous, à la dernière fille de Freud – j'en parlerai aussi plus loin : Anna a été la seule des enfants de Freud à devenir psychanalyste, et elle a suivi au mieux les traces de son père, mais elle n'a jamais été la hauteur du fondateur de la psychanalyse et son destin a été le même que celui d'Athéna, glorieux, mais solitaire.

Souvent, quand une fille cherche à s'identifier de façon excessive à son père, c'est en raison de l'admiration qu'elle lui porte et du sentiment qu'elle ne pourra jamais, en ce qui la concerne, atteindre un tel idéal. L'attitude du père dans ce type de rapports est évidemment tout sauf neutre : s'il accepte de se montrer imparfait malgré toutes ses qualités[2], il peut apaiser le désir identificatoire chez sa fille ; en revanche, si son égocentrisme l'emporte, sa fille sera très probablement confrontée à une insatisfaction personnelle dont elle ne reconnaîtra l'origine que parfois tardivement dans sa vie.

Kati explique ainsi son manque de confiance en elle. Elle n'éprouve pas de sentiments hostiles à l'égard de son père, elle se sent proche de lui, elle lui demande conseil lorsqu'elle se juge en difficulté. « Pourtant, dit-elle, mon père m'a élevée dans l'idée que l'on doit être fort et n'avoir besoin de personne. » Elle se sent prise entre deux tendances contradictoires : d'un côté, son admiration pour un père qui ne montre jamais ses faiblesses, qui fait face aux épreuves de la vie avec pugnacité et courage, comme lors de son licenciement économique par exemple ; de l'autre, le refus de considérer, comme son père, que les besoins affectifs sont une marque de faiblesse. Elle a tout fait pour cacher ses manques et ses frustrations. Et comme elle n'y est pas toujours parvenue, elle a éprouvé de la culpabilité, parfois de la honte : il fallait que son père l'approuve, et tant pis si ce n'était pas elle...

La désapprobation paternelle est redoutable pour une fille quand elle est liée à un excès d'exigence narcissique. Elle peut prendre différentes expressions et, par exemple, se manifester par le désaveu, plus ou moins flagrant, de toute fréquentation masculine, jamais assez digne, pire par le mépris de celui qui a pourtant été promu au rang de gendre ! En comparaison, les conflits belle-mère-belle-fille, si souvent évoqués, semblent plus faciles à « gérer », car ils sont plus conscients et mieux exprimés : les dédramatiser fait partie du possible ; entre hommes, rien de tel n'est envisageable : l'enjeu de rivalité s'accompagne de silence, quand ce n'est pas de déni. Je ne pense pas qu'un père imagine à quel point il fait souffrir sa fille quand il rejette l'homme qu'elle a choisi.

Ce genre de pères nourrit à l'endroit de leur fille des attentes démesurées. Leur exigence concerne généralement différents domaines : intellectuel, professionnel ou matériel ; elle n'exclut pas, nous venons de le voir, le domaine amoureux où elle se manifeste sous la forme d'une quête d'idéal masculin, jamais satisfaite, aucun prétendant n'étant assez « bien » pour cette fille tant chérie. Un tel comportement cache le plus souvent, chez le père, un désir inconscient de réalisation personnelle, voire une volonté de garder près de soi celle qu'il considère comme son héritière dans tous les sens du terme. Évidemment, un père est en droit d'être exigeant pour le bien de sa fille, mais pas systématiquement exigeant, car il apparaît alors que c'est son propre bien à lui et à lui seul qu'il vise. On ne s'en rend jamais mieux compte que lorsqu'un père « saborde » directement sa fille, parce qu'elle ne satisfait pas ses propres aspirations, qu'elle ne remplit pas ses attentes, nombreuses et élevées. Dans ces situations, tout y passe : le physique de la fille, ses capacités intellectuelles, sa vie sociale, son métier – en définitive, tout ce qu'elle est, tout ce qu'elle fait. Il ne s'agit plus alors de rivalité œdipienne visant à exclure toute concurrence masculine ou toute émancipation féminine, mais d'un besoin sadique, plus ou moins conscient, de disqualifier sa fille. Ces cas sont, heureusement, relativement rares.

« Au fond, il n'était jamais là » : les pères inaccessibles

Combien de filles et de femmes se plaignent d'avoir eu un père inaccessible ! Les raisons invoquées sont variables ; la plus courante est son hyperinvestissement dans le travail et sa faible disponibilité pour sa famille. Il arrive souvent, avec le temps, que ce reproche se change en reconnaissance d'un état de fait : « S'il travaillait autant, c'était pour nous rendre la vie plus facile. » Autre raison fréquemment invoquée : la personnalité introvertie du père. Là encore, un père introverti et peu communicatif est d'abord mal vu par sa fille, qui souffre longtemps de ses silences ou de ses maladresses ; avec l'âge ou le recul, ce reproche douloureux laisse volontiers place à un regret plus serein, à l'acceptation de la réalité d'un homme qui ne changera plus. En grandissant, les filles font leur deuil du père chaleureux et présent affectivement qu'elles n'ont pas eu ; elles prennent aussi conscience que la carapace paternelle est là pour protéger contre un certain malaise, qu'elle témoigne d'une timidité mal assumée ou d'une forme de psychorigidité pénible, mais incontournable. C'est au niveau supérieur que la plainte reste généralement douloureuse malgré les années. Il existe, en effet, une catégorie de pères dont l'inaccessibilité vient de ce qu'ils n'ont jamais désiré leur fille et ne se sont jamais intéressés à elle. Au trop peu de distance que nous mentionnions chez les pères copains s'oppose ici le trop de distance qui débouche, non pas sur de la déception ou de la colère, mais sur un sentiment d'abandon et de vide. Cette douleur est une douleur terrifiante pour un enfant ; elle laisse des traces à vie. Enfin, on peut rencontrer des femmes qui avec l'expérience de la vie font un constat douloureux : leur père leur paraît inaccessible parce qu'elles n'en comprendront jamais la complexité. Dans son autobiographie, au chapitre intitulé « Papa », Jane Fonda écrit à propos de son père, l'immense acteur Henry Fonda : « Henry donnait l'impression d'un homme ouvert mais inaccessible, doux mais capable d'accès de violence soudaine et dangereuse, très critique mais tout autant vis-à-vis de lui-même, emprisonné et cherchant à scier ses barreaux mais craignant la lumière, maladivement opposé à toute contrainte extérieure tout en s'imposant une discipline de fer. Son visage reflète ces conflits intérieurs. »

« *Je me souviens, il criait tout le temps...* » : *les pères colériques*

La colère fait partie des cinq grandes émotions humaines et concerne chacun d'entre nous. Cela dit, la facilité de son expression semble plus masculine que féminine, ce qui ne veut pas dire que les femmes ressentent moins de colère, seulement qu'elles l'expriment moins. Certaines colères se déclenchent de façon explosive et fréquente, parfois suscitées pour des raisons futiles : ce sont celles que les filles redoutent le plus, car non seulement elles leur font peur physiquement, comme souvent les manifestations d'autorité émanant du père, mais elles ne comprennent pas nécessairement un mode d'expression qu'elles n'utilisent pas de façon privilégiée.

Face à la colère d'un père, une fille ne possède pas forcément les moyens de réponse nécessaires, surtout si ces colères sont imprévisibles, si elles lui apparaissent disproportionnées dans leur intensité ou dans leur fréquence par rapport à ce qu'elle est en train de vivre : elle se sent impuissante et s'imagine facilement un drame que son imagination est prête à fantasmer. Géraldine se souvient des accès de colère paternelle qui l'effrayaient lorsqu'elle était enfant, elle n'en comprenait pas les raisons ; peu à peu, elle s'est habituée. Cela ne l'a pas empêchée d'aimer ce père qu'elle voyait peu et de vivre avec émotion leurs moments heureux – petite, il lui racontait une histoire ; plus grande, il venait, lorsqu'il était présent, la chercher à la sortie de l'école. Pourtant, trente ans plus tard, ses cris résonnent encore à ses oreilles. Elle y voit un lien direct avec sa difficulté à se confronter au moindre conflit, à s'affirmer personnellement, socialement et professionnellement dans le monde adulte. Intuitivement, elle associe le souvenir, inscrit dans sa mémoire, des colères de son père et la hantise qu'elle a de tout sujet de dispute ou d'éventuel désaccord. Évidemment, un adulte n'a pas à s'interdire de se mettre en colère, quand la situation le justifie, mais, quand il se trouve en position paternelle, position qui est une position d'autorité, de protection et de sécurité, vis-à-vis notamment de sa fille, il se doit de prendre en compte les causes du sentiment qu'il éprouve et les conséquences que la manifestation de ce sentiment peut avoir sur son enfant : les accès de colère, incompréhensibles et imprévisibles, risquent, en effet, d'induire une « angoisse flottante », une inhibition à penser ou encore une tendance à dramatiser toutes les situations de l'existence.

« Matériellement, je n'ai jamais manqué de rien... » : les pères « banquiers »

Il existe des pères dont les filles ressentent douloureusement qu'ils ne pensent qu'à leur assurer un certain confort matériel et financier. Par le passé, le statut patriarcal du père mettait volontiers en avant ce rôle de pourvoyeur aux besoins de la famille ; *Le Père Goriot* de Balzac en est l'un des témoignages les plus illustres. Aujourd'hui, ce statut de « père banquier » se retrouve volontiers dans deux situations distinctes. La première est celle de pères dont le travail est extrêmement prenant et dont la fille dit : « Il n'est jamais là, je ne fais rien avec lui, mais c'est grâce à lui que nous vivons comme nous vivons... » ; en retour, lorsque leurs filles ont des problèmes, ces pères avancent volontiers l'argument suivant : « Il faut bien que je travaille pour nourrir la famille... » L'autre situation est beaucoup plus récente, puisqu'elle concerne les familles séparées où les enfants vivent avec la mère et où le père verse une pension alimentaire pour subvenir à leurs besoins. L'histoire de Caroline combine ces deux aspects. Depuis l'âge de 8 ans et la séparation de ses parents, elle vit avec sa mère et son frère. L'adolescence est arrivée avec fracas, et elle traverse depuis quelque temps une période difficile, due sûrement à son âge, mais pas seulement. Caroline m'expose d'emblée tous les griefs qu'elle nourrit à l'égard de sa mère qui, selon elle, a toujours été trop nerveuse, d'humeur instable, qui lui demande, par exemple, de l'aider dans les tâches ménagères, mais la traite, en même temps, comme une petite fille. Je lui demande si elle voit son père et quelle relation elle entretient avec lui. Sa réponse fuse : « Mon père, je ne le vois quasiment pas. Il travaille tout le temps, de toute façon. Ce qu'il fait de mieux, c'est nous donner des sous ; il verse une pension à ma mère pour mes études et me fait un très beau cadeau à Noël ainsi qu'à mon frère... Sinon, j'ai l'impression que je suis une étrangère pour lui. » En fait, cette adolescente reproche à son père son manque d'intérêt et d'affection. Elle a bien envisagé un jour d'aller vivre chez lui, mais elle a trop peur d'un refus qui la ferait souffrir encore davantage, sans parler de la culpabilité qu'elle concevrait d'abandonner son frère et sa mère… Comme Caroline, une fille attend que son père lui montre de l'intérêt et que cet intérêt se traduise, moins par des conditions matérielles confortables ou de très beaux cadeaux, que par une présence, la sienne, qui est irremplaçable. C'était sans doute déjà vrai hier, mais peut-être l'est-ce encore plus aujourd'hui, depuis le combat mené pour l'égalité des sexes.

« Un jour, je l'ai vu pleurer… » : les pères dépressifs

Un père qui pleure est, sans doute, pour une petite fille, un des tableaux les plus poignants et, aussi, les plus perturbants qui soient, tant elles voudraient le voir fort et heureux comme dans les contes de fées. Un tel spectacle, même unique, même fantasmé, laissera une empreinte forte dans son esprit, suscitant des sentiments de révolte ou d'injustice, de colère ou de culpabilité, provoquant une profonde interrogation sur la vulnérabilité des hommes et la fragilité des apparences.

Ainsi en est-il de Mathilde qui vient me voir en raison de problèmes qu'elle rencontre avec son mari. L'un et l'autre sont enseignants, ils se sont connus durant leurs études. Ils ont été amoureux, se sont mariés et ont maintenant trois jeunes enfants. Il y a encore six mois, Mathilde admirait beaucoup son mari Paul – pour ses goûts artistiques, sa culture, ses qualités d'enseignant. Aujourd'hui, elle ne le comprend plus. Depuis quelque temps, il ne s'intéresse plus à son travail, parle de reprendre les cours de théâtre qu'il a interrompus à l'âge de 20 ans, ne s'occupe plus de rien à la maison : il est « comme ailleurs » quand il est à la maison. Mathilde se plaint de devoir tout assumer dans la vie conjugale et familiale. Elle travaille beaucoup et s'occupe avec grand plaisir de leurs enfants, mais, comme elle le répète, elle ne peut pas tout faire. Leur relation de couple se dégrade, les conflits deviennent de plus en plus fréquents, et Mathilde ressent de moins en moins d'attirance pour son mari. Dans son esprit, Paul a tout à fait le droit de vouloir changer de vie, mais ce qu'elle perçoit, en réalité, chez lui, c'est moins une envie positive de faire autre chose qu'une fuite en avant destinée à cacher une forme de dépression.

La situation de son couple fait resurgir une histoire plus ancienne, vécue au cours de son enfance, dont elle a eu beaucoup de mal à se dégager. Ce n'est pas la première fois, dit-elle, qu'un homme qu'elle aime, déprime. Lorsqu'elle avait 10 ans, son père, sans que l'on en comprenne bien les raisons, a traversé une véritable dépression dont elle n'a pu poser le diagnostic que rétrospectivement. Ce père, elle l'adorait et elle en était très fière. C'était un peintre qui avait une petite réputation dans la région. Elle était d'autant plus attachée à lui qu'elle avait une mère autoritaire, dure, manquant de sensibilité. Dans ses souvenirs, son père est un homme doux, câlin, tendre, qui la prenait dans ses bras dès qu'elle avait des soucis ou du chagrin. Et puis la crise est arrivée. Pendant une durée qu'elle ne peut déterminer, son père a cessé d'aller peindre à l'extérieur ; il restait enfermé dans son atelier où elle n'avait pas le droit d'entrer. Elle se souvient qu'elle est parfois restée couchée devant la porte de l'atelier, prétextant faire ses devoirs, pour être plus proche de lui et écouter s'il pleurait. Le père de Mathilde ne semble s'être jamais remis de cet épisode dépressif. Négligeant sa création artistique, il a trouvé quelques emplois intérimaires, peu valorisants et peu rémunérés, causant des soucis matériels et des inquiétudes à toute la famille. À partir de là, il n'a plus jamais été le même, répète Mathilde ; elle, elle a continué pendant des années, et jusqu'à sa disparition, à le porter à sa manière, essayant, coûte que coûte, de le rassurer, de le faire sourire, de lui apporter quelque satisfaction, en particulier grâce aux études qu'elle a faites.

Aujourd'hui, Mathilde a le sentiment que le drame se répète. Consciente du lien qui existe entre sa situation actuelle et celle de son enfance, elle ne veut pas que ses enfants traversent cette épreuve. Va-t-elle toute sa vie devoir être forte et vivre avec un homme qu'elle doit soutenir, au risque de se sacrifier ? Se sacrifier ou être libre, le choix est difficile. Mathilde comprend que son mari n'est pas son père et qu'elle doit le mettre en face de ses responsabilités. Ce qu'elle fait. La discussion franche, mais calme, qu'elle a avec Paul provoque une réaction salutaire chez son compagnon qui, mis en demeure de réagir, parvient à imaginer un compromis acceptable entre son métier d'enseignant et sa passion pour le théâtre, à retrouver un espoir dans la vie où Mathilde et leurs enfants sont inclus.

Un cas particulier : « Mon père, ce héros... »

Est-ce parce que son père a écrit : « Je pense comme une fille enlève sa robe[3] », que Laurence Bataille, la fille de l'écrivain Georges Bataille, a dit : « Quand on écrit, on devrait penser à sa progéniture[4] » ? Il n'est pas facile, en effet, d'être la fille d'un homme célèbre. Toutes celles que j'ai rencontrées au cours de ma pratique professionnelle m'ont donné à penser que la relation à un père connu et reconnu pour ses compétences sportives, son talent artistique, ses ambitions politiques ou son travail intellectuel avait un caractère passionnel, et passionnel à l'excès. Il faut reconnaître que l'amour, l'attachement et l'admiration que toute petite fille ressent pour son père trouvent dans la notoriété de quoi se renforcer encore… À l'adolescence, et de façon significative, les filles adorent leur père, ou le haïssent. Ensuite, elles entreprennent de se dégager de cette emprise paternelle pour essayer d'exister par elles-mêmes, et ce désir légitime d'indépendance n'est pas sans poser parfois de sérieux problèmes. Les commentaires qu'ont pu faire publiquement les enfants de stars font écho à cette difficulté. Julie, la fille de Gérard Depardieu, confiait ainsi : « Je fais partie d'une famille où tout n'était que démesure… Gamine j'avais des fantasmes de normalité… Ce qui m'angoisse, c'est d'avoir plus de 30 ans et de n'avoir toujours rien fait, pas d'enfants, pas de famille[5]. » Quant à Elizabeth Jagger, elle refuserait d'écouter la musique de son illustre père, Mick Jagger : « Une chose est sûre, aurait-elle même dit, plus tard je ferai tout sauf rock star. » Cela n'empêche pas « Lizzie » d'être mannequin et de montrer la petite graine de folie paternelle en posant dans des tenues particulièrement excentriques[6].

Comment les filles aiment leur père

Comme dans l'histoire de Mathilde, on voit à quel point la relation, heureuse ou moins heureuse, qu'une fille a avec son père peut peser sur son destin de femme et son rapport aux hommes. Pourtant, la majorité des pères aiment leur fille, souvent par-dessus tout. Parfois même, ils l'aiment trop, au point d'en avoir peur, comme ils ont peur des femmes dont ils sont amoureux. Ils peuvent alors pour se préserver s'en désintéresser, les classant volontiers dans l'« autre camp ». Ils s'appuient alors sur cette éternelle rivalité entre les sexes ou sur une irréductible différence de nature, comme ils le font lorsqu'ils se sentent éconduits.

« *Mon père compte pour moi !* » : *les filles bien dans leur peau*

Contrairement à une idée reçue, la vie d'une fille est tout autant déterminée par sa mère que par son père et parfois même plus par ce dernier. *En général, une fille bien dans sa peau et indépendante ressent de l'amour et du respect pour son père, mais, si elle est bien dans sa peau et indépendante, c'est aussi qu'elle a reçu cet amour et ce respect de son père* ; elle a ignoré les excès que ces deux sentiments engendrent : le respect extrême, qui peut être perçu comme de l'indifférence, et l'amour excessif, qui empêche de devenir autonome.

Stéphanie découvre que ses choix d'adolescente ont été motivés inconsciemment par le désir que son père soit fier d'elle. Si elle a choisi de passer son bac littéraire, c'est parce qu'elle souhaitait s'inscrire dans la lignée paternelle, sa grand-mère paternelle ayant été professeur de lettres et son père exerçant la profession de juriste. Au moment d'entrer dans la vie active, Stéphanie choisit d'intégrer une grande entreprise dans le domaine des ressources humaines, celle où son père a toujours travaillé et où il a été heureux. L'année suivante, elle se marie avec un cadre de cette entreprise. Entre eux, c'est un amour profond, durable, fait de complicité intellectuelle et d'immense tendresse.

Aux dires de tous, Stéphanie est une femme bien dans sa peau, qui va de l'avant, qui a confiance en elle, qui accepte ses limites et celles des autres. Son mari ne se sent nullement inquiet par la relation forte qu'elle a avec son père ; chacun dans ce trio reste à sa place, et ils passent ensemble d'excellents moments à refaire le monde ou à discuter « boulot », ce qui n'empêche pas le couple d'avoir ses instants privilégiés qu'il ne partagerait pour rien au monde avec quelqu'un d'autre. Si elle garde une relation forte avec son père, notamment sur un plan professionnel, Stéphanie a aussi réussi à construire de façon autonome une vie de couple et de femme.

Après quelques années d'installation dans sa vie d'adulte, Sophie commence à s'ennuyer au travail. Elle ne se sent pas reconnue comme elle aurait envie de l'être. Elle s'interroge alors sur un changement d'activité. Elle envisage de créer un site de vente de fleurs par Internet avec sa meilleure amie. Ce projet qui lui donnerait plus de liberté et améliorerait son confort matériel la motive. Son mari l'encourage à aller au bout de son idée : il lui donne l'énergie d'avancer et d'y croire. Son père, aussi, l'écoute. Sans être contre, il se montre plus prudent et lui propose de l'aider à établir un plan financier. Cette analyse révèle alors la fragilité de l'entreprise imaginée par Stéphanie.

Si elle est un peu déçue, Stéphanie n'a pas honte de s'être trompée, même face à son père ; elle ne veut pas s'entêter par orgueil. Elle se rend compte, rétrospectivement, que ce qui lui a permis d'élaborer ce projet est l'amour que lui porte son compagnon ; si elle a pu aussi en parler avec son père, c'est en raison de l'excellente relation qu'elle entretient avec lui et de la confiance qu'elle lui porte. Réflexion faite, plutôt que de changer de secteur, cette jeune battante de presque 30 ans décidera simplement de changer d'entreprise et d'accéder à un poste plus élevé dans le domaine des ressources humaines. En son for intérieur, elle remercie ses deux hommes, comme elle les appelle, d'avoir été là pour elle, chacun à sa manière, de l'avoir écoutée sans la juger, de l'avoir assistée dans *son* projet, même si celui-ci était irréaliste, d'avoir, comme toujours, su allier le respect de son indépendance et le souci de sa protection.

« *Jamais sans Papa* » : *les dépendantes*

Comme la petite sirène sur son rocher à Copenhague, une fille trop dépendante de son père peut connaître un destin de solitude et de tristesse. La comparaison n'est pas anodine. Née dans les splendeurs du monde marin, la petite sirène, héroïne du conte d'Andersen, tombe amoureuse du prince qu'elle a sauvé au cours d'une tempête. Elle souhaite alors, grâce à l'absorption d'un breuvage magique, prendre un corps de femme. Mais ce breuvage la prive de sa voix enchanteresse et le prince, déçu de cette beauté muette, se détourne d'elle. Pour retrouver son corps de sirène et retrouver les siens, elle doit accepter de poignarder le prince, mais elle ne trouve pas la force d'accomplir ce geste. Elle se jette alors dans la mer promise à une éternité de solitude et de tristesse. *Une fille doit savoir sym-*

boliquement « tuer son père », c'est-à-dire s'en détacher pour se réaliser elle-même et trouver l'homme de sa vie. Sinon, elle risque de rester seule et probablement triste.

Certes, il n'est pas toujours facile de distinguer une relation harmonieuse entre une femme et un homme – originellement entre une fille et son père –, où une certaine dépendance existe, mais où chacun s'épanouit en respectant l'autonomie de l'autre, et une relation où la dépendance de la femme vis-à-vis de l'homme, et originellement de la fille à son père, est handicapante. Dans certains cas, toutefois, aucun doute n'est permis et on peut déclarer sans hésiter que certaines filles sont trop dépendantes. Ce n'est pas qu'elles adoptent une attitude infantile dans des moments d'angoisse ou d'oisiveté, cela est le lot de chacune et de chacun ; les filles dont je parle ici attendent de leurs parents, de leurs petits amis, de leur conjoint, de l'autre en somme, qu'il subvienne à leurs besoins élémentaires de façon constante, qu'il réponde à leurs désirs, leurs caprices, en un mot qu'il se confronte à la réalité à leur place.

Un autre cas de figure est plus complexe et moins évident. Certaines filles sont habitées par une peur profonde et irrationnelle, celle que l'autre veut en permanence les agresser. La logique voudrait qu'étant méfiantes, celles-ci se tiennent à distance. Paradoxalement, c'est le contraire qui se produit, et on voit ces filles dépendantes, méfiantes, rechercher sans relâche une relation dans laquelle elles pourraient se sentir en confiance, au point, parfois, de s'oublier elles-mêmes et d'oublier ce qu'elles veulent, elles. Schématiquement, deux situations se présentent alors : soit des rencontres superficielles qui ne peuvent jamais se développer de façon durable et qui laissent une amertume profonde, renforçant la méfiance ; soit des relations apparemment abouties, mais qui ne parviennent pas à éliminer l'arrière-goût de méfiance, toujours là, persistant, qui mine l'histoire de l'intérieur.

Cette dépendance n'est évidemment pas toujours consciente. Ainsi Ophélie, jeune femme charmante, traductrice de son état, qui n'a jamais pu s'intégrer dans une entreprise où elle aurait pourtant gagné beaucoup plus d'argent et beaucoup plus régulièrement. La raison principale en est qu'elle se sent incapable de remplir ses contrats. Même en free-lance d'ailleurs, elle a perdu plusieurs clients de cette manière, ce qu'elle regrette et qui la fait culpabiliser. Ophélie s'interroge sur cette incapacité. Elle a deux enfants en bas âge, mais un mari souvent à la maison qui la libère de nombreuses tâches, et elle aime son métier de traductrice. Alors pourquoi ne peut-elle exécuter correctement son travail ? Pourquoi se met-elle parfois en danger en ne faisant pas ce qu'il faut ? Pourquoi cette désinvolture qui la prend occasionnellement ? Depuis quelque temps, elle a trouvé une solution qui l'aide : elle vient travailler dans l'un des bureaux de son père qui a une entreprise. Étonné, celui-ci lui a dit, plus ou moins avec le sourire : « Dis donc, toi, tu ne serais pas un peu trop dépendante de ton vieux père ? »

On peut être dépendante de son père sans en avoir forcément conscience ; cela n'en reste pas moins une source d'handicap et de blocage. Petite fille, Ophélie se souvient que son père l'aidait à faire ses devoirs le soir et qu'elle a sûrement réussi sa scolarité grâce à ce soutien qui s'est prolongé jusqu'au baccalauréat. Lorsqu'elle a débuté ses études supérieures, en revanche, elle a rencontré de grandes difficultés et redoublé sa première année d'université. Elle s'est ressaisie ensuite, mais la fin de scolarité est demeurée laborieuse. Brusquement, Ophélie fait le lien avec son père, un lien auquel elle n'avait jamais pensé avant : une fois son bac en poche, l'appui de son père a cessé ; elle a même eu le sentiment que ses études ne l'intéressaient plus. Sur le moment, elle a apprécié la liberté qu'il lui laissait : elle est sortie, elle a fait les quatre cents coups, mais, au fond, ne cherchait-elle pas aussi, alors comme aujourd'hui, le soutien de son père ? Sa difficulté à travailler seule, alors qu'elle le voudrait, et sa sensation de mieux travailler dans un bureau qui la rapproche de son père vont dans ce sens. Ophélie prend subitement conscience qu'elle est restée encore plus dépendante de son père qu'elle ne le croyait...

Chacun sait que l'on aime comme on a été aimé. L'amour entre les parents et leur enfant creuse un sillon qui marquera l'existence. La tendresse et l'amour entre une fille et son père peuvent dans certains cas faire craindre une impression trop forte, au sens photographique du terme. Je me souviens de cette amie qui a refusé une proposition de poste très intéressant en raison de la relative insécurité qu'il présentait. Elle s'est expliquée de ce choix : « Comme tu sais, mon père a toujours travaillé dans la même entreprise ; il est resté très fidèle à son patron et à son fils quand celui-ci lui a succédé... J'ai longtemps pensé que j'étais plus dépendante de ma mère que de mon père ; ce n'est probablement pas vrai... » Cette amie venait de comprendre qu'elle essayait depuis toujours de ressembler à son père pour lui faire plaisir.

L'empreinte du père peut être forte au point de correspondre à une recherche inconsciente d'idéalité dans l'esprit et le cœur des filles. Devenues jeunes femmes, celles-ci chercheront plus tard, parmi les hommes qu'elles rencontreront, des sentiments, des qualités, parfois même des traits physiques de leur père. Soyons clairs : il n'est pas interdit de rechercher ce qui vous a été agréable, même si cela vous est venu de votre père, mais une telle démarche n'est pas synonyme de bonheur assuré. Devenue femme, la fille risque, un beau matin, de lancer à son mari qui est impatient, se met en colère, lui laisse faire les tâches ménagères ou lui reproche ses dépenses : « J'ai l'impression d'entendre mon père ! » À l'inverse, le mari, un jour d'agacement, risque de lâcher ce qu'il garde sur le cœur depuis un certain temps déjà : « Tu aurais mieux fait d'épouser ton père... » Dans ce genre de cas, le fameux œdipe infantile, qui relève d'un fantasme et n'est que la métaphore de l'amour d'un enfant pour son parent, risque de trouver une objectivité qu'il n'a jamais cherchée à avoir...

Cela étant, dans les relations humaines, nous sommes trop souvent tentés de ne mettre en lumière que les aspects réducteurs ou négatifs. Or, si une identification inconsciente se produit dans le psychisme de la fille entre son père et elle-même ou entre son père et l'homme dont elle est tombée amoureuse, c'est pour y retrouver les qualités du père, plutôt que ses défauts. Être le portrait de son père ne revient pas obligatoirement à donner une vision péjorative de l'identification : une fille peut aussi trouver chez son père les qualités qui lui permettront de se construire et de réussir.

« *Rassure-moi...* » : *les anxieuses*

Si les garçons, je le disais plus haut, sont naturellement plus colériques, il semble bien que les filles, elles, soient naturellement plus anxieuses ; en tout cas, qu'elles reconnaissent plus aisément leur anxiété et l'expriment plus facilement. L'anxiété, lorsqu'elle est excessive, fait souffrir.

Béatrice en sait quelque chose, elle qui a l'étiquette d'anxieuse depuis qu'elle est enfant. À 30 ans, cette jeune femme parle d'elle comme d'une godiche bien trop susceptible, qui réagit à la moindre critique et scrute avec attention le moindre signe pouvant faire craindre, de la part de ceux qui l'entourent, une critique ou une réprobation. Elle attribue ce caractère anxieux à une situation particulière, mal appréhendée par son père : le fait qu'elle ait une sœur jumelle dont elle est extrêmement proche et dont, en même temps, elle cherche depuis toujours à se différencier. Béatrice se souvient combien, à l'école, elle était agacée par ses camarades quand ils lui disaient sans mauvaises intentions : « C'est bizarre... Avec vous, on ne sait jamais à laquelle des deux on parle... » Si elle-même avait le sentiment de partager les mêmes goûts que sa sœur, elle était également sensible au fait que celle-ci fasse tout comme elle, veuille avoir les mêmes vêtements qu'elle, fasse les mêmes activités qu'elle. Ainsi, elle était passionnée de tennis, sport qu'elle a pratiqué régulièrement... jusqu'au jour où sa sœur a voulu s'y mettre... Béatrice dit : « Il n'y a rien de plus pénible que d'avoir le sentiment de "vivre dans l'ombre de quelqu'un"... Je sais que ma sœur éprouve le même sentiment à mon égard... Cela m'a rendue particulièrement attentive à ce que les autres peuvent vouloir de moi, attendre de moi, prendre de moi, à leurs façons de juger mon comportement... Mon père, par exemple... » Concernant son père justement, Béatrice estime qu'il n'a rien compris à son problème : alors qu'elle avait besoin qu'il la regarde, elle, pour se sentir exister, il passait le plus clair de son temps à gommer les différences entre ses deux filles. « Je crois même, ajoute-t-elle, qu'il était agacé par mon anxiété et ma susceptibilité... Peut-être qu'il préférait ma sœur pour cette raison... En tout cas, il a réagi de travers. » Alors qu'elle souhaitait que son père comprenne ce trait de caractère dont elle-même souffrait et qui était la conséquence de ses angoisses de sœur jumelle, il ne faisait, par ses petites remarques ou ses commentaires ironiques sur sa susceptibilité, que renforcer ce sentiment. Encore aujourd'hui, Béatrice continue d'attendre de son père une parole qui l'apaise.

L'histoire de Gabrielle n'est guère différente. Elle aussi, d'une certaine manière, reproche à son père l'anxiété excessive qu'elle éprouve. Elle pense qu'il a été trop sévère avec elle, qu'il n'a jamais compris à quel point elle était sensible. Cette sévérité était essentiellement liée à son ton et à sa voix, car, sur le fond, Gabrielle sait que son père n'est pas quelqu'un de méchant et qu'il l'aime profondément. Peu de temps après sa consultation avec moi, cette jolie jeune femme de 25 ans a un entretien d'embauche avec un responsable des ressources humaines pour un nouveau travail. Elle appréhende cet entretien, car elle a beaucoup de difficulté à se sentir jugée. La raison qui l'a conduite à venir me voir est d'ailleurs ce manque d'assurance, qui la fait souffrir depuis longtemps et qu'elle considère, avec le temps, comme un handicap dans sa vie personnelle et professionnelle. Ce manque d'assurance la gêne d'autant plus qu'elle sait depuis longtemps que les autres lui font confiance. Cette contradiction l'exaspère.

Gabrielle est toujours prête à aider les autres, à les écouter, à leur rendre service. D'ailleurs, les autres ne s'y trompent pas : ils s'adressent à elle dès qu'ils ont un problème. Il y a quelques mois, ce comportement lui a valu une réflexion de son père qui lui a reproché d'être trop « gentille » avec les gens et l'a surnommée « sœur Theresa ». Ce comportement n'est pas récent, loin s'en faut. Elle se souvient que, toute petite, sa sœur plus âgée l'envoyait systématiquement dire bonjour aux invités, quand leurs parents recevaient à dîner : elle y allait, elle était contente de faire plaisir à sa sœur, elle avait le sentiment de se rendre utile. Vers l'âge de 10 ans, son grand-père maternel auquel elle était très attachée a disparu brutalement et, depuis cette période, sa mère a pris l'habitude de se confier à elle dans ses moments de tristesse. Gabrielle s'étonne d'avoir toujours été aussi anxieuse à l'égard des autres, cherchant toujours à les aider. Pourtant, à plusieurs reprises déjà, elle a été déçue par ceux qu'elle avait aidés. La dernière fois, c'était carrément avec sa meilleure amie qu'elle a soutenue de longs moments au téléphone. « Du reste, ajoute-t-elle, tout le monde me téléphone. »

Gabrielle fait partie des anxieuses dévouées, appréhendant toujours l'avenir et cherchant toujours à se défendre de ce fond anxieux par une forte attention aux autres. Elle explique qu'elle est tout le temps préoccupée, surtout lorsqu'elle n'a pas le contrôle ou la maîtrise de ce qui se dit ou se passe autour d'elle. En revanche, elle s'étonne de tenir parfois des propos qu'elle regrette. Elle se désigne comme la reine des gaffeuses, elle en ignore la raison. Peu à peu, elle prend conscience que son côté très dévoué est peut-être excessif, qu'elle a sans doute besoin, par moments, d'exprimer ce qu'elle ressent, y compris dans ce qui peut être négatif, notamment à l'égard de son père, qui ne la comprend pas et ne cherche pas, selon elle, à la rassurer, alors qu'il serait le seul à pouvoir vraiment le faire.

On voit ici combien l'écoute de l'autre peut être entravée par une attitude d'autorité, celle qu'on attribue aux pères ou que les pères s'attribuent eux-mêmes en croyant jouer le rôle qui est le leur. De surcroît, il faut savoir que les pères, en tant qu'hommes, ont généralement une réaction de fuite face à l'anxiété de l'autre, y compris de leur fille. De manière typiquement masculine aussi, ils réagissent en cherchant une solution concrète aux problèmes qui se posent ou en suscitant l'agacement, ce qui n'est pas meilleur.

« Et si j'osais... » : les timides

Une timidité spontanée et partielle est tout à fait normale chez un jeune enfant : c'est une forme de réserve que suscite la rencontre avec l'inconnu, l'imprévu ou l'incontrôlable. Il est donc tout à fait normal qu'un père puisse dire, des années plus tard, que, déjà tout bébé, sa petite fille lui semblait particulièrement craintive. Des études ont montré que la timidité est le comportement le plus stable dans l'enfance. L'éducation ne fait pas tout, même si elle peut ensuite atténuer ou renforcer ce trait de caractère initial[7] : 25 % des enfants classés dans la catégorie des « timides » quand ils étaient bébés le sont encore à l'âge de 7 ans.

Les filles qui, en grandissant, restent dans la catégorie des enfants trop timides présentent souvent ultérieurement une inhibition excessive. Lorsque cette inhibition se poursuit, on observe en général son renforcement lors de l'adolescence. Cette timidité risque alors d'affecter non seulement le champ relationnel, mais aussi intellectuel. Jeune fille, elle montrera alors un manque particulier de confiance en elle, qui l'amènera à douter de ce qu'elle sait, de ce qu'elle écrit, de ce qu'elle peut dire en classe. Même si cette timidité ou cette inhibition ne constitue pas un handicap scolaire, ce doute sur soi risque de la conduire à faire des choix, d'orientation notamment, qui ne correspondent pas à ses capacités.

Comme avec les anxieuses, le comportement du père est souvent invoqué par les timides comme élément déterminant dans la naissance, mais surtout le développement de ce sentiment. Une attitude compréhensive chez un homme qui fait figure de repère et de modèle, qui est craint et fortement aimé, aurait pu contribuer à les désinhiber, mais, le plus souvent, ces jeunes filles timides n'ont rencontré que le silence ou l'agacement de leur père : leur peur s'en est trouvée renforcée, tout comme leur manque de confiance en elles. Devenues femmes, les jeunes filles timides gardent de cette « défaillance » paternelle un souvenir douloureux. Un ami me racontait ainsi l'histoire de sa plus jeune sœur qui avait réussi brillamment son baccalauréat, au prix d'un travail important, lui permettant d'envisager des études supérieures tout à fait satisfaisantes. Elle désirait faire médecine, elle en avait incontestablement le goût et les capacités. Seulement, elle ne s'était pas sentie à la hauteur, elle avait jugé que les filles qui faisaient de telles études devaient nécessairement être beaucoup plus brillantes qu'elle ne l'était. Le père de mon ami, brillant polytechnicien, ne « broncha » pas en apprenant que sa fille avait décidé d'être esthéticienne ; il fut peut-être désemparé et malheureux du manque d'ambition de sa fille, mais il ne sut pas trouver les mots pour aborder la question avec elle. Il se contenta d'une phrase, simple et sèche : « C'est comme tu veux. » Mon ami me raconta qu'il était persuadé qu'à ce moment-là, sa sœur aurait donné n'importe quoi pour un mot d'encouragement de la part de leur père. Rien n'étant venu, elle s'était, selon lui, sentie abandonnée, presque trahie. Ce sentiment ne l'avait sans doute pas quittée quelque trente ans plus tard : elle devait toujours en vouloir à leur père de ne pas avoir cru en elle ce jour-là encore plus que les autres, mais elle n'en avait jamais rien dit ; elle continuait, à plus de cinquante ans passés, à vivre recroquevillée sur elle-même, sans ami, sans avenir.

De l'extérieur, ce qui est le plus frappant est la timidité relationnelle qui amène à se replier sur soi, à peu s'exprimer, à ne pas oser prendre la parole à table, dans un groupe, à ne pas pouvoir s'inscrire à une activité collective alors qu'on désire le faire. *Ce que ne savent généralement pas les pères de timides, c'est que leur fille a une existence fantasmatique et imaginaire particulièrement riche et développée, qu'elle parle peu devant lui, mais aussi devant les autres, parce qu'elle craint que ces fantaisies ou ces fantasmes ne soient découverts, surtout si certains le concernent.* Cette timidité est fréquemment associée soit à la culpabilité vis-à-vis de désirs sexuels ou de désirs agressifs, soit à la honte, qui est le miroir, en négatif, de ce que la fille aimerait être aux yeux de son père – un père dont elle désire avant tout qu'il soit fier d'elle. Cette timidité évidemment s'atténue progressivement avec l'entrée dans la vie d'adulte, mais elle peut persister, comme chez la sœur de mon ami, de nombreuses années.

« Je t'aime, je te quitte » : les provocatrices

Un père me téléphone, inquiet. Sa fille n'est pas rentrée dormir à la maison. « Cette fois, elle passe les bornes ! lance-t-il, énervé. C'est encore de la faute de ce type plus âgé, qu'elle fréquente depuis un mois ! Il va falloir que ça change ! Ça ne peut plus durer... » Heureusement, Élodie réintègre le domicile familial. Je la reçois avec ses deux parents quelques jours plus tard.

La jeune fille n'a pas envie d'être là, c'est clair ; elle refuse de s'exprimer. Le père m'explique la situation ; la mère paraît tout à la fois très angoissée et furieuse contre sa fille. J'apprends qu'elles se disputent fréquemment et de plus en plus violemment. Élodie a récemment été changée de collège, pour ne plus subir l'influence des « mauvais éléments » qui étaient dans sa classe. La mère me décrit sa fille comme une enfant ayant un caractère fort, tenace, une enfant opposante et dotée d'une grande sensibilité. Le père intervient : « Oui, c'est vrai, elle est très sensible. Et puis, elle a toujours eu ce côté provocateur... » À l'école, où elle est plutôt bonne élève, les enseignants ont régulièrement souligné cette attitude chez Élodie. Le père lui-même explique la distance qu'il a prise par rapport aux bêtises de sa fille et parfois son agressivité par le refus d'entrer dans ce qu'il considère comme des provocations. Élodie intervint pour la première fois et dit en regardant sa mère : « J'ai de qui tenir ! » Je lui demande de m'expliquer ce qu'elle veut dire. Elle déverse alors un flot de reproches sur sa mère, l'accusant notamment de toujours vouloir attirer l'attention par sa façon voyante de se vêtir...

Le père d'Élodie m'apparaît comme un homme qui a du mal à assurer fermement sa position paternelle. Après avoir agressé verbalement sa mère, c'est vers lui qu'Élodie se tourne maintenant. Elle lui dit devant moi qu'il n'a pas le droit de lui interdire de sortir, d'aller où elle veut, de rencontrer qui elle veut : de toute façon, s'il le lui « interdit », elle le fera quand même ! Me prenant à témoin, le père me demande alors si je trouve normal qu'un garçon de 25 ans sorte avec une fille d'à peine 15 ans. Je me dis que, sans le vouloir, cet homme se met en position de rivalité avec le petit ami de sa fille au lieu d'exercer son autorité sur elle. Je lui demande ce qu'il pense de la relation d'Élodie avec un garçon beaucoup plus âgé qu'elle et qui n'a pas, selon ce qui m'a été rapporté précédemment, une bonne réputation dans le quartier. Cette question le laisse démuni. La mère d'Élodie intervient agressivement : « De toute façon, tu n'as jamais été là quand il le fallait ! » Ensuite, je vois Élodie seule. Elle se détend et me parle essentiellement des disputes incessantes entre son père et sa mère. Dans son souvenir, ses parents se sont toujours disputés et cette situation lui donne surtout envie de quitter la maison. Je lui repose la question que j'ai déjà posée à son père. Elle me répond qu'elle sait très bien que ce garçon n'est pas fait pour elle, qu'elle fait cela pour « emm… » ses parents, qu'au fond d'elle-même elle aime. Surtout son père avec qui elle a une relation forte depuis toujours, même si les mots d'amour ne viennent pas facilement entre eux. Au terme de cet entretien, Élodie m'apparaît comme une fille manquant de repères et de limites, une fille qui cherche inconsciemment son père. Par son comportement, c'est lui qu'elle provoque directement, et il l'a d'ailleurs bien compris, même s'il peine à l'assumer.

Quand une fille joue la provocation, qui cherche-t-elle à provoquer le plus souvent ? Son père. Pourquoi ? Pour qu'il s'intéresse à elle, qu'il la rassure, qu'il la cadre. Provoquer est un des moyens pour une jeune fille de chercher son père. Toute provocation, par définition, appelle une réaction de celui ou de celle à qui cette provocation s'adresse.

Combien de fois ai-je rencontré en consultation des jeunes femmes qui adoptaient des comportements ouvertement appuyés dans le seul but d'attirer l'attention, de susciter un intérêt plus grand ! Combien d'adolescentes ai-je vues manifester des difficultés scolaires, relationnelles ou comportementales pour simplement obtenir que leur père se préoccupe d'elles ; la seule présence de ce dernier aux rendez-vous atténuait déjà le problème...

Une femme peut manifester un véritable caractère opposant, ce n'est l'apanage ni des hommes, ni même des adolescents. Elle dit alors systématiquement « non » aux propositions qui lui sont faites, qu'elles lui soient favorables ou défavorables, qu'elles soient faites sous forme d'injonction, d'ordre, d'invitation ou dans un esprit de conciliation. Cette attitude d'opposition correspond à un trait de caractère général, qui n'est pas systématiquement tourné contre le père ou, plus tard, contre le conjoint. Par cette attitude, s'exprime une disposition souvent considérée comme familiale, dont on retrouve l'origine chez l'un des parents ou l'un des grands-parents – « C'est tout sa mère ! », « C'est tout son grand-père ! », mais aussi : « C'est tout son père ! » La situation est tout à fait différente lorsque cette tendance « contestataire », ce caractère opposant ne se manifeste qu'à l'égard du père. Dans ce cas, bien souvent, les critiques des filles faites à leur père, en particulier au moment de l'adolescence, ne sont pas le témoignage d'un manque d'amour, mais d'un besoin extrêmement fort de se détacher d'un père qu'elles aiment passionnément, de la nécessité d'affirmer une indépendance afin de pouvoir se tourner plus tard vers un autre homme.

Il est exact que, pour trouver sa propre identité et se définir, il est souvent indispensable de s'opposer. Chacun sait que l'autonomie ne se donne pas, elle se conquiert : ce qui est vrai pour les peuples ou les nations l'est aussi pour tout individu. L'opposition et les critiques, signes d'une prise de distance, sont d'autant plus nécessaires que les liens profonds sont forts. Cela est vrai pour certains fils avec leur mère ; cela est vrai pour certaines filles avec leur père. La vraie difficulté pour ces filles est alors de dépasser le cap de l'opposition, d'assumer ce besoin d'indépendance : certaines y arrivent vite ; d'autres n'y parviennent jamais, ou alors très tard.

« *Je ne veux pas grandir* » : *les éternelles enfants*

Comme Alice au pays des merveilles, certaines femmes donnent le sentiment qu'elles sont restées bloquées au stade de l'enfance. Il est vrai qu'il est toujours agréable d'être traitée comme une petite poupée en raison de sa gentillesse, de sa sollicitude apparente envers les autres, de sa douceur. Toutefois, les désavantages liés à ce style de vie sont facteurs de souffrance. Rester une éternelle enfant conduit, bien au-delà de ce que l'on souhaite, à demeurer dans l'imaginaire ou à se fabriquer une identité à partir de ce que les autres attendent : la femme se sent contrainte d'être la fille obéissante, la jolie princesse, l'héroïne tragique ou encore l'épouse charmante et docile... L'insatisfaction résultant du fait de se sentir passive, sans autonomie, de ne pas s'épanouir, de ne pas assumer la force et la puissance de son potentiel et les responsabilités qui en découlent, surgit un jour, revient de plus en plus régulièrement jusqu'à ne plus jamais lâcher prise.

Myriam vient me voir, car elle a pris conscience qu'elle n'arrivait pas à grandir. Elle vient à la suite d'une rupture sentimentale avec un garçon qui lui plaisait, mais dont elle ne se sentait pas vraiment amoureuse. Elle se rend compte qu'elle attendait de lui qu'il s'occupe d'elle, qu'il lui apporte de l'affection et de la sécurité. Cette situation s'est déjà reproduite à plusieurs reprises dans sa vie. Myriam interprète cette répétition comme le signe d'une difficulté importante et profonde. Elle ne sait pas suffisamment s'estimer, prendre confiance, s'engager, ce qui la porte à toujours chercher un garçon sur qui elle peut se reposer, qui aura la capacité de la protéger. Fine et intelligente, cette jeune femme a déjà beaucoup réfléchi et cherché à analyser seule ce qui la pousse à se conduire ainsi. Elle fait un lien avec son enfance, l'attachement de son père pour elle, puis la séparation de ses parents qui a été un vrai bouleversement pour elle. Elle avait 4 ans. Elle se rappelle avoir beaucoup pleuré à cette époque, ce dont ses deux parents, dit-elle, n'ont aucun souvenir. Cet oubli la choque d'abord, puis elle en vient à se demander si elle ne cachait pas sa tristesse derrière une apparence d'indifférence ou de gaieté. Elle pense qu'elle s'est sentie abandonnée, bien au-delà de ce qu'elle a montré et que, aujourd'hui, elle recherche ce qu'elle a perdu dans son enfance. Au fil du temps et des séances, cette prise de conscience, douloureuse, l'amène à pouvoir imaginer qu'elle possède en elle une force qu'elle n'exploite pas. Myriam accepte de se confronter à l'image décevante de ses parents, en particulier de son père : elle y trouve, au fil des mois, la force de devenir elle-même sans attendre de son père qu'il lui donne cette force ; autrement dit, elle grandit et accepte de dépasser son enfance. Pour sortir de ce statut d'éternelle enfant, une fille doit à un moment ou un autre abandonner ses anciens schémas et accepter de s'engager dans la vie grâce à ses propres forces.

Régner à la place du père : les Amazones

Contrairement aux femmes qui restent d'éternelles enfants, celles qu'on appelle les « Amazones » ont adopté des traits de tempérament masculin et, au lieu de s'identifier aux valeurs féminines, s'identifient au pouvoir et à la force des hommes. Dans la légende, on s'en souvient, les Amazones utilisaient les hommes comme des objets de procréation ; elles les exploitaient et en faisaient parfois des esclaves ; elles éliminaient la figure du père procréateur en le rendant anonyme. Les Amazones d'aujourd'hui sont moins extrêmes, mais elles s'identifient excessivement au masculin – souvent, elles ont d'ailleurs eu dès l'enfance l'étiquette de « garçon manqué ». Quand on s'intéresse à leur père, on se rend compte que, de façon significative, celui-ci était le plus souvent irresponsable, absent, négligent ou trop faible. C'est cela, sans aucun doute, qui explique l'hostilité des Amazones ou leur manque de confiance envers les hommes, au point, parfois, de les amener à les mépriser. Ces femmes « guerrières » peuvent connaître une remarquable réussite sociale et professionnelle, être des *superwomen* ou des *superstars* ; elles montrent par là combien elles ont besoin de réussir et de réagir contre un père irresponsable, puisqu'elles donnent, ce faisant, la preuve qu'il n'est pas si difficile d'être responsable et fort… *Il ne s'agit pas ici de mettre en question la figure de la femme forte, active et heureuse de l'être, mais de faire comprendre que construire toute sa vie autour de l'image de son père peut entraver le développement d'une fille,* en nourrissant chez elle un sentiment d'impuissance ou, au contraire, une attitude trop dominante dans un désir de contrôle perpétuel.

Chapitre II

UNE HISTOIRE D'AMOUR AU FIL DU TEMPS

Ma vie professionnelle vient tous les jours me confirmer la réflexion de ce génie qu'était Einstein : « Il faut rendre ce qui est complexe le plus simple possible, mais pas plus simple que possible. » La compréhension des relations entre une fille et son père est toujours beaucoup plus complexe que les descriptions qu'elle peut en faire à un moment donné sous la forme de « mon père me faisait peur » ou « mon père est un éternel adolescent ».

Petites, les filles manifestent beaucoup d'amour à l'égard de leur père. Puis, lorsqu'elles grandissent, rapidement, un voile pudique recouvre leurs sentiments, leurs pensées, leurs jugements. Paroles d'amour, paroles de haine, paroles de colère, paroles de paix : elles n'exprimeront leur véritable sentiment que dans des moments particuliers de la vie ou des périodes de crise.

Sans minimiser l'importance des liens qu'une fille a avec sa mère, je voudrais examiner ici les différentes époques qui composent l'histoire d'une fille et de son père. Il semble, en effet, que leur relation se transforme à mesure que la fille elle-même se transforme, que le bébé qu'elle était devient une petite fille, puis une adolescente, puis une jeune femme et, enfin, une femme bien installée dans la vie. *À chacun de ces stades, et malgré toutes les différences que nous allons voir, un besoin prime chez la fille : sentir la fierté de son père pour elle.* La fierté est un stimulant sans équivalent pour la vie amoureuse, familiale, professionnelle, et toutes les filles, à tous les âges, ont besoin d'être portées par le désir de leur père de les voir se réaliser – à condition que ce ne soit un désir ni superficiel ni égoïste.

Chez nombre de filles, les souvenirs d'enfance où figure leur père sont dominés par la tendresse, la joie et la nostalgie. Certes, ces souvenirs sont, pour une part, reconstruits ; certes, ils témoignent des sentiments profonds que tout enfant ressent pour ses parents, des liens qui se sont tissés entre eux au fil du temps, des relations qu'ils ont élaborées au gré des événements, en un mot de ce qui structure une existence humaine, mais, *une petite fille voit son père avec les yeux de l'amour, et cette image est une image forte, prégnante, qui l'habitera tout au long de sa vie, quels que soient les déconvenues ou les drames qui viendront ultérieurement marquer de leur empreinte sa première histoire d'amour.*

À quoi rêvent les petites filles ?

Le pédiatre et psychanalyste Winnicott a formé des générations de médecins et de psychologues en les initiant au concept fondamental de « mère suffisamment bonne », c'est-à-dire une mère qui ne se situe ni dans la toute-puissance, ni dans la fusion, ni, bien évidemment, dans le rejet. Cette aptitude à être une mère suffisamment bonne dépend des qualités personnelles de la femme, mais pas seulement, on s'en doute : elle est également, en partie, déterminée par le rôle que joue le père. Qu'est-ce alors qu'un père « suffisamment bon » ? Il s'agit d'abord d'un père capable d'apporter à un enfant, et en particulier à sa fille, le désir de sa naissance et, très rapidement, d'un père capable de signifier par sa présence une différence par rapport à ce que représente la mère. Ainsi, pendant leur développement, les filles passeront par des étapes successives au cours desquelles le père restera une référence qu'elles n'oublieront jamais. Mais commençons par le commencement : la naissance de la petite fille.

Le premier homme pour qui on compte

Comment ne pas penser que l'acceptation heureuse ou la déception devant le fait que le nouveau-né est une fille ou un garçon influe sur le sentiment identitaire de cet enfant ? Cela est vrai pour le désir de la mère, mais aussi pour le désir du père. Je pense, sans en faire un déterminisme absolu, qu'à la naissance, le bonheur ou, à l'inverse, la déception du parent devant le sexe de son bébé compte.

C'est si vrai qu'on est même d'ailleurs aujourd'hui à étudier le désir de la mère et du père avant même la naissance : « L'identité conceptionnelle émerge dans l'espace parental de gestation psychique de différenciation et d'identification psychique de l'être conçu. Elle trouve sa place dans le développement de la personnalité et participe à la construction du sentiment d'identité psychologique de l'être humain[1]. » « Elle se décline à partir de l'identité de ceux qui lui ont donné le jour, et montre qu'il existe une continuité psychique entre l'être humain conçu et ceux qui lui ont donné la vie[2]. »

Pour un père, désirer avoir une petite fille laisse sur celle-ci une empreinte ineffaçable. À l'inverse, des paroles négatives, même si elles ne sont pas entendues comme telles par le bébé, engendrent un malaise qui peut devenir un véritable handicap. C'est le cas lorsqu'une fille entend un membre de la famille ou un tiers lui rapporter que son père voulait un garçon ; c'est aussi évidemment le cas lorsque le père lui confie directement et sans ambages sa déconvenue qu'elle n'ait pas été un « petit mec ». J'ai entendu souvent cette réflexion douloureuse dans la bouche de jeunes femmes, longtemps après leur naissance : « Au fond, mon père ne me désirait pas. »

À moins de confondre l'inégalité qui est une notion de droit et la différence qui est un fait, on ne peut nier que, dès la naissance, l'accueil des parents, mère et père, est orienté en fonction du sexe de l'enfant : couleur de layette, du papier peint de la chambre, des petits draps pour le lit... Les stéréotypes sociaux et culturels de l'époque continuent de guider les parents d'aujourd'hui, même si ceux-ci en sont plus conscients ; ils répondent à une réalité objective : une fille n'est pas un garçon, et inversement. Les fabricants de petits vêtements ou de jouets le savent bien, qui adaptent leur stratégie marketing en fonction de cette donnée incontournable. *Cela ne signifie pas que les pères doivent se désintéresser de l'« univers féminin » dans lequel est prise, socialement, culturellement et commercialement, leur petite fille presque dès sa naissance ; bien au contraire, ils doivent intervenir, peser activement sur le développement de leur enfant dès les premières années de sa vie, car ils sont porteurs de différences essentielles : une relation père-fille s'imprègne des choix paternels pour peu que les pères sachent les exprimer.*

À la différence de ce qui s'observe entre une mère et son fils, où il y a d'emblée une différence, la reconnaissance de l'altérité avec une petite fille implique nécessairement trois personnes : la mère, l'enfant et le père. Les mamans font d'ailleurs très tôt une différence entre un fils et une fille. On sait par exemple qu'elles n'ont pas les mêmes gestes avec leur bébé selon son sexe, et ce dès les premiers jours de vie. Par exemple, elles s'adaptent plus volontiers aux rythmes du corps, aux rythmes du sommeil et de l'alimentation, à l'expression des désirs de leurs garçons qu'à ceux de leurs filles. Plusieurs interprétations ont été données de cette différence. Certains spécialistes ont estimé que les mères ressentaient une fragilité plus grande chez le nourrisson de sexe masculin ; d'autres ont avancé l'idée que la mère était « érotisée par l'enfant mâle en raison des sensations sexualisées que sa féminité éveille[3]... ». Je proposerais volontiers ici une troisième hypothèse : les mères sauraient intuitivement que les filles, plus encore que les garçons, recevront un amour autre que le leur, celui de leur père. De leur côté, les filles ont un attachement à leur père qui est à la hauteur de celui qu'elles éprouvent initialement pour leur mère, mais à cet amour qu'elles éprouvent, comme tout enfant de l'un ou l'autre sexe, pour leurs deux parents s'ajoutent, dans leur cas précis, la séduction que leur père exerce sur elles et l'importance vitale qu'il y a pour elles de se détacher de leur mère.

» *ÊTRE PÈRE D'UNE PETITE FILLE, ÊTRE PÈRE D'UN PETIT GARÇON*

De nombreux parents croient donner la même éducation à leurs enfants, même s'ils reconnaissent que chacun est différent, qu'il a son propre tempérament, ses propres besoins. En particulier, ils sont prêts à reconnaître que les petites filles et les petits garçons n'ont pas les mêmes natures et surtout les mêmes manifestations pour exprimer ce qu'ils souhaitent et ce qu'ils rejettent, mais n'en tirent pas de conséquences concernant les différences qu'eux-mêmes induisent par leurs comportements.

Une jeune mère me disait un jour : « Mon mari ne change pas les couches de Julia de la même façon que moi... » Je pourrais ajouter : « Il ne la touche pas de la même façon, il ne lui parle pas de la même façon, il ne la porte pas de la même façon, etc. » Les spécialistes des premières relations ont montré, grâce à l'observation attentive des comportements envers les deux parents, que les bébés perçoivent ces différences, si minimes soient-elles en apparence, et même qu'ils les guettent pour pouvoir construire de manière claire leur identité sexuelle. Comme les mères, les pères participent précocement à la construction de l'identité de leurs enfants. Les travaux en ce domaine ont montré, par exemple, que les toutes petites filles vont plus spontanément, et plus tôt, que les garçons vers leur entourage et, notamment, vers leur père qui, du coup, les écoute davantage. De même lorsqu'elles commencent à parler, comme elles sont plus bavardes et plus douées pour exprimer par les mots ce qu'elles désirent et ce qu'elles ressentent, elles ont des conversations relativement plus fournies que les garçons avec leur mère, mais aussi leur père.

Les garçons apprennent plus en agissant et les filles en parlant : les pères parviennent spontanément à ce constat, corroboré par toutes les études. Du coup, s'ils interviennent avec leurs fils sur un plan plutôt physique, pour développer leur combativité et leur courage, ils ont tendance à stimuler davantage leurs filles dans le sens de la prudence et de la délicatesse. Leur tendresse ne se manifeste pas non plus tout à fait de la même façon. Tandis que leurs câlins avec leur garçon sont souvent physiques, « virils » – ils le saisissent à bras-le-corps, le serrent contre eux, enfouissent sa tête dans leur pull-over –, ils vont prendre leur fille dans leurs bras de manière différente – doucement et en lui laissant poser sa tête contre leur poitrine. L'affection n'est pas inégale, mais elle n'est pas identique. D'ailleurs, lorsqu'on les interroge sur le rôle du père, les garçons parlent volontiers de « cadre », d'« interdit », alors que les filles font beaucoup plus référence à la fonction « protectrice », même si elles repèrent également la fonction d'autorité, agréable ou détestable. *Une fille a besoin de lire admiration et fierté dans le regard de son père, elle a besoin de trouver une confirmation heureuse de sa féminité.*

» *ÊTRE MÈRE D'UNE PETITE FILLE, ÊTRE PÈRE D'UNE PETITE FILLE*

Ces vingt dernières années ont vu se multiplier les observations minutieuses portant sur les interactions entre les bébés et leur environnement. Si ces études portent majoritairement sur les interactions mère-bébé, celles concernant les pères ont apporté de riches enseignements : la place, la fonction et le rôle qu'ils occupent très précocement n'avaient pas été imaginés antérieurement.

Cela dit, pour un homme, les premiers temps de la paternité, ou de la paternalité, ne sont pas d'une simplicité évidente. Alors que, chez la femme, la naissance physique d'un enfant et sa propre naissance psychique en tant que mère coïncident le plus souvent, il n'en va pas de même pour un père : on constate même parfois un sérieux décalage entre les deux. Beaucoup d'hommes manifestent quelques difficultés à s'intéresser à ce nourrisson fille auquel ils ne se sentent pas d'emblée attachés comme les mères peuvent l'être. Il leur faudra un peu de temps « pour se vivre émotionnellement, et pas seulement intellectuellement, comme le père de cet enfant-là, et ressentir que cet enfant-là est véritablement leur enfant et se découvrir graduellement prêt à assumer la place, le rôle et la fonction de père à son égard[4] ».

Précisons, à l'inverse, que, s'il faut souvent un peu de temps au père pour parcourir le chemin et reconnaître *son* bébé dans cette enfant, sa petite fille, de son côté, le reconnaît beaucoup plus tôt qu'il ne l'imagine[5]. À partir d'un modèle expérimental désigné sous le terme de « jeu triadique », une équipe suisse[6] a ainsi pu montrer que des nourrissons de quelques mois à peine prenaient appui différemment sur le visage maternel ou le visage paternel, pour établir des moments interactifs à deux ou à trois, en alternance. De même, le pédopsychiatre Daniel Stern[7], bien connu pour ses travaux sur l'accordage effectif et l'harmonisation des émotions chez le bébé, a établi que ce dernier repérait assez vite les différences existant entre les styles interactifs de ces deux parents.

S'intéressant au développement du tout petit enfant, des chercheurs ont pu mettre en évidence l'existence, très tôt, de moments d'« attention conjointe[8] » définie comme la capacité d'orienter son regard avec un parent, ici le père, vers l'autre parent, ici la mère, avec laquelle on interagit. Cette attention conjointe commencerait à se développer entre 2 et 4 mois, et pourrait être pleinement efficace vers la fin de la première année. C'est dire si la capacité d'un enfant à distinguer entre deux figures majeures de son environnement est acquise précocement. Dans sa théorie de l'attachement, l'Anglais John Bowlby estime qu'une figure d'attachement primaire – généralement la mère – et une figure d'attachement secondaire – généralement le père – sont perceptibles dès le deuxième semestre de la vie. Plus intéressant encore : si on prend un groupe suffisamment important de jeunes enfants, on observe les mêmes proportions d'attachement sécurisé envers le père qu'envers la mère – soit environ deux tiers des cas, en population générale[9]. Pris individuellement, il est intéressant de remarquer qu'il y a peu de correspondance entre les types d'attachement que le jeune enfant manifeste envers son père et envers sa mère, celui-ci pouvant se montrer sécurisé par son père et anxieux vis-à-vis de sa mère, et inversement. En revanche, les bébés bénéficiant d'une relation sécurisée à la fois avec leur mère et leur père seront avantagés dans leur développement par rapport aux enfants n'ayant qu'un seul attachement sécurisé ou pas d'attachement sécurisé du tout[10]. À partir de ses travaux sur l'observation directe des bébés, la psychanalyste française Geneviève Haag a, quant à elle, bien montré l'importance du repérage précoce par le très jeune enfant d'objets distincts, qu'elle désigne métaphoriquement par les termes d'« objets-maman » et d'« objets-papa », en résonance avec l'élaboration, déjà effectuée à cet âge, de paires contrastées, comme le chaud et le froid, le lisse et le rugueux, le doux et le dur...

» *MASCULIN, FÉMININ : CE QU'EN PERÇOIT UNE TOUTE PETITE FILLE*

Par rapport à sa fille, une mère est en avance d'une histoire, la sienne. Cela amène d'ailleurs les filles, au moment de l'adolescence, à ressentir consciemment et à exprimer explicitement des sentiments de rivalité à son endroit. En retour, les mères, si elles cherchent à transmettre à leurs filles leur propre expérience et à établir avec elles une relation de complicité et de féminité partagée, elles ne sont elles-mêmes pas dénuées de jalousie, plus ou moins consciente, quand elles sont confrontées à la capacité de séduction et d'indépendance de leurs adolescentes. Il semblerait toutefois, et c'est le point qui nous importe ici, que cette ambivalence, du moins du côté des filles, commence beaucoup plus tôt qu'on ne l'imaginait naguère, bien avant la période œdipienne, certains soutenant même dès la naissance : le besoin de la mère et le désir de sa présence s'accompagneraient très précocement de l'envie de s'en détacher.

Quoi qu'il en soit, l'expression manifeste, et unanimement acceptée, de ce mouvement est celle qui se produit généralement vers 18-24 mois et qui coïncide avec l'acquisition de deux grandes compétences favorisant l'autonomie : la marche et le langage. Une expression caractéristique de cette tendance, remarquée par toutes les mamans du monde, est la propension de leur petite fille à dire « non » à tout ce qu'elle lui propose ou demande. Cette tendance à vouloir affirmer son autonomie et son indépendance est naturelle chez tout petit être humain, mais il s'y joint, de façon très sensible chez la toute petite fille, la quête complexe d'un appui auprès de l'autre parent, c'est-à-dire du père.

On trouve généralement dans les travaux consacrés à la place du père cette fonction de tiers séparateur de la mère, fonction dont je signalais précédemment qu'elle semble s'exercer beaucoup plus précocement qu'on ne l'a longtemps pensé. Toutefois, aujourd'hui, beaucoup de spécialistes estiment que le père remplit également une autre fonction déterminante. Comme l'écrit le pédopsychiatre Bernard Golse, « quels que puissent être les fantasmes du père à ce sujet ainsi que ceux de la mère elle-même, tout nous montre aujourd'hui que le père exerce plutôt une fonction de liaison et de contextualisation à l'égard de la dyade mère-bébé[11] ». Le père interviendrait comme un « horizon partagé » par la mère et le bébé, « horizon qui les rapproche bien plus qu'il ne les éloigne » : il animerait le couple mère-bébé. Ce changement de point de vue est capital, car il amène à considérer que la place du père n'est pas seulement une construction maternelle proposée et/ou imposée au bébé, mais qu'elle est le résultat d'une coconstruction de la dyade mère-bébé.

Évidemment, cela ne signifie pas que la fonction de séparateur n'existe plus. C'est même elle qui aiderait le bébé à décoder un certain nombre de messages maternels, le père faisant office, dans certaines conditions, de « traducteur de la langue maternelle[12] ». C'est encore elle qui protégerait le bébé d'une confrontation continue ou trop intense avec la mère, faisant du père une sorte de « camarade de guerre » ou, plus pacifiquement, de tiers animateur pour le petit enfant.

Quoi qu'il en soit, il semble désormais acquis que le triangle emblématique père-mère-enfant émerge beaucoup plus précocement que le voulait la classique triangulation œdipienne. L'importance de ces différents points de vue réside dans le fait que le père n'est plus considéré comme séparateur ou « castrateur », mais se voit reconnaître une dimension de contenance et de liens qu'on ne lui reconnaissait pas auparavant durant cette période précoce du développement.

Le premier homme qui compte

Rapidement douée pour le langage et pour écouter celui des autres, une petite fille s'aperçoit vite qu'il y a des tonalités différentes, des modes d'expression différents qui lui sont proposés, mais aussi qu'une partie du langage de sa mère lui est destinée tandis qu'une autre s'en va ailleurs. Elle prend conscience que cette parole qui lui échappe s'adresse à un tiers et, entre autres, bien évidemment, au père, l'amenant alors à se demander : « Quel est ce personnage qui n'est ni moi, ni elle ? » Elle va rapidement le découvrir : c'est le premier homme de sa vie.

Une dissymétrie féconde s'instaure d'emblée entre une fille et son père, non pas tant parce qu'elle est un bébé et lui un adulte, car cela vaut également pour la mère et n'est que l'expression d'une « situation anthropologique fondamentale[13] », source de la « séduction primaire » qu'exerce un adulte, mère et père, sur un bébé qui vient de naître, mais parce que le père est le premier homme de la vie de sa fille alors qu'elle n'est pas la première femme de sa vie. Cette dissymétrie dans la relation fille-père, évidente, constitue ce que Jean Laplanche a désigné sous le terme de « signifiant énigmatique[14] », évidemment inconscient pour un bébé venant au monde.

Une amie me racontait combien elle aimait, enfant, observer son père en présence de sa propre mère – sa grand-mère paternelle à elle – lors des déjeuners qu'il avait institués entre eux trois. Elle avait observé que son père se comportait différemment à cette occasion, qu'il était beaucoup moins impressionnant que lors des repas familiaux partagés avec sa mère, son frère et sa sœur. Pour un homme, il est vrai que la première femme de sa vie a été et reste sa mère, et la naissance d'une petite fille, parce qu'elle est une fille, s'insère, bien sûr, dans cette partie de l'histoire personnelle du père. Avant de devenir un père, un homme a aussi été un fils ou un frère, et il peut projeter inconsciemment sur sa petite fille des fantasmes concernant ce monde féminin. Un homme me racontait ainsi un jour : « Je ne sais pas pourquoi, mais, dès que j'ai vu ma fille dans les bras de sa mère à la maternité, j'ai songé à ma sœur et à ma mère, aux liens qui les unissaient ; j'ai éprouvé un sentiment désagréable en pensant qu'il ne faudrait pas que ma femme reproduise avec notre fille ce qui s'était passé entre ma mère et ma sœur. »

Néanmoins, parce qu'elle est son enfant, un père va donner à sa fille une place qui est différente de celle qu'il aura pu donner aux autres femmes de sa vie, et en particulier à sa propre mère et à la mère de cette fille. Pour une petite fille, son père est donc bien le premier homme de sa vie. Elle a d'ailleurs le désir de lui plaire, ce qui est normal, tout comme il est normal qu'un père aime sa fille et souhaite en être aimé. Toutefois, et paradoxalement, plus l'un et l'autre prennent conscience de ces sentiments, plus ils en ont peur et plus ils risquent de se déplaire. Comment maintenir ce lien puissant et vivant sans tomber dans l'idéalisation ou le rejet ? Peut-être en étant bien conscient qu'une relation père-fille évolue et qu'il ne faut pas figer chacun des acteurs dans un rôle unique : la fille toujours du côté du féminin, le père toujours du côté du masculin.

» *LA DÉCOUVERTE DU MONDE*

Tous les travaux de psychologie comparant les interactions entre un bébé et son père à celles existant entre un bébé et sa mère ont mis en évidence des points communs, mais aussi des divergences. Parmi ces différences, il y a le constat qu'un des rôles principaux joués par le père tient à sa capacité spontanée à pousser un jeune enfant, fille ou garçon, vers le monde extérieur. Les jeux pour le père, les soins pour la mère ? Non, bien évidemment, surtout pas aujourd'hui[15], mais le style d'échanges dans les jeux n'est objectivement pas le même entre les deux parents. Alors qu'une mère cherche à capter l'attention de son enfant, notamment à l'aide de jouets, dans un but didactique, le père, lui, se montre plus actif, plus physique, stimulant son intérêt pour le monde environnant. Cela pourrait d'ailleurs expliquer le lien observé chez l'enfant de 5 mois entre sa sociabilité et l'implication paternelle[16].

Dans son livre, *Contes cruels pour Anaëlle*[17], Michel Field raconte à sa fille, sous la forme de quinze contes, ce qui s'est passé sur les cinq continents au cours de cette journée ordinaire qu'est le jour extraordinaire de sa naissance. Il pose remarquablement l'interrogation première du père : « Comment dire le monde à un enfant qui naît ? » Une mère a une incroyable compétence à saisir intuitivement ce que ressent son bébé, à le commenter, à créer un dialogue imaginaire qui sonne juste ; un père procède autrement, il relie son enfant à ce qui l'entoure et dira : « Regarde les beaux arbres... », « Ça, c'est un ami de papa... » « Quand tu seras grand tu auras aussi une belle voiture... » Dans le même ordre d'idées, on observe qu'il a un effet sécurisant pour tout ce qui relève de la prise d'initiative, de la prise de risque et de l'exploration du monde : en observant des bébés nageurs, on s'est, par exemple, aperçu que ceux-ci répondaient davantage aux incitations de leur père que de leur mère[18].

» *LA RENCONTRE DE L'ALTÉRITÉ*

L'ouverture à l'altérité passe donc incontestablement autant par la mère que par le père, mais elle se fait différemment. D'autant que, dans la relation entre une fille et son père, il s'agit toujours aussi un peu de l'ouverture à cette autre altérité fondamentale : la différence des sexes. Le mot « différence » vient du grec *phorein* et du latin *ferre,* de même racine que « fertile » : la différence est fertile ; la différence sexuée est fertile, dans tous les sens du terme. Si elle peut être source d'oppression, de domination, de rejet, elle est aussi source de structuration. Comme l'écrit très justement Jean Cournut, « la différence dérange parce qu'elle sépare. Elle structure, elle crée, elle fait avancer, elle ouvre l'espace nécessaire pour penser ; elle permet le mouvement, elle est le mouvement qui brise la monotonie répétitive et mortifère du même, du clone, du toujours déjà là pour toujours, sans changement. Cette différence constructive casse la répétition[19] ».

Pour un petit enfant, et pour une petite fille en particulier, la différence du personnage fondamental qu'est la mère peut être représentée par d'autres : la nourrice, la grande sœur, la grand-mère. En revanche, la différence fondamentale entre le masculin et le féminin, du moins dans nos sociétés contemporaines, est essentiellement portée par le père. La manière dont un père reçoit sa fille dans ses bras, le ton de sa voix, les mots qu'il utilise, le regard qu'il porte sur elle, son odeur même et surtout les premiers sentiments qu'intuitivement elle ressent de la part de cet « étranger » sont bien différents de ceux qu'elle perçoit venant de sa mère. En sera-t-elle profondément marquée ? Personne ne peut le dire, mais, dans l'ouverture originaire de la fille au monde, il n'y a assurément pas que la mère.

L'amour œdipien et ses suites

Une journaliste me disait récemment en riant : « Vous écrivez un livre sur la relation père-fille ? Ça m'intéresse ! Il paraît que j'ai un œdipe très costaud... » L'œdipe est sans doute le concept le plus crucial, et le plus largement diffusé, de la psychanalyse. Chez la petite fille, rappelons-le, il s'agit d'une métaphore pour expliquer la crise de croissance, normale, qu'elle traverse entre 3 et 6 ans, celle où, imaginairement, elle désire que son père l'aime comme il aime sa mère. Ce désir est essentiel, car il est constitutif de la formation de son identité sexuelle, de son désir de savoir ce que pense l'autre de sa capacité à séduire, de sa capacité à gérer la rivalité contenue dans toute relation humaine. Cela étant, pour que l'œdipe de la petite fille se construise, encore faut-il qu'elle sente qu'elle représente pour son père quelqu'un d'important...

Fille adorée

Une petite fille a ressenti, avant l'âge de 3 ans, l'amour que lui porte son père. Le monde le lui a confirmé : les contes qu'elle a écoutés en s'endormant le soir lui ont offert l'image d'une fille chérie par son père, que ce soit un père royal comme celui de Pocahontas, princesse des deux mondes, ou un père protecteur comme l'est celui de Cendrillon. Quand survient la fameuse période œdipienne, c'est, en réalité, la première crise d'amour qui survient dans l'histoire de cette enfant – celle que les autres crises amoureuses, plus tard, ne feront d'ailleurs que rappeler, d'une manière ou d'une autre : la petite fille est alors, pour la première fois de sa vie, confrontée au dilemme suivant : « Je l'aime et je désire qu'il m'aime, mais je ne peux pas l'aimer autant que je voudrais le montrer et cet amour ne pourra pas durer aussi longtemps qu'aujourd'hui je le désire. »

Les différences entre fille et garçon apparaissent plus clairement quand l'enfant entre dans cette fameuse phase œdipienne – dont la précocité, par rapport à ce qui était classiquement décrit, est aujourd'hui mieux acceptée.

Freud qui, le premier, a théorisé l'universalité de l'œdipe, s'appuyant du reste sur de très vieux mythes de l'humanité, raconte : « J'ai trouvé en moi, comme partout ailleurs, des sentiments d'amour envers ma mère, et de jalousie envers mon père, sentiments qui sont, je pense, communs à tous les jeunes enfants... » Il s'agit bien là de la consécration du père-tiers ou, pour reprendre le terme du psychanalyste Jean Guillaumin, « la part-en tiers du père[20] » qui permet, ajouterais-je, à la petite fille de « se mettre en Je ». Évidemment, pour la petite fille, la situation est, je le disais plus haut, l'inverse de celle rapportée ici par le père de la psychanalyse : ce sont ses sentiments d'amour qui se porteront vers son père, et sa jalousie vers sa mère. C'est d'ailleurs ce qui explique que le « devenir femme » ait pu être considéré par Freud lui-même comme la tâche psychique la plus difficile qui soit une petite fille devant renoncer à l'« objet » maternel pour se tourner vers son père. À cette fin, elle doit se montrer particulièrement active pour réaliser ce mouvement que n'a pas à effectuer un petit garçon. C'est le moment où elle commencera à dire à sa mère : « C'est Papa qui me donne à manger... C'est Papa qui m'habille... C'est Papa ci... C'est Papa ça. » Ces phases sont tout à fait normales, car si le père ne vient pas réellement s'inscrire dans le psychisme de l'enfant, ce que le psychanalyste Jacques Lacan dénommait la « forclusion du Nom-du-Père », de graves conséquences peuvent être redoutées.

Dans l'interprétation freudienne, on le sait, l'appel de la petite fille à son père serait la conséquence de sa découverte que la mère est « castrée » : ce serait le désir de pénis qui la pousse à se tourner vers son père. Ce point de vue imagé s'inspire essentiellement des découvertes des cures analytiques, mais il est incontestable qu'une mère ne peut jamais remplir toutes les attentes de son enfant et, notamment, de sa fille. Car une fille attend autre chose : « Il n'est pas exagéré de soutenir que, en ce sens, l'intervention du père est suscitée par la fille afin de se voir offrir par lui… un œdipe[21]. »

Une relation fille-père se place sous un jour passionnel, dans la mesure où elle fait écho à la passion maternelle primitive, mais aussi parce que son amour peut se développer en scénarios imaginaires sans qu'ils soient réellement accomplis. C'est la raison pour laquelle on n'en observe que des indices, dans des mots prononcés, des jeux, des dessins, des comportements, et la raison aussi expliquant que ces scénarios soient ultérieurement oubliés. À un niveau supplémentaire, on pourrait dire que ces scénarios sont activement refoulés par l'enfant plus âgée car, en grandissant, celle-ci en comprend les enjeux réels et ne s'autorise plus à les imaginer consciemment.

Le regard du père construit sa fille

« Si un père n'intéresse pas sa fille, écrit la psychanalyste Catherine Mathelin, elle ne passera jamais au stade de prince charmant[22]. » C'est tout à fait vrai, mais, pour autant, un père ne prend pas la place d'un amoureux, ce qui sous-entendrait qu'il n'y a pas de différence entre un enfant et un adulte. L'amour œdipien s'inscrit davantage dans le courant de la tendresse que dans celui de la sexualité : « L'œdipe, c'est l'œdipe, ce n'est pas l'inceste. » Le rôle qu'incarne un père à ce moment de l'existence de sa fille s'inscrit dans la triangulation familiale : un père est le père de sa fille, et le conjoint de la mère de celle-ci.

Dans le lien mère-fille, le tiers – mari et père – est à la fois un autre, un témoin, une limite. Enjeu de l'amour, cherchant inconsciemment et, parfois, beaucoup plus consciemment, à être aimé des deux côtés, certains pères peuvent avoir le sentiment d'être indispensables au bon fonctionnement du trio qu'ils constituent avec leur femme et leur fille, et y participer activement. Tout au long du développement de sa fille, et même ultérieurement, ce sentiment ne les quittera du reste jamais totalement. D'autres pères, en revanche, ne sont pas rassurés par cette situation. Ils peuvent alors, sous différentes formes, « prendre la fuite », en étant présents le moins possible, en ne voulant jamais intervenir, en se mettant brusquement en colère, souvent de façon inappropriée. Chez leur compagne, ils provoquent, de ce fait, des réactions du type : « Tu n'es jamais là quand on a besoin de toi ! », « Tu ne comprends rien à ce qui se passe… », ou : « Tu interviens toujours à mauvais escient ! », ce qui leur permet, en leur for intérieur, de rétorquer avec bonne conscience : « Puisque c'est comme cela, débrouillez-vous sans moi et ne comptez pas sur moi pour régler les problèmes. » Or, dans ces situations, ce que la petite fille demande à son père, c'est précisément de reconnaître qu'elle existe – de la regarder en quelque sorte[23]. Certains sont allés jusqu'à parler d'« œdipe scopique[24] » pour souligner l'importance de ce regard paternel au moment où la petite fille se tourne vers son père pour se détacher du lien maternel. *Se faire « bien » regarder serait même à ce moment-là vital, une petite fille risquant d'avoir plus de mal à accéder à sa féminité sans le regard d'un père pour la soutenir.* De fait, une enfant n'a pas seulement besoin d'un père qui, imaginairement pour elle, l'aime, ni même d'un père symbolique qui exerce une fonction tierce par rapport à la mère : ce dont elle a besoin, c'est d'un père réel et présent qui lui témoigne de la tendresse et un véritable intérêt, qui la regarde. Sans ce regard, elle est menacée de devenir la « fille invisible », sentiment particulièrement douloureux dont les conséquences s'observent ultérieurement, par exemple, chez certaines jeunes filles déprimées ou anorexiques.

La dissymétrie fondamentale qui existe entre un père et sa fille, et qui peut se résumer par la formule suivante : « Je suis ce qui te manque », suscite un sentiment amoureux : le jeu de l'amour apparaît comme la circulation du manque. Toutefois, à ce sentiment amoureux s'associe de façon indissociable l'amour du savoir[25]. De ce point de vue, le père représente une autre fonction potentielle, loin d'être négligeable : celle du désir de savoir, qui repose sur cet amour du savoir lié à ce que l'on ne possède pas. Julia Kristeva, dans son livre *Le Génie féminin*, a bien insisté sur cette distinction entre l'affinité pour l'archaïque, qui serait du côté de la mère, et le désir de savoir, qui serait du côté du père.

Le rôle favorable ou défavorable de la mère

Il semble donc bien que ce soit par le père qu'une fille sorte de la préhistoire maternelle et accède à sa propre histoire. Doit-on aller jusqu'à penser que cet éloignement par rapport à la mère s'accompagne nécessairement d'hostilité, suscitant une haine qui peut être très importante et durer une vie entière[26] ? Laissons à Freud et à ses successeurs directs le poids de cette affirmation, et intéressons-nous à l'attitude de la mère. Que se passe-t-il si celle-ci refuse à sa fille l'accès à son père, si elle agit comme la marâtre dans les contes pour enfants, tels *Blanche Neige* ou *La Belle au bois dormant* ? Faut-il penser, comme certains l'ont affirmé, que le corps à corps entre la fille et la mère fait, fantasmatiquement, rage d'emblée[27] ?

Incontestablement, l'attitude de certaines mères et l'interprétation des dessins de leurs petites filles, comme les propos de certaines femmes beaucoup plus tard, semblent aller en ce sens. Dans ces dessins, on reconnaît souvent sans difficulté une symbolique paternelle, sous la forme d'un grand arbre, le personnage masculin prenant une bonne partie de la page ou se détachant par une couleur particulièrement vive, tandis qu'une image maternelle, beaucoup plus terrifiante, est reléguée au second plan, ou carrément dans un coin. De même, des femmes, déjà bien installées dans leur vie d'adulte, peuvent encore dire avec violence, des années après : « Ma mère m'étouffait ! Heureusement que mon père était là... », ou encore, sous la forme du regret et de la plainte : « Mon père a toujours été faible, il a toujours donné raison à ma mère ! » Certaines femmes n'en finissent pas de subir leur mère : pour elles, leur relation à leur père reste capitale.

Il ne s'agit pas ici de mettre en cause la complicité, quand elle est bonne, d'une mère et sa fille. Une telle complicité donne à l'enfant le sentiment d'être investie par sa mère ; elle lui permet de s'identifier à elle, de se voir comme l'œuvre et le double de cette mère, ce qui l'aide à se construire sa propre image et à développer une identité féminine réussie. Colette, parlant de sa mère Sido, écrit ainsi : « Ma mère me laissait partir, après m'avoir nommée

"Beauté, Joyau-tout-en-or" ; elle regardait courir et décroître sur la pente son œuvre, son "chef-d'œuvre", disait-elle. » L'amour d'une mère pour sa petite fille ne peut généralement être mis en question – le merveilleux sourire de sainte Anne regardant son enfant assise sur ses genoux dans le tableau de Léonard de Vinci est là pour nous le rappeler –, mais, à cette période du développement, il est indispensable qu'une petite fille puisse continuer à grandir et, pour cela, se détacher de sa mère. À la mère de le comprendre et de l'accepter, même s'il lui en coûte ; au père, surtout, de jouer le rôle, immense, qui est le sien dans cette histoire.

Sorties de crise

Nous avons parlé de cette période œdipienne comme d'une crise. Comme, dans toute crise, il y a un avant et un après. Nous avons vu l'avant, qu'en est-il de l'après de cette « crise d'amour[28] » ? Schématiquement, quatre suites possibles se présentent :

- *La navigation « en haute mer »*. L'amour œdipien reste présent, mais une distance s'est installée qui permet à la petite fille de reprendre ses esprits ou plutôt de prendre ses esprits, d'avoir son propre jugement, c'est-à-dire de poursuivre son développement personnel et de s'affirmer en partie indépendamment de son père. Peu à peu, un père sent que sa fille peut être gênée par une proximité trop grande avec lui ; il change sa spontanéité pour plus de retenue ; il contient son amour dans ses comportements apparents. Le toucher en est une représentation à la fois concrète et symbolique. Il est la base de la vie affective entre deux êtres humains, mais il ne l'est que s'il se trouve, un moment, limité. Ce que j'ai écrit à propos de la relation mère-fils est encore plus vrai pour la relation père-fille : « Si l'interdit du toucher concerne d'abord, prosaïquement, le risque de se blesser, de se brûler ou de se couper, il renvoie, au-delà et symboliquement, à deux interdits fondamentaux : le meurtre et l'inceste... Lorsque le toucher perce le cœur des frontières symboliques et de leur sublimation, la transgression débouche sur des passages à l'acte où la tendresse, cette tendresse qui, pour les psychanalystes, vient heureusement recouvrir de son voile les vœux incestueux inconscients, s'absente. »

- *La chronicisation.* La braise est toujours prête à rallumer le feu et la flamme œdipienne. La petite fille de 7-8 ans reste dans une relation de grande proximité avec son père, que ce dernier favorise généralement, l'empêchant ainsi de se construire en tant que sujet détaché, pour une part, de ses liens infantiles antérieurs.
- *La rupture.* Elle peut passer par une chute subite du sentiment, autrement dit par une prise de distance brutale qui rompt la proximité antérieure. Elle survient, le plus souvent, sous l'effet d'une obligation interne de fuite devant le débordement pulsionnel toujours à vif et l'interdit du surmoi.
- *Le renversement des sentiments en son contraire,* comme on en observe fréquemment dans les crises d'amour entre adultes. La relation de la fille à son père est désormais dominée par le dégoût et même le rejet.

Évidemment, ces différentes suites sont fonction de l'attitude des deux partenaires de la rencontre œdipienne ; on pourrait même dire des trois partenaires dans la mesure où la relation de la fille à la mère, et de la mère à la fille, joue incontestablement un rôle. De même qu'une petite fille, pour grandir, a besoin d'abord de se détacher de sa mère et se tourne vers son père notamment pour cette raison, elle doit ensuite, dès 7-8 ans, pouvoir prendre suffisamment de distance par rapport à son père. Rester trop attachée à lui, c'est, en effet, courir le risque de trop souffrir et, même, de mourir psychiquement. Chacun a en mémoire le personnage de fille d'Antigone, hantée durant toute sa courte vie par la figure de son père dont elle n'a pu se séparer.

Protéger sa fille sans l'étouffer

Le désir le plus heureux, après la période œdipienne, est donc que le père protège sa fille sans l'étouffer. Chacun s'accorde pour reconnaître que le sentiment d'être soi, d'avoir sa propre identité, en particulier sa propre identité sexuée, se construit avant l'adolescence. Ce sentiment nécessite que le pouvoir tutélaire du père ne relève pas de la toute-puissance, qu'il autorise le détachement comme fondation de l'altérité. Cette autonomie concédée par le père, dont la responsabilité est ici clairement en jeu, paraît presque vitale. Il suffit d'écouter certaines femmes évoquer ces années de leur enfance avec malaise pour s'en convaincre. Dans cette période où le jugement se construit, elles disent s'être senties dépendantes, voire « otages » des désirs, des sentiments ou des comportements de leur père. Par là même, et ce n'est pas le moindre des paradoxes, elles ont dû apprendre à se protéger, à résister et sont devenues plus indépendantes qu'elles ne l'auraient été sans ce besoin impérieux de construire leur propre identité.

Dans certains cas, et pour la même raison, l'amour trop envahissant d'un père peut conduire au détachement de sa fille. Ce paradoxe n'est pas toujours facilement compris par des pères qui, aimant (trop) leur fille, ne comprennent pas la distance qu'elle met entre eux, alors qu'elle est encore, à leurs yeux, si petite.

» « *OUI, TU ES ASSEZ GRANDE POUR…* »

Une fois la fameuse période œdipienne dépassée, l'enfant, qu'il soit fille ou garçon, entre dans ce que l'on appelle l'âge de raison : il est capable de jugement bien pesé et consciemment ressenti, qu'il portera sur lui-même et sur ses proches. À sa spontanéité d'enfant s'associe de plus en plus une réflexion sur ce qui l'entoure, un jugement sur les événements et les êtres humains, y compris les plus proches : sa mère et son père.

Au cours de cette nouvelle période, entre 7 et 10 ans, une fille désire pouvoir dire : « Papa, je suis assez grande pour… » Son attente vis-à-vis de son père n'est plus seulement qu'il la cajole, qu'il la prenne dans ses bras en rentrant le soir, qu'il lui parle avec tendresse ou la gronde si elle dépasse les limites ; une autre attente apparaît, plus subtile : celle qu'il lui donne confiance en elle. Que fait une petite fille lorsqu'elle s'assoit à côté de son père pour prendre un livre alors que lui-même est en train de lire ? Que fait-elle lorsqu'elle émet un commentaire sur le documentaire qu'ils regardent ensemble à la télévision ? Elle cherche à lui faire remarquer sa présence, à lui faire savoir qu'elle a grandi, qu'elle peut avoir les mêmes activités culturelles ou les mêmes intérêts que lui. *Si, durant cette période, un père ignore sa fille, s'il fait comme si elle n'était pas là, s'il ne manifeste aucun intérêt pour ce qu'elle cherche à lui dire ou si, au contraire, il se montre trop exigeant, trop autoritaire, s'il lui donne l'impression que ce qu'elle est ou ce qu'elle fait n'est jamais suffisant, alors elle risque naturellement d'en venir à douter d'elle-même et de ne pas avoir confiance.* Deux attitudes peuvent en résulter : soit la petite fille se replie sur elle-même, soit elle se renforce dans l'idée qu'elle n'est pas à la hauteur de ce qu'elle devrait être. C'est là l'origine de certains échecs scolaires. L'agressivité ou la provocation qu'elle risque d'opposer dès cet âge présage d'une adolescence difficile.

» « *OUI, JE SAIS QUE TU PEUX COMPRENDRE…* »

À cet âge, les petites filles attendent de leur père qu'il ne les considère plus comme des petites filles, mais qu'il reconnaisse qu'elles ont grandi ; elles veulent qu'il les fasse rire, mais aussi qu'il leur parle de choses sérieuses auxquelles elles sont prêtes dorénavant à s'intéresser. Dans l'un des treize récits d'enfants de déportés qui composent le livre de Nadine Vasseur, *Je ne lui ai pas dit que j'écrivais ce livre*[29], Chantal Avram raconte avec émotion et reconnaissance comment son père, alors qu'elle n'avait que 7 ans, venait près d'elle lui raconter sa vie dans les camps. Elle dit que ce rituel lui a peut-être permis de se sentir moins écrasée par le douloureux passé familial que d'autres enfants de déportés, qui ont eu à subir le non-dit de l'horreur et la souffrance infligés à leurs parents.

Ce témoignage, évidemment particulier, montre bien que, si un père n'a pas à tout dire à sa fille, s'il n'a pas à lui faire partager ses désirs, ses soucis ou ses secrets d'adulte, il a mille manières de lui parler, à partir du moment où elle est en âge de comprendre les grandes questions de la vie. En lui transmettant son expérience et son savoir, un père fait preuve de confiance envers sa fille et, par là même, lui donne confiance en elle. Évidemment, il ne s'agit pas de prendre un enfant pour un adulte, mais simplement de reconnaître, chez lui, l'émergence de capacités réflexives et critiques qui n'existaient pas avant et qui peuvent désormais être mobilisées.

Sans être sévère ou ennuyeux, il y a un bel équilibre à trouver entre le rire, la légèreté et le sérieux de la vie avec une enfant de cet âge. La période 7-10 ans correspond, en effet, à ce que les spécialistes du développement affectif et intellectuel nomment la « phase de latence ». Se situant entre les deux phases « chaudes » de l'œdipe et de l'adolescence, elle se caractérise par la capacité des enfants à s'ouvrir sur le monde en raison des compétences cognitives et mentales qu'ils acquièrent alors. C'est la période au cours de laquelle ils se mettent à réfléchir un peu longuement, où ils apprennent des récitations et en cherchent le sens profond, où ils développent leur habileté en calcul mental, où ils se passionnent pour l'histoire et la géographie, etc.

Cette curiosité et cet appétit de connaissances concernent tout autant les filles que les garçons, c'est une évidence. Si je le rappelle ici, c'est parce que, aujourd'hui encore, les filles, bien que jugées plus précoces, sont aussi souvent considérées comme plus frivoles par leur père. Une mère me disait un jour que l'attitude de son mari l'exaspérait profondément en raison des différences qu'il faisait entre leurs enfants : alors qu'il pouvait expliquer longuement à son fils âgé de 10 ans, qui l'écoutait à peine, l'histoire des États-Unis qu'ils allaient bientôt visiter, il était incapable de faire la même chose avec sa fille âgée de

8 ans qui, pourtant, buvait ses paroles... Les stéréotypes ont décidément la vie dure ! Généralement, les pères aiment énormément leur petite fille. Ils la sacralisent, l'idéalisent, l'admirent, parfois trop. Ils acceptent même, de son caractère parfois exigeant, ce qu'ils n'admettraient pas d'une autre femme, y compris de leur propre compagne. Mais ils doivent également savoir ce que leur fille attend d'eux, et ce au-delà de la petite enfance. Avant même la crise d'adolescence, les filles rêvent d'un père qui les voit grandir.

Qu'attend une adolescente de son père ?

Il n'y a pas d'adolescence sans enfance, et les relations qu'une fille développe à cet âge avec son père, si elles sont nécessairement différentes, restent teintées d'une affection particulière. Une adolescente a des demandes, conscientes et inconscientes, plus complexes. Certes, elle est toujours en quête de validation spéculaire de son existence[30], mais, cette fois, pour franchir l'étape décisive que constitue son accès définitif à la féminité.

Arrive donc ce moment où un père doit accepter que sa fille lui échappe en tant qu'enfant. Une adolescente, c'est de son âge, va chercher à s'affirmer, parfois au prix de la provocation. Et elle aura besoin qu'on sache répondre à son besoin de distance, marqué par des silences plus ou moins énigmatiques et des critiques. Au père de comprendre ce besoin d'éloignement ; à lui de saisir les moments où sa fille reste accessible à la discussion ou de savoir manier l'humour, sans être blessant, face à cette jeune femme qu'est en train de devenir sa petite fille chérie.

« *Je deviens une femme...* »

L'adolescence est une période de recherche identitaire dont la manifestation la plus explicite chez une fille est le nombre de minutes, si ce n'est d'heures, passées à se regarder dans la glace et à examiner la manière dont on est habillé. La question sensible chez une adolescente est l'image qu'elle a de son corps, qu'elle peut, sans objectivité aucune, détester, se trouvant trop grosse, trop maigre, trop petite ou trop grande. Dans un tel contexte, les mots malheureux que son père peut prononcer sur son aspect physique, même sur un mode humoristique, risquent de la poursuivre sa vie durant.

Chez une adolescente qui est en train de devenir une femme, il y a toujours la recherche d'une affirmation identitaire de soi et de la communauté à laquelle on appartient, d'une confirmation qu'on appartient bien au monde féminin. Dans cette quête, la jeune fille s'appuiera d'abord, bien sûr, sur sa mère avec qui, depuis sa naissance, elle est dans un rapport d'identité féminine. Elle s'appuiera aussi sur ses « copines », ayant très souvent besoin d'une meilleure amie avec qui partager ses interrogations. Cette recherche identitaire, et l'envie de s'affirmer qui en découle, passe aussi par le désir de ne plus être vue comme une enfant, mais reconnue comme une jeune fille que les garçons regardent. Le monde masculin auquel elle s'est confrontée depuis sa naissance présente désormais d'autres attraits : la séduction avec la menace qu'elle suscite, et l'attrait sexuel.

Une jeune fille me disait un jour, prise entre le désir d'aller chez son père en week-end et l'envie de rester avec son petit ami à Paris : « Je crois que je les aime autant tous les deux, mais tellement différemment... » Apparemment, ce qui constituait pour moi une évidence était pour elle une vraie découverte ! L'amour se vit et s'éprouve, c'est un sentiment de l'âme et du corps. Enfant, le corps est peu impliqué, ou alors sous une forme qui procède essentiellement du « courant tendre » de l'affectivité. À l'adolescence, en revanche, il devient à la fois désirant et désiré, il prend une place prioritaire. L'adolescente découvre ce qu'est l'amour passion, la différence entre la tendresse et l'attirance fortement sensuelle. Elle découvre que cet amour est tourné vers un autre, que la réciprocité est impérativement réclamée. Elle comprend qu'on peut se lasser d'aimer, mais jamais d'être aimée. Que, pour s'aimer soi-même, il faut passer par l'autre, se reconnaître capable d'aimer et être aimable. Elle s'aperçoit, enfin, qu'on peut passer du sentiment à l'acte, mais aussi passer à l'acte sans sentiment. Des questions essentielles surgissent : y aurait-il différents types d'amour ? Vers qui se tournent-ils ? Comment aime-t-on, et pourquoi ?

L'adolescence venant, une fille désire continuer à aimer son père, mais elle a besoin que cet amour puisse être éprouvé et pensé tout à fait différemment, sans être rapproché de ce qu'il lui arrive désormais de ressentir pour d'autres représentants du sexe masculin. *Plus que jamais, une adolescente a besoin de trouver chez son père des attitudes, des comportements et des paroles qui lui évitent toute confusion. Elle a besoin d'un amour respectueux – respectueux d'elle-même et de ce qu'elle est devenue, respectueux des sentiments qu'elle nourrit pour d'autres.* On comprend alors qu'une attitude ambiguë de son père puisse lui faire horreur, la révulser, l'agresser ou la traumatiser. Comme le disait Lacan, le père est là pour « unir un désir à la loi[31] ».

Le besoin de respect

Avec son père, une petite fille sait se montrer tendre et féminine, mais comme une enfant qui cherche à charmer son parent. Une adolescente est beaucoup moins dans la séduction ostensible : elle affiche un besoin de distance très fort, même si elle continue d'admirer son père et d'avoir besoin de sa tendresse. La gestion de cette nouvelle situation est plus complexe qu'il n'y paraît, car la séduction spontanée et sans équivoque qui existait auparavant, dans l'enfance, laisse place à davantage d'ambiguïté, en raison de l'émergence, chez la jeune fille, d'une sexualité adulte qui s'exprime par des changements d'apparence physique, des émois inédits, des goûts différents. Les pères se trouvent alors confrontés à un double risque, en se positionnant « trop près » ou « trop loin ». La peur des désirs et des fantasmes, plus ou moins explicites, que leur fille qui grandit suscite, surtout à une époque comme la nôtre, peut, en effet, engendrer un malaise qu'ils manifesteront par un apparent désintérêt ou des critiques inappropriées. À l'inverse, ils peuvent aussi adopter une attitude presque « perverse », allant de paroles trop érogènes – « elle a de belles fesses, ma fille ! » – à des gestes de tendresse devenus déplacés. Concrètement, à l'adolescence, un père ne peut plus entrer dans la chambre de sa fille et encore moins dans la salle de bains s'il ne sait pas comment elle est habillée ou ce qu'elle fait.

» *NE PAS ÊTRE IMPUDIQUE*

Certes, dès 6-7 ans, donc bien avant l'adolescence et les émois pubertaires, une petite fille ressent que son père est un homme et quelle est une « petite femme ». Vers cet âge, elle devient d'elle-même beaucoup plus pudique ; elle ne veut plus se montrer nue devant lui, ferme la porte de la salle de bains lorsqu'il passe et peut ressentir du dégoût s'il manifeste, par le geste ou la parole, une attitude trop « sexuelle », même sous forme de plaisanterie. À l'adolescence, avec les changements physiques et fantasmatiques qui l'inaugurent, ce besoin de pudeur s'accentue de façon démesurée. La gêne que la jeune fille éprouve déjà elle-même devant son propre changement ne supporte rien qui puisse encore l'intensifier, encore moins venant de son père.

Ce besoin de pudeur explique les difficultés de communication parfois durables qui s'installent entre une fille et son père. Les contraintes pudiques s'extériorisent, touchant le corps, mais aussi le langage. Sans en être conscients, mais parce que, comme tous les psys le savent, une excitation sexuelle qui s'engage abolit la parole, filles et pères se méfient désormais l'un de l'autre, et même de ce qu'ils pourraient se dire.

» *UNE FRONTIÈRE INVISIBLE À NE JAMAIS FRANCHIR*

Flore est une jolie jeune fille de 17 ans que ses parents trouvent trop timide. Elle a peu d'amies filles et se sent mal à l'aise avec les garçons. Elle a toujours eu un côté raisonnable, et elle a toujours été très proche de son père, précise sa mère. Lorsque je la reçois seule, Flore s'exprime peu et paraît, en effet, très timide, mais, lentement, sans doute parce qu'elle me connaît mieux, elle accepte de se livrer. Elle me confirme qu'elle se sent très proche de son père, mais qu'elle ne lui parle quasiment jamais ; elle ajoute spontanément qu'elle voit pourtant dans son regard combien il l'aime ; de cela, elle est heureuse. Elle se souvient avec bonheur qu'une fois par semaine, lorsqu'elle était encore petite, il déjeunait seul avec elle. Elle dit aussi qu'elle a parfois été gênée qu'il se préoccupe trop d'elle, qu'elle a toujours eu peur qu'il dépense trop d'argent pour elle, ses études, ses vêtements. Flore me confie même, un jour de grand abandon, qu'elle aime le côté féminin qu'elle sent chez son père ; il travaille dans la mode et elle aimerait bien plus tard travailler aussi dans ce secteur.

Les semaines passent, et Flore, qui s'était détendue, qui en était presque arrivée à me parler facilement, redevient la jeune fille timide, presque pudique, du début, osant à peine me serrer la main ou me regarder quand elle me salue. Je laisse encore passer un peu de temps avant de le lui faire remarquer, mais je devine qu'elle a des choses à dire qui la gênent. Je lui fais tout de même remarquer qu'elle est là pour exprimer tout ce dont elle a envie : c'est aussi ce à quoi sert une psychothérapie. Quelque temps plus tard, Flore se décide à évoquer un souvenir dont elle n'a parlé à personne. Jeune adolescente, vers l'âge de 12 ans, elle a surpris son père en train de la regarder pendant qu'elle se déshabillait avant d'aller au lit. Ce regard l'a terriblement ébranlée, et la terrifie encore aujourd'hui lorsqu'elle y repense. Depuis cette scène, depuis toutes ces années, elle n'a quasiment plus parlé à son père. Non pas qu'elle lui en ait voulu particulièrement – elle pense aujourd'hui qu'il n'y avait pas d'intention mauvaise dans ce regard, juste la prise de conscience des transformations qui avaient affecté son corps, comme si son père s'était rendu compte, ce soir-là, que sa petite fille avait grandi, mais elle ne pouvait plus, sans trop comprendre pourquoi. L'histoire de Flore montre à quel point une jeune fille peut ressentir de façon presque violente le besoin de pudeur de la part de son père.

La peur d'être rejetée

Paradoxalement, en même temps que ce besoin grandissant de pudeur, une autre crainte se développe chez une adolescente : celle d'être rejetée par son père. Compte tenu des comportements qu'elle manifeste, on pourrait s'attendre à ce qu'une fille de 14-15 ans souhaite s'affranchir totalement de son père. Il n'en est rien : la crainte d'être rejetée est là – toujours là, dirais-je, car c'est une crainte presque ancestrale. Les travaux des anthropologues nous ont appris que, dans les sociétés anciennes, l'exogamie passait par l'« exportation » des filles dont les hommes décidaient entre eux, ces échanges favorisant l'alliance et la sociabilité entre villages et tribus. Dans ces sociétés soumises au pouvoir masculin, les filles subissaient cet état dont dépendait leur avenir de femme et de mère. Aujourd'hui, évidemment, il en va autrement. Ce sont les filles elles-mêmes qui, devenues adolescentes, revendiquent le désir de sortir, demandant, dans le meilleur des cas, l'approbation de leurs parents, transgressant dans les autres l'interdit parental. Toutefois, on peut remarquer que, dans cette situation, les filles s'adressent plus volontiers à leur mère, comme si elles avaient toujours un peu peur que leur père prononce une condamnation sans appel ou qu'il les chasse de la maison familiale. J'en profite ici pour de nouveau répéter que les filles ne rejettent pas l'interdit du père, elles savent qu'il est inscrit dans la fonction paternelle : un père se doit de représenter la loi et signifier des interdits s'il considère que sa fille est en danger. Un des fondements de cette obéissance à la loi, pour peu qu'elle ne soit ni injuste, ni excessive, ni terrifiante, est sans doute la peur, profonde, inscrite depuis des millénaires chez les filles, que leur père les rejette si elles ne se montrent pas à la hauteur de ce qu'elles-mêmes estiment juste.

Comme souvent, la mythologie grecque nous place devant les invariants qui structurent les principales relations humaines. On connaît l'histoire de Perséphone, fille de Zeus et de Déméter, enlevée par Hadès, le dieu des Enfers, alors qu'elle cueillait un narcisse. Déméter, déesse de la fécondité, est désespérée, et part à sa recherche à travers le monde, renonçant même à ses fonctions de déesse. Zeus intervient alors et ordonne à Hadès de rendre la fille à sa mère. Il propose au dieu des Enfers le compromis suivant : Perséphone sera son épouse, elle sera la déesse des Enfers, mais elle devra passer une moitié de l'année avec sa mère et le reste du temps avec lui. Symboliquement, on peut entendre ici le message suivant : un père se doit de laisser le libre choix à sa fille lorsqu'elle est en âge de le faire ; il doit lui permettre de chercher, trouver et vivre avec l'homme de sa vie, mais il doit aussi assurer la continuité de la transmission d'une vie familiale originelle dont il est le garant et le représentant. Lorsqu'un père, lui-même souvent mal à l'aise avec cette situation, accepte de recevoir le petit ami de sa fille chez lui ou en vacances, alors que son épouse n'est pas très favorable à la venue de ce garçon qu'elle ne connaît pas, dont elle craint l'influence, voire l'effet néfaste sur son enfant, ne se trouve-t-il pas dans la même position que Zeus ?

Encore faut-il, pour qu'il se fasse reconnaître dans cette fonction symbolique, qu'un père ne se prête pas à sa propre disqualification ! Melissa, 16 ans, apprend, en surprenant son père au téléphone, qu'il a une autre femme dans sa vie. Elle en est choquée, garde un mois le secret, puis, à l'occasion d'une dispute entre ses parents, entre dans une profonde colère et se met à hurler sur son père : « Arrête, tu mens ! Même à maman, tu mens ! Tu mens tout le temps ! Ça fait des semaines que tu la trompes, que tu te fous de nous ! » À la réaction de sa mère, Melissa comprend qu'elle ne lui apprend rien, qu'elle savait déjà que son mari la trompait. Elle en ressent une profonde colère, juge son silence lâche et exige de son père qu'il dise toute la vérité sur ce qui se passe. Avec quelques réticences, le père s'exécute et raconte qu'il a rencontré une jeune femme de 24 ans, dont il est amoureux.

Quelques mois plus tard, je reçois Melissa à la demande de ses deux parents dont la séparation est maintenant effective. Ils craignent l'un et l'autre le retentissement de leurs problèmes de couple sur leur fille. Melissa refuse, en effet, catégoriquement de voir son père, même en l'absence de sa nouvelle compagne. Devant moi, elle répète qu'il n'avait pas le droit de détruire sa famille et qu'elle ne reviendra pas sur sa décision de ne plus le voir. Je la sens extrêmement décidée et, en même temps, extrêmement blessée. Compte tenu de la réalité de la situation, j'évite de remettre directement en cause son point de vue et j'essaie, à partir de thèmes généraux autour de la passion et de l'état amoureux, tels qu'ils sont dépeints dans les romans et les films, d'amener cette jeune fille, qui est très littéraire, à une certaine réflexion sur la vie. Elle me répond, sans agressivité, mais toujours avec beaucoup de fermeté, qu'elle comprend tout à fait ce que je lui dis, qu'elle sait bien que son père n'est pas le premier homme à tromper et quitter sa femme, mais qu'elle s'est personnellement sentie tellement trahie, rejetée et abandonnée qu'elle ne peut pas lui pardonner.

Pour s'épanouir, une adolescente a besoin de voir son père estimer sa mère

La question de la place que le père donne à la mère est cruciale dès les premières heures de vie d'un enfant, mais ce n'est qu'à l'adolescence qu'on en mesure concrètement et pleinement l'importance déterminante. Une adolescente qui peut constater la bonne qualité des relations que ses parents entretiennent n'aura pas le sentiment qu'elle doit, d'une manière ou d'une autre, combler un manque affectif et émotionnel entre eux. *Sa féminité s'épanouira au mieux, sans peur et sans culpabilité, si l'homme de la maison – le père bien évidemment – ne tient aucun propos péjoratif, aucun discours négatif sur la femme qu'il a choisie, et aussi, plus largement, sur les femmes et le féminin.*

En ce domaine, une jeune fille a généralement trois types d'attente à l'égard de son père ; elle souhaite :
– qu'il respecte la relation qu'elle a avec sa mère ;

- qu'il n'utilise pas la relation qu'il a avec elle pour compenser les insatisfactions qu'il peut connaître dans sa vie de couple avec sa mère ;
- qu'il lui révèle, par la relation qu'il a avec sa mère, un modèle heureux de relation entre un homme et une femme.

Comme on le voit, entre un père, une mère et leur fille, les relations peuvent vite s'enchevêtrer si on n'y prend garde. La vigilance est particulièrement de mise pour que chacun des trois protagonistes reste à sa place – de parent ou d'enfant, d'homme ou de femme – et laisse aux deux autres la liberté de vivre leur histoire.

Pour une fille, un père qui estime sa compagne, qui reconnaît ses qualités et ses compétences, qui la traite sans autorité excessive ou qui ne lui est pas soumis, représente un repère ; il lui apprend et lui montre le respect entre hommes et femmes : c'est une leçon qu'elle n'oubliera pas plus tard, dans sa propre vie de femme. J'ai toujours senti la joie et le plaisir qu'une fille éprouvait à évoquer les bons rapports qui existaient entre ses parents. Si, par exemple, il peut dire en souriant, face à l'agressivité de sa fille ou à sa provocation : « Tiens, le même sang coule dans nos veines », je ne lui recommanderai pas de dire : « Tu es le portrait de ta mère tout craché. »

» *LE PÈRE EST AUSSI UN MÉDIATEUR*

Quoi qu'elle puisse dire ou laisser penser, une adolescente aime et estime sa mère, elle en a besoin, elle y trouve du soutien, comme confidente et même, parfois, comme complice. Un père peut l'entendre dire, dans un moment de conflit, fréquent à l'adolescence, que sa mère a tous les défauts de la terre, qu'elle ne comprend rien à rien, qu'elle ne sert à rien d'ailleurs. À lui de décrypter ces propos comme des provocations ou des appels à l'aide ; à lui de savoir servir de médiateur entre sa fille et sa femme, sans chercher à s'immiscer dans une relation qui, pour une part, lui échappera toujours. L'autre cas de figure est bien évidemment vrai aussi. À la question : « À quoi servent les mères ? », la réponse la plus fréquente est : « À désamorcer les conflits avec le père ! » Combien de mères ont, à un moment ou un autre, demandé à leur fille : « Sois gentille avec ton père ! », allant même parfois jusqu'à le lui ordonner : « Tu dois aimer ton père ! » Quand la communication avec un des deux parents est devenue difficile ou qu'elle est rompue, c'est à l'autre parent d'intervenir et d'endosser le rôle de médiateur, sans prendre parti, en restant le plus neutre possible, en étant le plus pragmatique aussi : inutile de braquer sa fille, ou sa femme, en ne prenant pas son parti ; ce qui compte plus que tout, c'est de maintenir la communication.

» *LE PARTAGE DE L'ÉDUCATION*

Combien de mères ont-elles souhaité que j'aide leur fille parce qu'elles ne pouvaient obtenir, de la part de leur conjoint, le partage de l'éducation qu'elles réclamaient ! Le rôle que j'ai toujours tenté d'assumer en cette circonstance est de servir de passeur entre la fille et son père, tout en répondant à la demande de la mère. Je suis profondément persuadé que, chaque fois que cela est possible, l'éducation d'une fille doit être partagée entre la mère et le père – pas seulement en cas de difficultés, mais au fil du temps. Certes, il existe des situations où ce partage est complexe ou impossible, comme dans les cas de divorce particulièrement conflictuels, mais nous ne vivons ni dans une société matrilinéaire ni dans une société matriarcale où les mères prendraient une place prépondérante parce que les hommes sont tenus à l'écart ou sont absents.

Cela dit, et les pères le savent ou le sentent, les mères, entre autres fonctions, ont eu, depuis que leur fille est née, celle d'apporter les soins, la vigilance, le confort et la sécurité, sans lesquels leur enfant n'aurait pu grandir. Cela est inscrit dans la mémoire affective de l'enfant et ne peut s'effacer. En outre, une mère éprouve la satisfaction de se sentir indispensable, en saisissant chez sa fille ce qu'un homme n'est pas toujours capable de percevoir. Son identité féminine et son intuition la servent ici. Incontestablement, une mère acceptera et comprendra souvent mieux les comportements de son adolescente, elle aura une sensibilité particulière aux signaux que celle-ci peut adresser à son entourage.

Le désir de reconnaissance

Lorsque arrive l'adolescence, une fille attend que son père continue de l'aimer tendrement, comme il le fait depuis qu'elle est petite, mais à cette attente s'en ajoute désormais une autre, qui vient d'ailleurs parfois télescoper la première : celle de voir son père la considérer désormais *aussi* comme une jeune fille, la traiter en conséquence et lui permettre d'occuper, au sein de la famille, une place correspondante. C'est un changement majeur, et un tournant délicat.

» « JE ME METS OÙ ? »

Selma, une adolescente de 15 ans, me raconte le rêve qu'elle a fait la semaine précédente. Son professeur d'histoire, qu'elle apprécie beaucoup, devait emmener toute sa classe à Barcelone. Il lui avait dit qu'il lui réserverait son billet d'avion et qu'elle serait la seule à bénéficier de ce privilège. Le grand jour arrivait, elle se rendait à l'aéroport et découvrait alors qu'il n'avait rien fait : elle ne pouvait pas embarquer à bord de l'avion, elle n'avait pas de ticket... Je demande des précisions à Selma ; elle se souvient alors qu'elle a fait ce rêve à la suite d'une soirée où ses parents avaient invité des amis qu'elle aime bien. Elle avait imaginé qu'elle dînerait avec eux et que son père, qui pense toujours à tout, lui aurait fait une place à la table familiale, mais non : « En fait, c'est clair, mon père considère que je ne peux pas avoir de conversations d'adultes... » Sans aller jusqu'à remettre en cause l'amour qu'il lui porte, Selma est triste et même en colère contre son père, mais elle n'a pas osé lui parler de sa déception.

Pour les pères, une des difficultés majeures liées à cette période vient de ce qu'ils doivent composer avec le désir de leur fille de ne plus être traitée comme une enfant, parce qu'elle estime ne plus l'être, et le respect de sa position d'enfant dans la famille et, plus précisément, par rapport au couple qu'il forme avec sa mère ; c'est à lui principalement qu'incombe le soin de délimiter ces deux espaces féminins, donnant à sa femme et à sa fille le sentiment qu'il les reconnaît toutes deux dans ce que chacune représente.

» « Moi aussi, je compte ! »

C'est la fin du mois de juin ; les parents de Julia m'appellent pour que je les reçoive avec leur fille. Ils sont inquiets à son sujet, surtout la maman. Julia a fait une année de seconde catastrophique alors que, jusque-là, elle était une plutôt bonne élève. Ils attribuent ce désastre scolaire à la dépendance amoureuse de leur fille pour un garçon rencontré en septembre dernier. Ce garçon, qui vit seul avec sa mère, semble apparemment trouver dans leur famille un cadre et une chaleur familiale qui lui manquent chez lui, car il ne s'est quasiment pas passé un jour sans qu'il ne vienne chez eux. Il semblerait aussi, à en croire ce que leur fils aîné leur a avoué récemment, que Julia se soit mise à fumer du haschisch sous son influence. Dans mon cabinet, ces parents se disputent, rejetant l'un sur l'autre la responsabilité des difficultés que rencontre leur fille, laquelle hausse les yeux au ciel, exaspérée.

Chacun reste campé sur sa position. Julia nie le problème que pose sa relation avec ce garçon. La mère reproche à son mari de ne pas suffisamment intervenir, de ne pas affirmer suffisamment son autorité. Le père, dépassé par les conflits permanents entre sa fille et sa femme, estime évoluer « en pleine hystérie féminine ». À un moment, pourtant, cet homme laissera voir à quel point il est affecté par le comportement de sa fille. Les larmes aux yeux, il lui dira qu'il a très peur pour elle, à cause de la relation qu'elle a avec son petit ami. Julia ne paraîtra pas réagir. Les vacances d'été arrivant, chacun tombe d'accord pour juger que la période est propice à un apaisement général. Julia doit partir chez son oncle paternel en Bretagne. Je propose de la revoir seule, à son retour, ce qu'elle accepte avec réticence.

À la rentrée de septembre, je retrouve une jeune fille beaucoup plus détendue et souriante. Elle m'explique que les vacances se sont bien passées, grâce notamment à son père qui l'a rejointe pendant dix jours en Bretagne. Ils ont beaucoup parlé ensemble, et même si c'est elle qui en a pris l'initiative, il a su l'écouter, il s'est intéressé à sa vie, à ses amis et à ses études. Julia pense que son père est content qu'elle ait choisi de redoubler pour pouvoir passer en première scientifique. Elle a le sentiment d'avoir grandi cet été, déclare-t-elle sagement. À propos de son petit ami, elle reconnaît que ses parents avaient raison : elle était devenue trop dépendante de lui. Elle l'a d'ailleurs revu depuis son retour de vacances et lui a dit qu'elle avait besoin de davantage de liberté. Avec sa mère aussi, sa relation s'est améliorée, et elle n'a plus, comme avant, le sentiment que son père n'écoute qu'elle. Devant tant de signes d'évolution positive, je propose à Julia de la revoir dans deux mois, avec ses parents, sauf si de nouvelles difficultés apparaissaient d'ici là ; elle acquiesce.

Ce qui est dit est fait, et je les revois tous les trois ensemble à la date convenue. À l'unanimité, la crise est déclarée « dépassée ». Julia a repris une scolarité satisfaisante, elle sort beaucoup moins – en particulier, avec ce garçon avec lequel, même si elle ne le dit pas clairement, elle semble avoir pris de la distance : « De toute façon, nous ne sommes plus dans la même classe, précise-t-elle. C'est mieux, d'ailleurs... »

Cette histoire prouve combien un père peut être utile à sa fille adolescente qui se cherche. Il suffit souvent de peu de choses à cet âge pour que tout bascule dans un sens ou dans l'autre. La disponibilité qu'un père trouve pour sa fille est essentielle à cette période de la vie ; elle demande, dans les faits, une certaine subtilité, car l'adolescente doit pouvoir se dire d'elle-même qu'elle grandit et ne pas trouver excessif ou étouffant le soutien qu'on lui apporte. Pour tous les pères, l'adolescence est l'occasion de montrer à sa fille qu'on accepte et qu'on reconnaît certains de ses désirs, pour peu qu'elle tolère, elle aussi, de son côté, l'expression des désirs de l'autre – de sa mère, en premier lieu.

» *« JE NE SUIS PLUS UNE GAMINE ! »*

Le besoin de reconnaissance chez les adolescentes se manifeste souvent de façon indirecte. Certaines filles peuvent même soutenir qu'elles se moquent du regard que leur père porte sur elles, et manifester la détresse qu'elles éprouvent en réalité par une chute de leurs résultats scolaires, des problèmes alimentaires préoccupants, des fugues ou une agressivité à la limite du supportable : elles ne feront pas nécessairement le lien entre ces comportements et la relation, insatisfaisante, qu'elles ont avec leur père. Et pourtant…

Louise est en pleine rébellion contre ses parents, se plaint, après plusieurs mois de psychothérapie, que son père ne comprend rien à sa génération, qu'il est vieux jeu ; pour un peu, il l'élèverait comme ses propres sœurs ont été élevées il y a cinquante ans : en lui interdisant de sortir avant 18 ans ! « Par moments, je le hais, j'aurais envie qu'il n'existe pas ! Il ne sait même pas quel âge j'ai. L'autre jour, il m'a dit : "Quand on a 14 ans, on ne se conduit pas comme si on en avait 20…" Alors que je viens d'avoir 15 ans ! Je ne sais même pas s'il sait qu'il a une fille… S'il ne voulait pas d'enfant, il n'avait qu'à ne pas en faire. Quand je pense que c'est lui qui a choisi mon prénom – c'était le prénom de sa grand-mère, vous imaginez… Et que lui-même s'appelle Louis ! » Louise soupire, marque un long silence, puis semble s'enfoncer plus profondément dans son siège. « Au fond, nous deux, reprend-elle d'une voix plus calme, c'est Bonnie et Clyde en pire... » Je ne comprends pas ce que vient faire ici le célèbre couple de gangsters américains. Je le lui dis, elle rétorque : « Ils s'entendaient très bien, ils étaient amoureux l'un de l'autre... Même dans la violence... » Nouveau silence, puis Louise enchaîne : « Remarquez, je sais que j'exagère, mais j'aimerais tellement qu'il me voie comme je suis, et plus comme une gamine... Il m'adorait, petite, vous savez. Ma mère m'a raconté que, lorsque je suis née, il a pris des dizaines de photos avec un appareil qu'il a acheté exprès. Il a même dit que c'était le plus beau jour de sa vie... Je sais, au fond, qu'il m'aime, je crois même que je lui ressemble... Petite, j'étais un vrai garçon manqué. En vacances, chez mes grands-parents paternels, j'allais à la pêche avec lui, comme mes cousins avec mon oncle... »

Beaucoup de crises d'adolescence sont, chez les filles, sous-tendues, à un degré ou à un autre, par le désir, plus ou moins conscient, d'être reconnues par leur père pour ce qu'elles sont en train de devenir. Ce qui est principalement en jeu dans cette demande, ce n'est pas de rester l'objet de l'amour, de la tendresse et de la sollicitude paternelles, comme lorsqu'elles étaient enfants. Elles n'attendent pas non plus que leur père leur laisse tout faire, qu'il n'impose pas de limites à leur désir bouillonnant de vivre, de sortir, d'exercer toutes les potentialités dont elles se sentent dorénavant porteuses – au contraire, les filles veulent un père qui les rassure, les protège. La reconnaissance que les adolescentes réclament, sans toujours l'avouer, porte tout entière sur la prise en compte du fait qu'elles sont sorties de l'enfance et que la petite fille qu'elles étaient n'existe plus.

Un modèle identificatoire

Force est donc de constater que la relation entre une fille et son père évolue différemment de celle qui unit un fils à son père. Sans doute parce qu'elle n'est pas fondée sur la rivalité, mais sur la reconnaissance de la différence d'identité – différence qu'objectivent le corps, la sensibilité ou encore la manière d'exprimer ses désirs et ses avis. D'une certaine manière, le lien qui unit un père et sa fille fait davantage penser au cordon qui relie une mère à son fils. Plus complexe, il est assurément tout aussi puissant et nécessite tout autant, pour la construction personnelle de l'enfant, d'être coupé au moment de l'adolescence : c'est à cette condition, en effet, qu'une fille qui grandit se sentira autorisée à s'affirmer dans les manifestations de son statut émergent de femme, qu'il s'agisse de l'existence d'un premier petit copain ou des secrets d'une intimité féminine découverte avec la puberté. Cela étant, à l'adolescence, et malgré ce repositionnement autour du féminin et du masculin, une fille n'en continue pas moins de pouvoir s'identifier à son père, aux valeurs qu'il défend ou qu'il incarne, à une partie de son histoire en somme.

Le langage ordinaire de la psychologie établit-il une différence précise entre l'imitation : « elle imite son père » et l'identification : « elle s'identifie à son père » ? L'identification n'est pas une simple imitation ; elle se réfère à une communauté de traits qui demeurent en permanence chez le sujet. L'identification est appropriation, mise en soi de quelque chose d'extérieur : on devient en partie ce qu'est l'autre. Cette notion d'identification constitue un concept clé dans la théorie psychanalytique élaborée par Freud. Voici un exemple que lui-même donne dans sa correspondance avec Fliess : « Dire que les jeunes filles de la bourgeoisie s'identifient souvent aux servantes courtisées par leur père exprime un fantasme qui signifie à la fois le désir inconscient de la jeune fille d'être admirée et aimée par son père, mais aussi celui tout aussi inconscient d'être la servante du père. » La superposition des deux scènes constitue le fantasme, qui est le résultat de l'identification. Ce modèle identificatoire au père, la jeune fille le construit depuis sa petite enfance ; à l'adolescence, toutefois, il vient constituer, comme l'identification à la mère, un pivot majeur du sentiment d'identité.

» *LES DEUX NIVEAUX D'IDENTIFICATION*

Classiquement, on distingue deux niveaux d'identification : l'identification primaire et l'identification secondaire. Dans l'identification secondaire, le désir est d'être comme l'autre : on « s'identifie à ». Une fille peut ainsi s'identifier à son père dans ses choix artistiques, sportifs ou professionnels ; elle voudra faire de la guitare ou du violon comme son père quand il était jeune ; elle voudra, comme lui, faire du tennis ou même du football ; elle voudra, comme lui, devenir animatrice, journaliste, médecin ou professeur. Dans l'identification primaire, en revanche, le désir n'est pas d'être *comme* l'autre, mais d'être l'autre : cette identification est directe, immédiate et plus précoce que l'identification secondaire. Dans le jeu fréquent du papa et de la maman, ces deux types d'identification fonctionnent : la petite fille fait comme si elle était le papa, mais elle se sent aussi, par moments, vraiment le papa. Dans sa vie quotidienne aussi, la petite fille montre, par son comportement, qu'elle peut prendre réellement la place de sa maman, mais aussi de son papa. Elle peut, par exemple, à l'égard de son petit frère qui dit perpétuellement non ou qui pleure pour ne pas manger sa purée, le gronder de manière tout à fait identique à ce que ferait son père en pareille occasion. Mais elle fait plus qu'imiter son père, elle peut aussi se sentir devenir vraiment le père du petit garçon. Par ces comportements, elle montre alors, sans le savoir, qu'elle est son père.

Dans l'identification primaire, on retrouve la relation spéculaire : l'enfant découvre son image dans le miroir en la rendant semblable à son acte ou en cherchant à la mimer. Faire sourire son père en souriant, ou sourire par son sourire ou sa parole, dans une interaction où elle et lui peuvent tenir des positions symétriques, constitue la matrice à partir de laquelle des représentations d'identification sont possibles. Dans ses interactions avec autrui, l'enfant s'exerce à être l'autre et à éprouver son propre pouvoir en le forçant à réaliser sa propre action.

» *« COMME PAPA »*

L'identification aux parents, c'est-à-dire l'appropriation inconsciente des attitudes ou traits de caractère, se développe dès l'enfance, mais c'est à partir de l'adolescence que la personnalité se construit définitivement. C'est au cours de cette période qu'une fille va se mettre à la recherche de ses modèles identificatoires. Certains de ces modèles seront dans le prolongement de l'enfance – c'est le cas des parents ; d'autres seront évidemment extra-familiaux.

Noémie, 17 ans, me parle de sa famille paternelle. Ses sentiments à l'égard de son père, historien de métier, sont mitigés. Elle le décrit comme un homme sensible et cultivé, avec qui elle se sent beaucoup d'affinités, mais qui ne s'intéresse qu'à lui : « Je n'existe que lorsque j'aborde des sujets qui le passionnent. Le reste du temps, il ne me voit pas. » Néanmoins, elle veut, elle aussi, devenir plus tard historienne : « C'est de famille, dit-elle simplement. Il n'y a rien à faire, je suis beaucoup plus la fille de mon père que de ma mère… » À ce propos, elle me confie qu'elle a un ancêtre qui, par alliance, a fait partie de la famille impériale russe. Elle en est apparemment fière et attribue à cette lignée familiale son goût marqué pour la culture, en particulier française. À l'évidence, Noémie s'approprie fortement les qualités de cette lignée paternelle.

Pour Iris, c'est le contraire. Elle ressemble beaucoup à sa mère, et ce n'est pas son père qui la contredirait. Il lui arrive souvent de lui dire en plaisantant : « Tu es comme ta mère, mais en pire… » Iris se sent en effet très proche de sa mère avec qui elle parle beaucoup ; toutes deux ont beaucoup de goûts communs ; elles ont aussi la même spontanéité et le même côté sociable. Bien qu'elle aime beaucoup son père qu'elle trouve drôle, Iris avoue qu'il lui fait parfois honte lorsque, par exemple, il se lève au cours d'un dîner pour aller lire le journal ou regarder la télévision, montrant ostensiblement que la discussion en cours ne l'intéresse pas. Cela dit, Iris sait aussi qu'elle ressemble à son père, et de cette ressemblance, elle est fière. Ainsi, elle retrouve chez elle la même capacité à s'isoler pour réfléchir, la même passion pour la nature et les animaux, le même refus de toute mondanité : ce sont des qualités que, sans aucun doute, il lui a transmises. Comme Iris, une fille peut se sentir proche de sa mère, s'approprier certains de ses traits, sans pour autant refuser toute ressemblance avec son père. Ce n'est qu'en fin d'adolescence et, généralement, plutôt à l'âge adulte, qu'on reconnaît et qu'on accepte sans s'en plaindre, voire en en étant fier, sa ressemblance de caractère avec l'un de ses parents ou les deux.

Trouver la bonne distance

Trouver la bonne distance avec sa fille, à l'adolescence en particulier, c'est résoudre un problème crucial pour les deux parents, car la question de l'autonomie ne regarde pas exclusivement la mère. C'est même au père peut-être d'être tout particulièrement vigilant pour éviter ces deux écueils que sont une « présence excessive », nécessairement vécue comme intrusive, et une « trop grande discrétion », qui risque d'être considérée comme un abandon.

Sophie, 14 ans, est en vacances avec sa mère chez des amis ; son père les rejoindra plus tard en raison de son travail. C'est une adolescente plutôt équilibrée. Elle s'occupe avec beaucoup d'attention des jeunes enfants du couple qui les reçoit. Par moments, elle donne le sentiment de s'amuser avec eux comme si elle était encore une enfant. À d'autres, elle manifeste des intérêts et des attitudes qui sont typiquement ceux d'une jeune fille : le matin, par exemple, elle passe un long moment dans la salle de bains avant de partir pour la plage ou d'aller au café du village que fréquentent des garçons de son âge ; elle met un tee-shirt collant et une minijupe, elle cherche à se faire jolie sans être provocante. Un soir, dans un moment de détente généralisé, se sentant en grande confiance avec les amis de sa mère et en particulier avec le père des jeunes enfants qu'elle connaît depuis plusieurs années, elle s'enhardit et demande : « Francis, dis-moi, est-ce que les hommes aiment plutôt les gros seins ou les petits seins chez les femmes ? » Embarrassé, Francis prend le temps de réfléchir, puis répond : « Je crois surtout que les hommes aiment les beaux seins... » Me racontant cette anecdote, Francis y joint ces deux commentaires : « En voyant Sophie, j'ai compris, ce soir-là en particulier, ce qu'était une "vraie" adolescente : à certains moments, c'est une enfant ; à d'autres, une vraie petite femme... Je crois qu'elle n'aurait jamais osé poser cette question à son père, et pourtant elle avait besoin de la poser : j'ai joué ce rôle, le rôle de père. »

Cette histoire montre bien dans quel dilemme une adolescente est prise : alors qu'elle aurait besoin de l'avis, des conseils de son père, elle ne peut s'adresser directement à lui sur des questions intimes. À cet âge, le respect d'une certaine distance par le père est, de fait, indispensable, et les sentiments d'amour, de soutien, de reconnaissance, d'admiration qu'il éprouve doivent, encore plus qu'à d'autres périodes, être dénués de connotation sexuelle. On préférerait totalement occulter cette dimension de la relation père-fille ; pourtant, elle existe bel et bien : toutes les relations humaines ont une composante sexuelle normale et banale, y compris celle qui unit un père à sa fille. Or, parce qu'une fille à l'adolescence est en train de devenir une femme, il est absolument nécessaire que les pensées et les sentiments à tonalité sexuelle, qui composent aussi sa relation avec son père, soient parfaitement canalisés et réprimés au minimum du côté paternel.

Cette juste distance entre un père et sa fille est d'ailleurs nécessaire bien au-delà du niveau superficiel des comportements apparents et des propos échangés. On peut voir des situations où le père est géographiquement éloigné de sa fille, pour des raisons professionnelles ou en raison de l'éclatement du couple parental, et où, affectivement et psychiquement, la proximité reste grande. À l'inverse, entre un père et une fille vivant sous le même toit, dans une proximité physique importante, peut exister une distance relationnelle et affective inversement proportionnelle à l'écart géographique qui sépare ces deux êtres. Ce paradoxe tient au fait que la relation entre une fille et son père implique deux personnes dans la rencontre réelle, mais se vit à trois niveaux : une inscription symbolique marquée par la différence des générations et des sexes, une inscription sociale qui place chacun dans une culture donnée et, enfin, une inscription fantasmatique, ou imaginaire, qui transcende les deux précédentes, pour le meilleur ou pour le pire. C'est dans cet écart complexe, entre les repères symboliques et sociaux, d'une part, et la libre circulation des fantasmes, d'autre part, que se joue le positionnement de chacun. C'est là que réside la bonne distance pour que la relation entre une fille et son père soit heureuse, la plus heureuse possible. *En définitive, à la fin de l'adolescence, un père doit avoir su aider sa fille à se débrouiller suffisamment seule et lui avoir délivré ce « passeport de féminité » dont elle a besoin pour devenir femme et aller vers d'autres contrées.*

Les femmes et leur père

Une relation entre une fille et son père, quand elle est satisfaisante, ne s'interrompt pas à l'adolescence. Si les liens qui se sont construits pendant l'enfance et l'adolescence sont faits d'amour et de respect, ils aboutissent à ce que les filles, devenues femmes, puissent rechercher dans la vie un homme qui sache les comprendre, les soutenir, les protéger si nécessaire, qui les respecte et les aime pour ce qu'elles sont. Ces qualités, en effet, leur propre père les a montrées à leur égard, leur prouvant par là qu'il était non seulement possible d'espérer cela d'un homme, mais qu'elles y avaient droit. Dans de telles conditions, on constate le plus souvent que le choix du compagnon n'empêche pas les filles de rester proches de leur père.

Être fiers l'un de l'autre

Jane Fonda, dont j'ai déjà parlé, avait des relations à son père marquées par l'ambivalence. Dans son livre elle nous apprend qu'au-delà des vives critiques qu'elle peut avoir à son égard, elle a toujours ressenti un sentiment de fierté concernant son sens du devoir, sa beauté, sa délicieuse timidité, ses capacités personnelles : « Mon père avait été boy-scout, et le sens du devoir était inscrit dans son ADN. Malheureusement il nous le faisait savoir... Mon père était divinement beau, délicieusement timide... Sorti major de sa promotion, papa est devenu officier des renseignements aériens... Comme beaucoup, il revint transformé de la guerre. Je crois que mon père vivait dans ce milieu exclusivement masculin, avec une mission à accomplir, une vraie, qui faisait de lui autre chose qu'un héros de l'écran. »

La fierté est un stimulant inépuisable. Une femme qui peut s'appuyer sur celle de son père trouve la force de dépasser ses appréhensions, ses craintes, les obstacles qu'elle rencontre dans la vie. Elle s'en nourrit et l'alimente tout à la fois. Ce besoin de fierté la stimule pour réussir sa vie professionnelle, sentimentale ou familiale. La jeune écrivain Faïza Guène, après l'immense succès de son premier livre *Kiffe Kiffe demain*, rapportait ainsi dans un entretien auprès d'un journaliste : « Je préfère rester modeste… J'aime gagner de l'argent, bien sûr. Ne serait-ce que parce que je voudrais acheter une voiture pour promener mes parents. Mon père a 75 ans. Il est venu d'Oran pour travailler ici et il n'a jamais pu passer son permis. Alors, ça me plairait de lui donner ça… Mais je sais aussi que vendre des livres, ce n'est pas ça qui fera de moi quelqu'un de bien. Et si j'ai une ambition dans ma vie, ce sera : devenir quelqu'un de bien[32]. »

On pourrait rétorquer qu'une telle attitude n'est que la basse expression du narcissisme, condamnable en tant que tel. C'est oublier que le narcissisme, tant qu'il n'est pas exacerbé, est un courant normal de la vie, que chacun en a besoin pour vivre, qu'il est à l'origine de l'estime de soi et de la confiance en soi. Ce « narcissisme de vie » est également, lorsqu'il est projeté sur l'autre, une force vitale transmise avec bonheur. La meilleure preuve en est fournie *a contrario* : quand cette fierté entre une fille et son père n'existe pas ou plus, c'est la souffrance et la tristesse qui prennent sa place.

En fait, depuis qu'elles sont toutes petites, les filles éprouvent beaucoup de bonheur à se sentir fières de leur père. Elles sont heureuses lorsque, montrant une photo à une amie ou un ami, elles entendent sur un ton admiratif : « Trop beau ! C'est ton père ? ! » Elles sont heureuses lorsqu'elles constatent que leur père est intelligent, qu'il est cultivé, habile ou débrouillard. Elles sont heureuses lorsqu'un article est publié sur lui dans le journal de l'entreprise où il travaille, dans la newsletter de l'association où il milite. Elles sont fières de lui quand il a été courageux, honnête et généreux. Plus tard, même si elles le montrent moins, si elles affichent plus de distance ou semblent en perpétuel désaccord, cette fierté demeure profondément ancrée en elles. C'est d'ailleurs pour cette même raison qu'une fille pardonne difficilement à son père de ne pas être à la hauteur de ce qu'elle attend de lui et de la décevoir ainsi.

La fierté que ressent une fille pour son père est sans doute une des caractéristiques les plus frappantes qu'il m'ait été donné d'observer tout au long de ma pratique professionnelle. Le plus souvent, ce sentiment est réciproque et les pères éprouvent, eux aussi, une fierté immense pour leur fille. Sans qu'ils l'expriment toujours facilement, ils seront ravis qu'on loue son intelligence ou sa beauté. Regardez le visage d'un père qui accompagne sa fille lors de la cérémonie de son mariage. Certes, il s'agit d'un jour exceptionnel, d'un moment particulièrement heureux, mais, au-delà, éclatent un bonheur et une fierté qui n'échappent à personne. La naissance d'un enfant sera un autre moment de fierté partagée, tout d'abord bien évidemment par le couple de parents, mais aussi par la fille devenue mère et son père devenu grand-père.

La fierté qu'une fille aime ressentir en pensant à son père est double : elle aime être fière de lui, mais elle aime tout autant qu'il soit fier d'elle. Toute petite, et tout au long de la vie, elle sera habitée par ce désir, mais, devenue femme, un autre homme est là : le mari, le compagnon ou le petit ami, à qui il faut faire la place qui lui revient. Une femme et son père doivent être attentifs à l'agacement et même à la jalousie qu'ils pourraient susciter chez cet homme en raison de leurs liens très proches : leur fierté réciproque risque, en effet, de blesser son narcissisme. Les hommes sont toujours prêts à se sentir en compétition. Ils sont faits ainsi. Inutile d'en rajouter...

Un éternel soutien

Autre constante : les femmes attendent, tout au long de leur vie, de leur père qu'il soit solide, présent dans les moments difficiles de leur existence et qu'il manifeste une compréhension tranquille aux événements qu'elles déclenchent parfois elles-mêmes. Écoutons l'histoire de Camille pour mieux le comprendre.

Camille et son mari traversent cette fameuse période de crise du milieu de la vie. Ce couple a trois enfants, deux filles et un garçon qui sont plutôt « réussis », même si la grande leur donne un peu plus de souci depuis qu'elle a entamé sa crise d'adolescence. Cette quadragénaire efficace et active ne croit plus en son couple depuis un certain temps : les tensions, les conflits, les désaccords ont eu raison de son amour, dit-elle. Avant de prendre la moindre décision, elle décide pourtant d'en parler à la seule personne en qui elle a vraiment confiance : son père. Elle sait qu'il sera de bon conseil ; même s'il apprécie son mari, il saura faire preuve de bon sens et de soutien. Je la revois quelque temps plus tard : ce qu'elle anticipait s'est confirmé. Son père n'a pas cherché à prendre parti. Il n'a pas porté de jugement négatif sur son mari, il ne lui a pas reproché d'être parfois trop exigeante et de vouloir toujours que tout aille bien ; il lui a dit simplement : « Si tu aimes ton mari, reste avec lui ; sinon, quitte-le. Je sais que tu feras le choix qui te convient et qui correspond à ce que tu ressens profondément. » Camille me dit avoir pensé alors qu'en effet la vie n'était pas un long fleuve tranquille, mais que le plus important est d'aimer ceux avec qui on vit, au-delà des problèmes et des conflits, et surtout de s'apporter toujours un soutien mutuel en cas de difficultés : « C'est ce que ma mère a trouvé chez mon père et moi aussi ; il n'y a pas de raison que je ne fasse pas de même avec mon mari. » La relation que Camille a pu percevoir entre ses parents et la « solidité » de son père lui ont permis de dépasser sa propre crise conjugale : elle a reçu le soutien qu'elle attendait de son père.

Pouvoir aimer un homme différent

« Le seul homme capable de l'émouvoir, c'était celui qui lui était supérieur par l'intelligence, la réussite et l'expérience... » : tels sont les propos tenus à propos de Charlotte Brontë par sa biographe, Margot Peters. Était-ce par orgueil personnel, comme cette phrase le suggère, ou parce que ces qualités, qu'elle se reconnaissait, ne lui appartenaient pas au fond de son inconscient, mais appartenaient à son père, que cette femme, écrivain anglais de premier plan, ne s'est jamais autorisée à accepter d'être dépassée par l'homme de son choix ? Est-ce aussi, en raison de ce lien à leur père que, selon une étude scientifique américaine[33], les femmes repéreraient au premier coup d'œil les hommes qui leur paraissent pouvoir faire de bons pères ? À ce propos, je me souviens des propos d'un collègue qui avait un jour affirmé en public que le divorce lui paraissait la meilleure issue possible à une première union, car on y cherchait toujours l'image de sa mère quand on est un garçon et l'image du père quand on est une fille : ce n'est qu'après cette première expérience qu'on pouvait donc, toujours selon ce collègue, choisir librement un conjoint.

Plusieurs explications ont été avancées pour expliquer que certaines filles choisissent des hommes qui ressemblent fortement à leur père. Pour certains, ce serait la conséquence d'un œdipe inachevé ; pour d'autres, ce serait quasiment un fantasme incestueux inconscient ; pour d'autres encore, il s'agirait d'une « attraction génétique naturelle[34] ». Il me semble que la réponse peut être trouvée ailleurs, en partie du moins.

Nous ne vivons plus à l'ère victorienne, les femmes n'épousent plus un homme qu'elles n'aiment pas, elles ne doivent plus se marier à tout prix. Ce libre-arbitre, ce libre choix est assurément un signe de progrès. Cela étant, le nombre toujours croissant de femmes insatisfaites et de séparations qui s'ensuivent est un fait incontournable. Tout comme est indiscutable la nostalgie de l'amour et de la tendresse que les femmes en thérapie avouent éprouver pour ce père mythique, le père idéalisé de leur enfance. Il me semble que le rapprochement de ces deux constats permet de dire qu'il ne suffit pas d'avoir été aimée par son père pour devenir une jeune fille ou une femme épanouie. En ce domaine, le père a un autre devoir, qu'il ne doit jamais négliger : celui d'autoriser sa fille à partir, à le quitter.

Pouvoir se défaire de l'image paternelle

Anna a 30 ans, elle traverse une période difficile. Depuis deux ans, elle vit avec Adrien, un garçon de son âge. C'est la première fois qu'elle est amoureuse d'un garçon de ce genre. Auparavant, elle était toujours attirée par des jeunes gens fantaisistes, qui échouaient dans leurs études, puis dans leur installation dans la vie adulte, alors qu'ils étaient tout à fait capables d'y arriver. Adrien, lui, est un jeune énarque, il est sérieux, posé, intelligent et il la rassure. Pourtant, peu à peu les vieux démons d'Anna resurgissent. Lors d'une soirée, elle retrouve un « ex », Vincent, dont elle a été très amoureuse et qu'elle a quitté, parce qu'il ne faisait rien, sinon fumer des « joints » en vivant aux crochets de ses parents. Elle est alors prise du désir incontrôlable de le revoir, ce qu'elle fait le week-end suivant alors qu'Adrien est absent pour des raisons professionnelles. Leur relation amoureuse et sexuelle reprend. Anna éprouve de la culpabilité, elle se sent aussi de moins en moins bien avec Adrien à qui elle n'a pourtant rien à reprocher. Un jour, son père apprend par hasard qu'elle revoit Vincent en secret et lui dit : « Ne recommence pas tes erreurs, ni celles que j'ai faites à ton âge. »

Après m'avoir raconté cette scène, Anna enchaîne et me rapporte une autre phrase de son père qui l'a aussi beaucoup marquée. C'était il y a déjà plusieurs années, à l'occasion d'un examen clôturant ses études ; il lui avait dit : « Si tu réussis ton examen, tu pourras m'aider dans mon cabinet d'architecte... » Le propos paraît anodin, et pourtant... Anna sait que son père l'adore. Elle-même s'est sentie toujours très proche de son père, parfois trop. Aujourd'hui, elle comprend qu'elle a entendu cette phrase comme l'expression du désir de son père qu'elle ne le quitte jamais et reste toute sa vie près de lui. Elle prend alors conscience que le choix de ses petits amis, ceux avec qui elle n'avait aucun avenir possible, n'était pas insignifiant. À l'inverse, dans une telle configuration, Adrien a été le premier homme avec qui elle a envisagé de pouvoir faire *sa* vie, il était tellement différent de son père ; il était aussi le premier homme risquant de rompre définitivement le lien avec son père. Mais comment, de toute façon, aurait-elle pu aimer un autre homme que son père en choisissant des garçons immatures ou un homme l'obligeant à se séparer réellement et symboliquement de son « père » ?

On le voit avec l'histoire d'Anna, les relations qui unissent une fille à son père se construisent tout au long de l'enfance, de l'adolescence et, aussi, bien au-delà. Elles se complexifient au fil du temps et de la vie : elles conservent l'inscription profonde de l'amour d'enfance ; elles témoignent de l'évolution de cet amour à l'adolescence avec ses nouvelles exigences de pudeur, de reconnaissance et d'indépendance ; elles reflètent enfin le besoin de se doter d'une identité de femme bien assumée dans un sentiment de liberté qui, seul, permet la rencontre avec un ou d'autres hommes. En définitive, après avoir écouté tant de filles et tant de femmes me parler de leurs relations avec leur père, il me semble que je ne les trahis pas si j'affirme que, pour être heureuses, elles ont besoin de dire ceci à leur père : « Je t'aime, mais laisse-moi me débrouiller seule, et délivre-moi, avec l'aide de maman, mon "passeport de féminité". »

Chapitre III

DES MOTS MALHEUREUX AUX MAUX DOULOUREUX

Si j'ai rencontré de nombreuses filles qui m'ont parlé des liens heureux qu'elles avaient pu avoir avec leur père, j'en ai rencontré tout autant qui m'en ont parlé avec amertume, colère ou tristesse. Incontestablement, un père peut rendre malheureuse sa fille. Nous verrons que la conséquence la plus directe, même si elle n'est pas inéluctable, est la difficulté pour cette fille à trouver l'amour d'un homme.

La relation « normale » des filles avec leur père n'est dépourvue ni de problème ni de difficulté passagère, c'est un fait, mais ce que je vais aborder ici, ce sont les cas où les liens entre une fille et son père sont source d'une réelle et profonde souffrance. Certains peuvent paraître paradoxaux, comme lorsqu'un père aime trop ; d'autres sont directement compréhensibles, comme dans l'absence, la disparition précoce, ou encore le refus d'un père de faire la paix avec sa fille dans un conflit plus ou moins long ou intense. Enfin, il y a les comportements paternels, insupportables, dans les situations extrêmes de réelles violences physiques ou sexuelles.

Une souffrance paradoxale : les pères qui aiment trop

Un père aime trop sa fille s'il lui accorde de façon évidente une place plus importante que celle des autres femmes de sa vie. Peut-on soutenir le paradoxe qu'un père qui aime trop sa fille peut la rendre malheureuse ? Je le crois, oui.

Un amour qui étouffe

Louis-Prosper Claudel, le père de Camille dont on connaît le destin brillant et tragique, qui lui soufflait à l'oreille : « Tu es ma petite sorcière », n'était-il pas trop proche de sa fille chérie[1] ? Le père Goriot, trop disponible, trop généreux, comme le montre le roman de Balzac, n'était-il pas trop aimant ? Un père peut involontairement empêcher sa fille de prendre son autonomie, de se dégager du sentiment inconscient de culpabilité qu'elle éprouve toujours vis-à-vis de l'amour qu'il lui porte et l'empêcher parfois d'affirmer ses points de vue ou son opposition. Ce père, sans le vouloir bien sûr, transgresse la nécessaire différence entre les générations et crée à son insu un sentiment pesant. J'ai entendu plusieurs fois cette phrase dans des bouches féminines : « Mon père a eu trop peur que je ne l'aime pas. » Il est vrai que certains pères manifestent excessivement leurs craintes de perdre une partie de la tendresse qu'ils reçoivent de leur fille. Ils sont alors très maladroitement prêts à tout pour la satisfaire.

Un père qui aime trop sa fille peut la rendre malheureuse, la culpabiliser, et risque d'accélérer une prise de distance de sa part. Les pères peuvent alors redoubler d'attentes maladroites ou de plaintes sur la froideur ou l'ingratitude de leurs filles. La fille, en s'échappant de l'amour trop marqué de son père, manifeste son angoisse par de l'irritabilité, voire même par des comportements parfois hostiles, qu'elle se sent obligée d'adopter pour prendre de la distance. Un cercle vicieux se met ainsi en place au détriment de chacun.

Une toute-puissance induite

Un père qui idolâtre sa fille peut paradoxalement engendrer chez celle-ci un sentiment de toute-puissance qui la rend désagréable par les exigences qu'elle exprime. Aurélia, âgée de 15 ans, vient accompagnée de sa mère. La raison apparente de leur visite est un profond désaccord et de constantes disputes entre elles. Aurélia reproche à sa mère d'être constamment sur son dos, de ne s'intéresser qu'à ses résultats scolaires, de l'empêcher de voir ses amis et surtout de considérer que son petit ami, qu'elle connaît depuis peu de temps, ne peut avoir qu'une influence néfaste sur elle.

La mère d'Aurélia se défend de ces jugements. Elle considère qu'Aurélia se comporte comme si elle était plus âgée qu'elle ne l'est en réalité, qu'elle n'assume aucune responsabilité à la maison, qu'elle se comporte « comme une reine », n'apporte aucune aide, qu'elle est, en un mot, une « emmerdeuse ».

Au fur et à mesure de l'entretien, le ton monte. J'ai beaucoup de mal à intervenir et chaque fois que j'essaie de le faire, j'ai le sentiment de déclencher un mouvement inverse à celui que je tente d'engager ; leur désaccord, et je peux même dire leur dispute, reprend de plus belle. J'arrive néanmoins, un moment, à poser une question : « Ton père, Aurélia, votre mari, Madame, que pense-t-il de tout ça ? » La mère d'Aurélia me répond que sa fille se considère comme la petite princesse de son père et que ce dernier en est le seul responsable. Elle s'engage alors dans de longues diatribes contre son mari. Ces critiques à l'égard de son mari, exprimées violemment et passionnément, semblent subitement mettre Aurélia et sa mère sur la même longueur d'onde. Aurélia intervient alors pour ajouter : « Oh oui ! De toute façon, il m'aime trop, mais il n'est jamais là. » Je propose à Aurélia et à sa mère un second entretien, en présence de cet homme cette fois-ci. Elles semblent là aussi d'accord pour dire que ce sera difficile. Après deux rendez-vous manqués, je reçois enfin Aurélia, sa mère et son père. Ce dernier me paraît effacé ; certaines de ses attitudes ou certains de ses propos donnent l'impression d'une grande proximité avec sa fille. Il dit par exemple que sa fille se met parfois en colère et peut même être violente avec sa mère : « Elle ne pense sûrement pas vraiment ce qu'elle dit », ajoutant à plusieurs reprises comme une excuse : « C'est l'adolescence ! » Aurélia affiche un sourire narquois qui ne me permet pas de juger si elle se venge de sa mère et prend du plaisir à sortir vainqueur de sa confrontation avec elle, ou si elle montre ainsi à son père qu'elle le domine.

Un détail m'avait néanmoins frappé lors de ma première rencontre avec Aurélia et sa mère : l'adolescente portait une casquette en velours noir, élégante, et qui lui donnait, malgré un côté garçon manqué, un charme féminin incontestable. Lors de cette seconde entrevue, Aurélia porte la même casquette. Comme je le fais souvent à un moment de l'entretien, je demande à ce père quelle profession il exerce. Quelle n'est pas ma surprise d'apprendre que son métier l'amène à porter régulièrement une casquette ! Je ne peux m'empêcher, me tournant vers l'un et l'autre, de leur dire en souriant, regardant alors la casquette d'Aurélia : « Vous semblez avoir beaucoup de choses en commun. » Cette fois-ci, Aurélia rit franchement. Son père, en revanche, ne semble pas avoir compris l'allusion, contrairement à la mère d'Aurélia, qui ajoute : « Vous voyez, je vous l'avais bien dit, c'est le roi et la princesse... » Je pense en mon for intérieur que ce roi est nu... En effet, sa fille semble dominer la relation. Ce père ne peut donc pas apaiser les dissensions entre sa femme et sa fille ; on pourrait même dire que, inconsciemment, elles lui sont utiles, puisqu'elles lui évitent d'entrer en conflit direct avec son épouse. Le système est bien installé et seule la compréhension de ce système par les trois protagonistes permettrait à chacun de reprendre sa place, d'exprimer son ressentiment à celui auquel il s'adresse réellement et de faire avancer les choses.

Une fille cherche tout naturellement à être aimée de son père ; le plus souvent, elle y parvient, mais elle agit comme le ferait une enfant, avec spontanéité et sans arrière-pensée malsaine. Le père, lui, est un adulte, mais il peut se laisser « trop » séduire, soit qu'il ait lui-même un immense besoin d'affection, soit dans un mouvement pervers où il nie l'écart entre enfant et adulte. Le passage du langage de la tendresse à celui de la passion risque alors de faire naître une dangereuse ambiguïté. Sans aller jusque-là, un père peut trop aimer sa fille, sans qu'il y ait une quelconque ambiguïté sexuelle, mais simplement parce qu'il n'a qu'elle et qu'elle est le seul être au monde qui lui apporte l'amour dont il a besoin.

Des liens douloureux, mais compréhensibles

Il s'agit ici des liens où la souffrance est le fruit d'une situation objectivement douloureuse.

Le père absent

Dans son roman *Gamines*, Sylvie Testud[2] raconte la disparition de son père, qui a fui, abandonnant la mère. De son père, elle conserve une trace, minuscule : « J'ai mis sa photo dans la poche de mon jean et je me suis assise dessus pendant trente ans... Je n'ai pas de père, mais je m'en fiche, c'est comme ça. » Cette apparente force de caractère ne se présente pas si souvent ; une fille en veut en général profondément à son père de ne pas avoir été là, soit parce qu'il a précocement disparu, soit, comme pour Hortense, parce qu'il a été très absent dans l'enfance. Elle manifestera de la colère d'une façon inattendue, qui peut la surprendre elle-même.

Hortense me raconte en effet un souvenir qui l'a fortement marquée. Lorsqu'elle était petite, son père est parti trois ans à l'étranger pour raisons professionnelles, ne revenant que très épisodiquement en France. Au bout de ces trois années, il avait enfin rejoint sa famille. Elle se souvient alors très bien qu'elle était âgée de 10 ans et que le jour de son retour, les retrouvailles se passèrent mal. Elle était sûrement très énervée, avait été insupportable et, en définitive, disait-elle, s'était arrangée pour recevoir une claque. Alors qu'elle aurait dû s'en réjouir, elle avait gardé un très mauvais souvenir du retour de son père. Cela l'avait amenée tout au long de sa jeunesse à garder une rancune encore vive envers son père.

Le père « éternel[3] »

Aujourd'hui, dans la grande majorité des cas, le décès du père survient à un âge où l'enfant, ici une fille, est déjà bien installé dans sa vie d'adulte. Aujourd'hui, la disparition d'un père se produit en général de plus en plus tard. Cette évolution peut sans doute diminuer la douleur du deuil. Il n'empêche que celui-ci reste toujours à faire. Mais dans les différents cas de figure – la perte d'une mère ou d'un père pour un fils, la perte d'une mère ou d'un père pour une fille –, en tenant compte des particularités de chaque histoire, mon expérience me conduit à penser que c'est la perte d'un père pour une fille qui est la plus douloureuse.

Un profond chagrin à la mort du père ne signifie pas obligatoirement que père et fille vivaient une relation heureuse, dénuée de tout conflit ou de reproches formulés par la fille. La disparition du père semble être le moment où remonte tout l'attachement, quelle qu'ait été la qualité de la relation. L'impact de la perte du père peut amener certaines femmes à se sentir moins disponibles dans leur vie conjugale ou familiale. Cela peut justifier leur manque d'attention, de disponibilité, de tolérance dans leur vie professionnelle. Certaines ressentent pendant plusieurs mois un véritable mal-être et d'autres encore, plus rares il est vrai, connaissent une « petite » dépression. Sauf lorsqu'il s'agit d'une disparition précoce, heureusement, le deuil se fait progressivement.

» *DISPARITION PRÉCOCE*

Le cas de la disparition précoce du père mérite en effet d'être distingué. Diane Middlebrook[4] est l'auteur d'un très beau livre sur un couple littéraire américain de légende, Sylvia Plath et Ted Hughes, respectivement écrivain et poète, mariés pour le meilleur et pour le pire. Lorsque Ted Hughes quitte Sylvia Plath en 1963, elle ouvre le gaz et se suicide. Elle a alors 31 ans. Diane Middlebrook nous fait comprendre que Sylvia est « morte » bien avant. Son père, le bel Otto Plath, émigré de Dantzig aux États-Unis, est décédé quand elle avait 8 ans des suites d'un très grave diabète. Elle ne cessera d'appeler au secours son *daddy* bien-aimé : « Père, père, console-moi ! » crie-t-elle en sanglots chez les psychiatres qu'elle consulte dès l'adolescence pour dépression et tentatives de suicide. Elle est belle, révoltée, voudrait être elle-même, alors qu'elle semble devoir perpétuellement faire le choix entre l'écriture et la mort.

Lorsqu'il fut couronné « poète lauréat » en 1984 (un titre décerné à vie et par lequel on devient membre de la Maison royale d'Angleterre), Ted Hughes affirma : « L'énergie jamais diminuée de Plath a exercé sur ma vie une influence majeure[5]. » Mais d'où provenait cette énergie, si ce n'est du désespoir d'avoir perdu son père trop jeune ?

Sibylle Bedford, écrivain et journaliste (elle a couvert plusieurs grands procès, dont celui de Jack Ruby, meurtrier de l'assassin présumé de John Kennedy), a perdu son père à l'âge de 7 ans. Les conséquences de cette perte, outre le goût pour l'écriture, sont différentes que celles évoquées pour Sylvia Plath. À propos de l'autobiographie de cet écrivain, *Sables mouvants*, la journaliste Josyane Savigneau écrit : « Nomade luxueuse, Européenne absolue, cosmopolite polyglotte, voyageuse, son goût la portait vers des personnes plus âgées qu'elle : "Dans mes amitiés, dans mes amours, j'avais toujours recherché des aînés." L'ennui, c'est qu'avec le temps, il ne reste plus personne pour répondre à de telles inclinations[6]. » Comment ne pas faire un lien entre ce goût pour les personnes plus âgées qu'elle et la perte de ce père, aristocrate allemand tant aimé, qu'un beau-père britannique, marié par convenance à sa mère italienne, n'a jamais remplacé ?

» *RÉSILIENCE ET RÉSONANCE*

L'importance du lien qui existe entre une petite fille et son père fait de la disparition de ce dernier un véritable traumatisme, mais nous savons, grâce en particulier à Boris Cyrulnik[7], que des facteurs de résilience et de résonance existent. Les premiers permettent à l'être humain de se dégager de ses traumatismes précoces ; les seconds indiquent que la cicatrice sera toujours là.

Pauline, une jeune fille très sympathique, est venue me voir au début de sa vie professionnelle parce qu'elle ne se sentait pas prête à affronter les enjeux d'une vie d'adulte : exercer avec plaisir et de façon stable un métier, avoir une relation prolongée avec un garçon. Lorsque je l'ai vue pour la première fois, je l'ai crue plus jeune qu'elle ne l'était. Il faut dire qu'elle était habillée et coiffée comme une adolescente. Je ne lui en ai pas fait la remarque, mais je n'ai pas été étonné lorsque, au cours de ce premier entretien, elle me raconta très spontanément – et, semble-t-il, pour s'en soulager – son histoire. Son père était décédé d'un cancer lorsqu'elle avait 8 ans et elle y pensait encore souvent. Elle cultivait même ces pensées pour conserver le souvenir de son père : « Pour moi, c'est intime. » Elle ne voulait pas non plus que sa mère sache qu'elle consultait un psy : « J'ai peur qu'elle pense qu'elle n'a pas fait tout ce qu'elle pouvait pour moi à la suite du décès de mon père. Ce que j'ai à vous dire est personnel. J'aime ma mère, mais je ne veux pas qu'elle connaisse toutes mes pensées. J'aurais l'impression que c'est un peu comme si elle rentrait dans ma salle de bains sans frapper alors que je suis toute nue. »

Pauline avait donc été élevée par sa mère, tout comme son jeune frère qui, selon elle, avait été beaucoup plus courageux. Elle n'en avait pas moins poursuivi ses études – avec plus ou moins de facilité. À l'adolescence, tout en restant très proche de sa mère, elle reconnaissait s'être comportée de façon très provocatrice et s'être beaucoup opposée à elle, sans doute, disait-elle aujourd'hui, parce qu'elle admirait le courage dont elle avait fait preuve et se sentait coupable de ne pas être aussi forte. Elle était très sociable avec les gens de son âge mais souffrait de ne pas vivre d'amitiés profondes. D'où venait cette peur d'une relation plus intime ? Craignait-elle qu'elle ne s'interrompe à nouveau prématurément ?

Elle avait entrepris des études de droit pour devenir avocate, comme son père. Elle avait redoublé deux fois, mais, malgré cela, avait peu à peu réussi à terminer ses études et à passer son diplôme. C'était le moment qu'elle avait choisi pour se faire aider. Elle avait rapidement accepté l'idée qu'il y avait en elle le désir de réussir, d'être bien dans sa peau, comme sa mère le souhaitait, mais aussi d'être conforme à ce que son père aurait aimé qu'elle soit. Elle ressentait souvent, disait-elle, le besoin qu'on lui dise ce qu'elle devait faire, comme une petite fille. Elle percevait plus que jamais dans ces moments-là combien son père lui manquait. La disparition précoce d'un père peut, comme chez Pauline, amener une fille à manifester, sans qu'elle en soit réellement consciente, une certaine difficulté à grandir et à trouver son autonomie.

Quand il ne veut pas faire la paix

Personne ne niera le fait que la relation d'une fille à son père n'est pas exempte de disputes, de conflits et parfois même de véritables ruptures. Il y a même, dans certaines situations, beaucoup de violence. Néanmoins, dans la très grande majorité des cas et quels qu'aient été les problèmes antérieurs, une fille souhaitera toujours, à un moment ou à un autre, voir s'apaiser les conflits avec son père. Malheureusement, ce dernier ne le veut pas toujours, soit qu'il ait été trop blessé, soit qu'il ait été trop déçu, soit qu'il soit trop fier ou trop buté.

» « *JE N'AI PAS SUIVI LE CHOIX DE MON PÈRE* »

Le père de Marie est fleuriste. Au fil des années, il a acquis plusieurs boutiques. Dès que ses enfants ont grandi, il a souhaité qu'ils viennent travailler avec lui pour l'aider et développer ses magasins. Marie a deux frères qui ont arrêté leurs études et ont obtempéré au désir de leur père. Marie, elle, a refusé. Passionnée de littérature, elle voulait devenir enseignante. Avec beaucoup de ténacité et de caractère, elle s'est opposée à son père, au point de se fâcher avec lui. Elle a réalisé son vœu. Elle est maintenant enseignante et heureuse d'exercer sa profession. Elle a toutefois le sentiment que son père lui en veut toujours de ne pas s'être pliée à ce qu'il attendait d'elle. Elle a fait plusieurs tentatives pour se rapprocher de lui, mais celui-ci est toujours resté distant. Elle a le sentiment qu'il ne changera plus jamais d'attitude à son égard. Le père de Marie n'est pas en guerre ouverte contre sa fille, mais il lui fait craindre de ne jamais lui pardonner son désir d'autonomie, pourtant bien compréhensible.

» *MALGRÉ TOUS LES EFFORTS...*

L'histoire de Sarah est différente et plus violente. La guerre avec son père est due à son mariage avec un jeune homme qu'il n'accepte absolument pas. Elle admet qu'elle a, sans doute, par ce choix, été plus ou moins provocatrice, mais ne comprend néanmoins pas qu'après plusieurs années, son père ne puisse pas dépasser, comme elle le souhaite, le différend qui les oppose. Elle a même poussé son mari à s'engager dans une voie professionnelle censée satisfaire son père. Rien n'y a fait. Elle en souffre et se sent tiraillée entre des sentiments opposés : quitter son mari, alors qu'elle l'aime, pour apaiser le courroux de son père qui ne changera jamais, ou, au contraire, rompre toute relation avec lui.

Si les histoires de Marie et de Sarah diffèrent, les conséquences en sont les mêmes : leurs pères semblent ne plus jamais vouloir faire la paix avec elles, malgré tous les efforts qu'elles ont pu faire. Que faire donc quand un père ne veut pas faire la paix ? Une fille qui en souffre doit-elle en faire définitivement le deuil, renoncer à ce désir d'apaisement et se détacher, ou doit-elle continuer à penser que le temps travaille pour et montrer avec ténacité son désir de tendresse et d'affection ? Il n'y a sûrement pas de réponse tant les histoires et les situations sont différentes. Néanmoins, une chose est sûre : une fille ne regrettera jamais d'avoir fait le premier pas vers son père, quelles que soient les résistances de ce dernier. À lui, ensuite, d'assumer la responsabilité de ses actes, de son ouverture ou, au contraire, de son enfermement dans une prison qu'il a lui-même créée.

Les liens qui sont source de névrose

Les liens qui sont source de névrose peuvent être beaucoup moins évidents que ceux que je viens d'évoquer. Ils sont toujours en partie à l'origine d'une souffrance dont le sujet ne comprend pas d'emblée les raisons. Je propose ici de distinguer deux types de situations conflictuelles pour une part inconscientes : lorsque l'enjeu principal se situe directement entre le père et la fille et quand celui-ci se situe dans la triangulation père, mère et fille.

Le trop grand poids psychique du père

Mon expérience professionnelle m'a appris que les pères pouvaient être tentés d'établir avec leur fille trois modes de relation aux conséquences douloureuses : la tentation « strictement surmoïque », la tentation « projective » et la tentation « régressive ». Certains pères peuvent être aussi habités par une tentation « érotique » qui, elle, ne risque pas tant de faire souffrir que de détruire leurs filles. J'en reparlerai plus loin.

– *La tentation strictement « surmoïque »* concerne les pères dont les principaux échanges avec leur fille consistent à expliquer, en termes souvent techniques, ce qu'elles doivent apprendre, dire, ne pas dire, faire, ne pas faire, qui elles doivent rencontrer, qui elles ne doivent pas fréquenter, etc. On dit qu'elle est strictement « surmoïque » car elle ne laisse pas de place à d'autres échanges, plus intuitifs, plus affectifs. À cette tentation strictement éducative s'associe généralement une tentation modélisante : « Fais comme moi... De mon temps, on... Mes parents m'ont appris que... Si tu veux réussir... » L'enfant, ici la fille, pour continuer à se sentir aimée, lorsqu'elle est sensible, perçoit ces conseils comme des diktats auxquels elle n'a pas le droit de se soustraire. Elle est alors sujette à un conflit intérieur qui guide fortement sa vie : « Je veux être libre, mais si je ne fais pas plaisir à mon père, il ne m'aimera plus. »

- *La tentation projective* est différente de la précédente mais la conséquence peut en être proche. Il s'agit ici pour le père que la fille soit et réalise ce que lui-même n'a pas pu être ou réaliser. Ce n'est plus : « Fais comme moi », mais : « Sois ce que je n'ai pas pu être. » La projection d'un idéal sur sa fille représente ici le moteur prévalent et quasi constant de la relation de ce père à son enfant. La conséquence de cette tentation projective est en effet proche de celle de la tentation strictement surmoïque car elle laisse peu de place à l'individuation de l'enfant, à sa liberté d'être elle-même et à la possibilité d'être influencée par d'autres modèles ou d'autres rencontres.
- *La tentation régressive* se rencontre chez les pères dominés par leur pulsion érotique ou agressive au point de fuir tout contact avec la fille qui pourrait faire émerger leur fragilité. Ils peuvent, pour s'en défendre psychiquement, se montrer très distants, voire désintéressés par leur fonction paternelle.

À ces trois tentations chez un père correspondent trois sentiments chez leur fille : n'être jamais suffisamment appréciée, n'être jamais suffisamment idéale et, enfin, ne jamais exister suffisamment pour son père.

» *RECHERCHE ESTIME... DÉSESPÉRÉMENT*

Une fille est toujours déçue de ne pas être à la hauteur des espérances son père. Mais cette espérance pose problème lorsqu'elle est excessive. Une collègue[8] raconte l'histoire d'une de ses patientes qui, lorsqu'elle était petite, faisait ses devoirs avec son père. Ce dernier s'énervait très facilement et souvent cela se terminait par une fessée.

Puisqu'elle était évidemment restée sourde et butée aux explications que lui fournissait son père, et sans doute terrorisée par ce dernier, elle avait fréquemment de mauvaises notes. On comprend qu'elle ait pu classer ultérieurement son père dans la catégorie des pères autoritaires. Devenue adulte, elle présentait un trouble qui la gênait tout particulièrement : elle utilisait fréquemment un mot pour un autre et avait du mal à se faire comprendre. Un père ne doit jamais oublier qu'au-delà des apparences, une fille essaie toujours d'être à la hauteur de ce qu'il désire. Si elle a le sentiment de ne pas y arriver, une phrase clé lui revient trop souvent à l'esprit : « Je n'y arriverai jamais. » Cette pensée risque de se généraliser à l'ensemble de son existence et des actions qu'elle entreprend.

Mais un autre sentiment peut résulter de ne jamais être à la hauteur de ce que son père désire : la haine. En effet, la tentation strictement surmoïque peut engendrer le sentiment douloureux chez une fille que son père ne la respecte pas. J'ai déjà souligné combien une fille a besoin de ressentir du respect de la part de son père. Malheureusement, les pères n'ont pas toujours à l'esprit cet aspect. Ils peuvent involontairement, mais aussi parfois volontairement et c'est plus grave, avoir un regard, prononcer une phrase, faire un commentaire qui n'a pas à leurs yeux une grande importance mais qui reste gravé dans la mémoire de l'enfant, de l'adolescente ou de la jeune femme. Ce manque de respect peut concerner tous les domaines de la vie mais attaque toujours de près ou de loin le féminin. Des attitudes ou des propos machistes répétés sont entendus à partir d'un certain âge par une fille comme une atteinte personnelle de la part de son père. Évidemment, ces attitudes et ces propos répétés seront encore plus mal venus s'ils sont directement dirigés vers elle. L'aspect qui fait sans doute le plus souffrir une fille concerne ces mêmes attitudes ou ces mêmes propos lorsqu'ils ont une connotation sexuelle. Comme toute femme, mais avec moins d'expérience et aussi en raison du lien filial, cette dernière sent alors une propension de son père à la considérer comme un objet.

» *DEVOIR ÊTRE À TOUT PRIX CE QU'IL N'A PAS PU ÊTRE*

Face à un père habité par une tentation projective, une fille peut souffrir du sentiment de n'être jamais suffisamment idéale. Un père, comme une mère, peut attendre de sa fille qu'elle réalise tout ce qu'il aurait aimé être, qu'elle ait ce qu'il aurait aimé avoir ou qu'elle fasse ce qu'il aurait aimé faire. Il est tout à fait normal qu'un parent projette sur ses enfants ses idéaux. Il leur transmet ainsi la représentation selon laquelle la vie repose sur des désirs et des attentes, qui fournissent des raisons de vivre et des objectifs de réalisation de soi. C'est ce qu'on appelle en psychologie l'« idéal du moi » et qui permet à l'enfant de se construire. Et comme toujours dans le champ de la psychologie humaine, tout est question de degré. Il est donc nécessaire de distinguer cet « idéal du moi », construit par la projection des idéaux des parents, de ce que l'on désigne par le « moi idéal », qui engendre un sentiment de toute-puissance ou de mégalomanie. Avec ce « moi idéal », il ne s'agit plus de tendre vers un but en sachant qu'on ne peut l'atteindre que partiellement et être néanmoins heureux ; il ne s'agit plus d'un désir ou d'un fantasme mais d'une réalité absolue, contraignante, entraînant un sentiment de toute-puissance ou de mégalomanie.

Ce moi idéal peut avoir comme origine une pression tyrannique plus ou moins consciente de la part des parents. Un père peut l'exercer sur sa fille. Tel père dont les études n'ont pas été aussi réussies ou brillantes qu'il l'espérait attend de sa fille une réussite scolaire dont elle ne peut s'attribuer profondément le désir – si ce n'est au prix d'un effort particulièrement intense qui, tôt ou tard, débouchera sur une crise personnelle ou relationnelle avec son père. Tel père qui a souffert d'appartenir à un milieu social modeste peut chercher à tout prix à ce que sa fille fasse un beau mariage. C'est ce qui a amené une jeune femme à me dire un jour : « J'ai été obligée de lui dire : “Ce n'est quand même pas toi qui vas choisir mon mari.” »

À un degré supérieur, j'ai pu observer des jeunes filles présentant une anorexie mentale (on sait peu de choses sur l'origine de ce trouble), dont certaines entretenaient incontestablement une relation particulière avec un père très exigeant et idéaliste. Certaines vivaient leur corps comme le centre névralgique de leur imperfection. Elles ne savaient pas que leur idéal de maigreur et leur contrôle tout-puissant sur la nourriture, au nom d'une imperfection imaginaire concernant telle ou telle partie du corps, n'était que la réalisation inconsciente et intériorisée d'un désir paternel de perfection physique projeté sur elles, d'autant que, dans ce cas, la relation apparente à leur père était plutôt bonne. Une de ces jeunes filles me rapporta un jour, au cours de sa psychothérapie, un rêve significatif : « J'étais à Londres et je me promenais avec mon père. Les gens le regardaient et disaient : “Quel bel homme ce serait s'il avait trente kilos de moins !” C'est vrai que j'ai toujours trouvé mon père trop gros et que je l'ai souvent entendu dire : “Je ne veux surtout pas que tu me ressembles, j'aurais tellement aimé être mince." J'ai toujours eu le sentiment que mon père faisait une fixation sur les femmes filiformes... Dans mon rêve, tout à coup, ce n'était plus moi qui me promenais avec lui, mais le mannequin Kate Moss, dont je sais qu'elle est anorexique ou qu'elle l'a été. Ils avaient l'air d'être très heureux. Je ne comprends pas, car je ne voudrais vraiment pas lui ressembler. » Il n'est pas besoin de s'engager dans de longues interprétations pour découvrir le désir caché de ce rêve : être l'image idéale contraignante que ce père attendait de sa fille et qu'il aimerait lui-même donner aux autres.

Mais j'ai rencontré un autre cas de figure. Il s'agit de jeunes filles qui sont non pas passionnées mais se sentent contraintes de pratiquer une des trois activités artistiques ou sportives suivantes : la danse classique, l'équitation ou la gymnastique. Il s'agit d'activités qui, comme chacun sait, demandent une extrême rigueur, une exigence particulière et un engagement total. On retrouve chez certaines d'entre elles ce lien avec la projection d'un moi idéal du père. Il s'agit de pères qui, pour des raisons diverses, attendent inconsciemment de leur fille qu'elle réalise ce qu'ils ressentent comme un manque narcissiquement douloureux. Toutefois, contrairement à des jeunes filles souffrant d'anorexie mentale chez lesquelles on rencontre essentiellement un conflit latent avec le père et un conflit manifeste avec la mère, inquiets et coupables devant la maigreur de leur fille, le conflit entre le père et la fille est, dans le cas présent, bien explicite.

» *PÈRES SUR LA DÉFENSIVE*

Une jeune fille qui ne se sent pas reconnue, valorisée, vue ou entendue par son père, qui n'a pas l'impression d'être « réelle » à ses yeux, s'attend à vivre la même expérience avec le reste de la société, dont il est, pour elle, le représentant le plus important. Elle se demande si elle pourra jamais faire partie de ce monde alors qu'elle ne fait même pas partie de sa vie à lui, et si elle se sentira jamais aimée ou acceptée[9]. Une fille peut avoir le sentiment qu'elle n'intéresse pas son père. Elle veut en trouver des explications simples : il est très égoïste, il aurait aimé avoir un garçon – comme Clara qui était persuadée dans ses rêves que son père l'aurait emmenée avec lui aux antipodes si d'aventure elle était née « garçon ». Mais la compréhension de ce désintérêt est parfois plus complexe. Il n'est pas facile pour une fille d'être confrontée à un père habité par la tentation régressive dont je parlais précédemment. Face à un père distant, qui se préoccupe apparemment peu de sa fille ou qui ne s'en occupe que d'un point de vue financier, il est difficile pour une fille de comprendre que, en réalité, il a peur d'établir une relation trop fusionnelle et qu'il adopte une attitude défensive phobique. Elle peut tout naturellement interpréter les comportements, sous-tendus par cette peur, comme un manque d'intérêt à son égard, l'amenant à s'interroger sur ce qu'elle est, ce qu'elle a fait ou ce qu'elle a dit pour mériter une telle attitude. Elle peut aussi, dans le cas d'une séparation de ses parents, penser que son père considère qu'elle est trop proche de sa mère ou qu'elle lui ressemble trop et qu'il lui fait payer un problème qui ne la concerne pas. Ainsi Ophélie qui me dit un jour : « Je pense en fait que mon père ne s'intéresse plus à moi depuis longtemps déjà. » Elle a des raisons apparentes de le penser. Lorsqu'elle téléphone à son père, il ne la rappelle qu'une fois sur deux. Lorsque, adolescente, elle réussissait un examen, il ne la félicitait pas. Lorsqu'il a appris son admission dans une école de commerce, il lui a dit : « Enfin, tu vas maintenant travailler ! » Les souvenirs des rares déjeuners passés avec son père sont plutôt douloureux : il semblait gêné, ne savait pas quoi lui dire et les moments de silence étaient pesants. Elle arrive par moments à s'expliquer ce comportement en considérant que son père s'est toujours essentiellement intéressé à lui, à sa vie professionnelle et personnelle. Dans ces moments, elle lui pardonnerait presque son attitude. Mais, le plus souvent, elle est partagée entre deux sentiments : lui en vouloir ou s'en vouloir à elle-même. En effet, ses parents se sont séparés lorsqu'elle était toute petite. Elle a le sentiment que son père lui a beaucoup manqué, qu'elle a eu beaucoup de difficultés à trouver une place entre sa sœur et sa mère, place qu'elle aurait sans doute pu trouver plus facilement si son père avait été là. Les conséquences sont encore présentes aujourd'hui dans sa relation aux autres où elle a parfois du mal, justement, à trouver sa place.

Devenue jeune femme, même si aujourd'hui encore elle souffre de l'attitude de ce père, elle sent intuitivement qu'au-delà de ce désintérêt manifeste, il y a sûrement chez lui des sentiments plus complexes. Il reste néanmoins un mystère pour elle.

Ophélie est un exemple parmi d'autres d'une souffrance que j'ai rencontrée chez beaucoup de jeunes filles ou de femmes : celle d'avoir le sentiment que leurs pères ne leur ont pas manifesté l'intérêt qu'elles étaient en droit d'attendre de leur part. L'expérience montre que lorsqu'elles ont compris qu'au-delà de ce désintérêt se cachent des sentiments plus complexes et qu'elles peuvent faire le premier pas vers ce père « phobique » de la relation à leur fille, la relation se modifie, la souffrance s'atténue et peut même disparaître. Deux ans après ce qu'Ophélie avait dit à propos du désintérêt, apparent à mes yeux, de son père à son égard, elle a su un jour dépasser son ressentiment. À l'occasion d'un de leurs rares déjeuners, elle a pris son courage à deux mains et lui a dit avec beaucoup d'appréhension tout ce qu'elle avait sur le cœur. Quelle ne fut pas sa surprise, mais aussi sa joie, de voir son père très ému par ce qu'elle lui disait – bien que certains propos ne fussent franchement pas tendres. Depuis, la relation entre Ophélie et son père s'est nettement améliorée. Ils se voient plus régulièrement, déjeunent plus souvent ensemble ; il semble réellement s'intéresser au métier qu'elle exerce et il lui arrive même, me dit-elle, de téléphoner.

Les triangulations malheureuses

Le fameux conflit œdipien non résolu a fait couler beaucoup d'encre. Sans doute trop. Il n'empêche qu'il correspond à des situations suffisamment parlantes pour qu'on ne le jette pas aux oubliettes.

» *LES MÈRES JALOUSES DU LIEN PÈRE-FILLE*

Alors que la mère peut être parfois perçue comme hostile par sa fille (le pic de ce sentiment s'observe chez les filles de 17-18 ans), il est tout à fait normal qu'elle puisse dire, à un moment ou à un autre, voyant sa fille s'opposer à elle et chercher habilement à s'appuyer sur son père : « Tu n'aimes que ton père », « Tu es comme ton père », « Vous êtes faits pour vous entendre », etc. Il en est tout autrement lorsqu'une mère se sent vraiment jalouse de sa fille.

L'histoire de Camille Claudel illustre ici encore cette situation : sa mère était non seulement jalouse de l'amour et du soutien que lui apportait son père, mais elle avait, en outre, à ses yeux, usurpé la place d'un fils aîné, Charles-Henri, décédé seize jours après sa naissance. Quand elle parlait de sa fille Camille, cette mère l'appelait d'ailleurs « l'usurpatrice ».

Diane a incontestablement entretenu une relation privilégiée avec son père. Il l'a toujours fait rire. Elle a le sentiment qu'ils se comprennent à demi-mots. Elle reproche fréquemment à sa mère d'être, elle, au contraire, très proche de son frère. Son père exerce une profession valorisante, dont elle est fière et qu'elle souhaite elle-même exercer. Elle s'est maintenant engagée dans des études supérieures qu'elle réussit et qui vont sûrement l'amener à réaliser ce désir. Sa mère a beaucoup aidé son père dans sa réussite professionnelle, mais regrette de ne pas avoir fait les études qui lui auraient permis d'exercer une profession gratifiante. Elle a toujours poussé ses deux enfants à faire des études supérieures et y a réussi. Diane reconnaît qu'elle doit beaucoup à sa mère ; enfant, elle était plutôt dissipée, manquait de concentration, et sa mère a toujours été très patiente avec elle. Par contre, elle ressent depuis longtemps une jalousie incontestable de la part sa mère par rapport à l'attention que lui porte son père. Elle sait que, par moments, elle manipule son père pour qu'il s'intéresse à elle, et s'adresse en priorité à lui pour agacer sa mère. Elle considère que c'est une vengeance contre les petites « vacheries » que profère sa mère sur son physique. Elle est en effet, depuis toute petite, assez ronde et ressemble en cela à son père. Sa mère est une jolie femme, mince, pour qui le physique compte beaucoup et répare le complexe qu'elle peut avoir au niveau intellectuel. Diane se souvient que, depuis longtemps, lorsque des amies viennent à la maison, sa mère la compare systématiquement à elles : vêtements, maquillage, tout ce qui a trait à l'apparence physique est passé en revue et toujours évalué au détriment de Diane. Par contre, son père insiste toujours sur sa vivacité d'esprit, son humour et, bien sûr, son intelligence. Il lui arrive même par moments d'être gênée des compliments qu'il lui fait, que ce soit en tête à tête ou devant les autres. En présence de sa mère, ses sentiments sont plus partagés : elle est à la fois heureuse des compliments de son père, surtout lorsqu'ils agacent sa mère, mais en même temps elle lui reproche intérieurement de mettre de l'huile sur le feu.

Une fille peut réellement souffrir de la jalousie de sa mère. Elle sent bien évidemment qu'elle en est l'origine et que, dans un certain nombre de cas comme ceux auxquels nous pensons ici, cette jalousie porte essentiellement sur la bonne relation qui s'établit entre le père et la fille. Il est évidemment facile de dire que nous sommes en plein œdipe. Le seul problème est que l'œdipe, cette crise amoureuse entre la petite fille et son père, est un stade normal du développement dans la petite enfance, qu'il est spontané, naturel et pour une grande part inconscient. Il en est tout autrement dans les situations comparables à celles de Diane. La relation au père passe obligatoirement, pour une part, par la mère. Une fille respecte son père en fonction de la fierté qu'elle a de lui, mais aussi de ce que sa mère implicitement lui transmet. Si la mère est trop jalouse de la relation père-fille, elle ne pourra pas avoir envie de faciliter ce lien et pourra même, plus ou moins consciemment, l'entraver, soit directement par l'hostilité qu'elle manifestera à l'égard de sa fille, soit indirectement en disqualifiant plus ou moins ouvertement le père.

» *LES PÈRES QUI REJETTENT LA MÈRE*

Si les filles sont sensibles au discours paternel sur le féminin et la féminité, les pères, contrairement à ce que croient certains d'entre eux, ne rendent pas service à leur fille quand ils critiquent, ou pire, méprisent ou rejettent leur mère. Ces pères risquent de favoriser ce que certains appellent des « filles paternelles[10] », c'est-à-dire des jeunes filles qui peuvent inconsciemment fantasmer sur un monde sans mère. La mythologie grecque nous en donne la meilleure représentation symbolique : Athéna qui est femme, mais vierge, et surtout sans mère, est sortie du crâne de son père, Zeus. Comme toujours, la mythologie grecque nous révèle un fantasme de l'être humain : celui d'un père enfanteur qui a fait plus que rejeter la femme, puisqu'il l'exclut en tant que mère et lui interdit, en tant que fille, de connaître un autre homme. Ce mythe est d'autant plus intéressant qu'il renvoie aussi au fantasme d'une vie entre hommes, à la valorisation exclusive de la virilité, ce qu'on retrouve d'ailleurs parfois chez certains pères rejetant la mère de leur fille.

Si le lien entre les filles et leur père laisse apparaître des sentiments variés et complexes, une fille n'est pas prête à tout accepter de son père, et en particulier qu'il méprise ou rejette sa mère. Il ne s'agit pas, comme certains pères le pensent, de complicité ou de connivence féminine. En rejetant la mère, un père montre à sa fille qu'il méprise ce qu'il y a de féminin en elle. Il est facile de comprendre que, plus l'image d'une mère est négative, plus celle du père risque d'être séduisante pour sa fille. Cela peut aller jusqu'à faire naître chez elle la crainte de ressembler à sa mère. Elle pourra ainsi avoir parfois le sentiment que son père, à certains moments ou sur certains aspects, a raison ; elle pourra ressentir à l'égard de sa mère une animosité ou la critiquer. Pourtant, tôt ou tard, elle éprouvera des sentiments confus de gêne, de culpabilité, de honte ou de colère de voir son père exprimer ouvertement à l'égard de sa mère tout ce qu'elle peut elle-même penser par moments. L'expression du rejet chez lui devient une source d'angoisse profonde chez elle.

» *LES DIVORCES COMPLIQUÉS*

Les deux situations « triangulaires » que je viens d'évoquer – rejet du père par la mère, rejet de la mère par le père – peuvent évidemment se rencontrer dans les cas de séparation ou de divorce. Le père peut reprocher à sa femme tout ce qui l'amène à vouloir se séparer d'elle ou, à l'inverse, lui reprocher ce qui l'a amenée, elle, à se séparer de lui. L'enfant, et ici la fille en particulier, se sent pris dans des conflits de loyauté, dans des enjeux de pouvoir ou d'argent auxquels il n'est pas très astucieux d'ajouter des enjeux affectifs qui touchent au plus profond de l'être : avoir et garder un père et une mère. Dans une situation avérée de mépris ou de rejet de la mère par le père, deux attitudes sont possibles pour la fille : soit renforcer les liens qui existent entre elle et sa mère, soit fuir cette situation douloureuse par la rupture avec chacun des deux parents, ou encore, à l'adolescence, adopter des comportements provocateurs ou à risques. Dans ce dernier cas, les prises de risques sont souvent des signaux adressés aux parents pour qu'ils s'entendent au moins sur un sujet commun : l'état de leur fille.

Une autre source de souffrance pour la fille concerne les conflits autour de son éducation, et qui ne sont d'ailleurs pas l'apanage des couples divorcés. Chaque parent est lui aussi le fruit de deux parents qui ont eux-mêmes transmis leurs propres valeurs et leur propre modèle éducatif. Ces valeurs et modèles peuvent être très proches, comme ils peuvent être aussi très différents. Or il faut savoir que *des dissonances trop fortes entre les deux parents risquent toujours d'amener un enfant à ne plus pouvoir respecter l'autorité parentale.* Non seulement parce qu'on lui offre deux modèles éducatifs trop contrastés, mais aussi parce que chacun de ces modèles est le plus souvent critiqué ou violemment rejeté par l'autre parent, celui qui ne l'applique pas.

» *S.O.S. PARENTS EN CRISE*

Face à des petites filles en plein développement ou des adolescentes en plein changement, en plein conflit psychique, les parents éprouvent eux aussi des remises en question ou revivent des conflits anciens. Pour certains, confrontés à leur « crise du milieu de la vie », une situation de conflit avec leur fille adolescente peut même révéler une opposition latente à l'intérieur même du couple conjugal. Mon expérience de psychologue et de psychiatre de grands enfants, d'adolescents et de jeunes adultes m'a montré que, dans un nombre non négligeable de cas, c'était la conjonction entre la crise observée chez l'enfant et celle observée chez les parents, sous la forme en particulier de manifestations de disqualifications des mères par les pères, qui enfermait les filles dans une situation de blocage.

Un cas particulier : le rôle du père chez la fille anorexique

Comme chacun sait, l'anorexie mentale est un trouble qui touche beaucoup plus de filles que de garçons. Ce sont généralement les mères qui s'inquiètent les premières de l'amaigrissement excessif de leur fille qui sélectionne de façon de plus en plus drastique ses aliments, excluant tout ce qui pourrait faire grossir et en particulier tout ce qui comporte des graisses. L'aménorrhée vient compléter le tableau. On a souvent, sans doute trop, attribué aux mères la responsabilité au moins partielle de ce trouble chez leur fille. Il est vrai que l'on rencontre des jeunes filles anorexiques dont les mères ont elles-mêmes souffert d'un trouble équivalent à l'adolescence. Il est vrai que l'on rencontre souvent chez les mères de ces jeunes filles des préoccupations excessives concernant la nourriture, avant même le début du trouble de leur fille. On a aussi insisté sur le fait que la jeune fille anorexique se caractérise par le désir de ne rien devoir à autrui, et que son désinvestissement de la nourriture serait symboliquement le désir de rejeter sa mère nourricière dont elle ne veut plus dépendre.

On a en définitive peu parlé des pères. Pourtant, des travaux récents[11] montrent que les pères de filles anorexiques partageaient avec celles-ci une difficulté émotionnelle qu'on désigne sous le nom d'alexithymie. Il s'agit d'un trouble qui se définit comme l'« incapacité à verbaliser ses émotions ou ses sentiments ». Ce trouble peut se mesurer sur une échelle évaluant l'importance des différentes caractéristiques que sont : la distinction difficile des sentiments, les sensations physiques, la difficulté à décrire ses sentiments, la pauvreté de l'activité de rêverie, les pensées tournées vers l'extérieur et non vers ses propres pensées ou attitudes (ce que l'on désigne techniquement par un manque de « capacité réflexive sur soi-même »). On a alors découvert que les pères avaient des scores d'alexithymie (difficultés émotionnelles) qui correspondaient à ceux de leur fille, alors que leur mère, également évaluée, ne présentait pas cette caractéristique. Cette découverte débouche sur une conséquence concrète : il faut favoriser l'expression des émotions par le biais de médiations diverses pour venir en aide, bien sûr d'abord et avant tout à la jeune fille, mais aussi à son père. Ces travaux s'inscrivent dans un intérêt qui s'est développé ces dernières années sur la place du père dans la compréhension de l'anorexie. Plusieurs hypothèses ont été proposées. Dans l'esprit de ce livre qui est de favoriser la communication entre les pères et leurs filles, je ne ferai ici à titre d'information que les citer, même si elles reposent souvent sur un point de vue sous-jacent qui rendrait responsable le père du trouble de sa fille. On a ainsi parlé sous différentes formes de défaillance de la fonction paternelle[12], d'un père disqualifié, écrasé ou encore directement désigné ou perçu comme incestueux ou pervers. On a aussi parlé de pères qui manquaient trop d'attention à l'égard de leurs filles, les poussant alors à aller jusqu'à se détruire, y compris à travers les attaques contre leur propre corps[13]. D'autres auteurs parlent de « maternisation » des pères d'anorexiques. On retrouverait volontiers, selon eux, des pères qui jouent en quelque sorte le rôle de « bonne mère », ou des « pères mères » chez qui l'identification féminine est prévalente[14]. Ce point de vue serait confirmé par la difficulté qu'ont les pères à tenir un rôle interdicteur face à leur fille pour ne pas sacrifier la bonne entente avec elle, lorsqu'en particulier elle sort de l'hôpital[15].

En résumé, ces travaux tentent de dégager certaines caractéristiques communes à ces pères d'anorexiques aboutissant à l'idée d'un « manque de père » : l'identité mal assurée, la prégnance des identifications féminines, la maternisation, la force des investissements contre-œdipiens[16], etc. Cela étant dit, il faut reconnaître que ces caractéristiques se retrouvent dans d'autres troubles que peuvent présenter des jeunes filles en difficulté.

Dans son livre *Le Pavillon des enfants fous,* Valérie Valère raconte son séjour à l'hôpital pendant quatre mois à l'âge de 13 ans pour anorexie. À plusieurs reprises, elle y évoque ses parents, et entre autres son père, dont elle parle avec des mots très durs : « Elle est hypocrite, aveugle, névrosée et sans énergie, lui est menteur, schizophrène, obsédé sexuel, frustré[17]. » Elle soulignera dans ce livre à la fois le penchant homosexuel de son père et la liaison extraconjugale de celui-ci avec une femme. On retrouve dans le récit de cette jeune fille anorexique, dont le destin fut tragique, certains points de vue évoqués ci-dessus. Heureusement, si l'anorexie de la jeune fille existe bien, sa gravité est extrêmement variable et les histoires toujours différentes. On ne peut néanmoins pas négliger l'importance du rôle joué par le père dans le processus psychique du « devenir femme ».

Les comportements paternels qui peuvent rendre folle

Il y a des femmes qui ne se remettent jamais de leur enfance. Au cours de cette période, elles ont souffert d'un vrai traumatisme dont les formes peuvent être variées. Il peut s'agir d'une disparition, d'une séparation douloureuse, d'une violence psychologique donc, mais qui, ici, est associée ou consécutive à une violence physique ou sexuelle. Leur vie est alors souvent dominée par un monde imaginaire et une difficulté à assumer la réalité qui montre leur incapacité à combler l'écart existant entre leur royaume imaginaire et la réalité. Dans ces situations, des activités créatrices comme l'écriture, la peinture ou la musique sont alors souvent des moyens de dépasser et de sublimer la réalité pesante de la vie quotidienne.

Au bord du gouffre

Sans tomber dans les excès actuels d'outre-Atlantique qui présentent la masculinité sous le signe d'une absolue brutalité[18], il est nécessaire d'aborder la question de la violence paternelle. Comme l'histoire de l'humanité, la vie quotidienne et l'expérience professionnelle nous l'apprennent, les liens entre un père et une fille peuvent en effet être dominés par une violence parfois explicite, parfois beaucoup plus sourde, mais néanmoins extrêmement destructrice pour la fille, laissant le plus souvent des traces indélébiles.

L'Observatoire de l'action sociale et les professionnels de ce domaine constatent une aggravation de la maltraitance à l'égard des enfants et en particulier de la part des pères à l'égard des filles. Le syndrome de l'enfant battu, qu'il s'agisse d'une fille ou d'un garçon, est bien connu des pédiatres. Il reste parfois d'un diagnostic difficile, même si les examens radiographiques de plus en plus sophistiqués aident à l'identifier.

La violence paternelle est avant tout une affaire de coups et de comportements sexuels déviants, mais il existe aussi une maltraitance par grande négligence ou même totale indifférence qui enferme l'enfant ou l'adolescente dans un statut de victime, lui refusant la place de sujet pour lui conférer l'identité d'enfant battu.

Mais il existe aussi une autre forme de maltraitance, pouvant être associée à la violence physique ou pouvant s'exprimer seule, dont les effets, moins étudiés, ne me semblent pas pour autant moins pathogènes. Je veux parler ici de l'expression verbale de la violence : cris, insultes, toutes agressions verbales dont l'enfant est l'objet. Face aux insultes, une fille certes peut se défendre et répliquer, mais elle peut aussi rester sans voix : une violence verbale qui débute systématiquement par « Tais-toi ! » voue souvent l'enfant au silence et à l'enfermement.

Le plus souvent, un père violent qui a établi avec sa fille une relation d'emprise, qu'elle soit physique et/ou psychique, ne tient pas compte de ses besoins et étouffe ses désirs. En effet, lorsqu'on parle de violence paternelle et de maltraitance, il ne s'agit pas d'un comportement unique, limité, isolé, dans un moment de colère, sans intensité excessive, qui ne laissera pas ou peu de traces chez l'enfant. Il s'agit d'un comportement répété et/ou qui prend une forme qui marquera l'enfant à jamais.

Certes, la maltraitance laisse une part importante à la subjectivité, que celle-ci soit individuelle ou collective. Il ne faut pas oublier que la notion de violence reste variable selon les sociétés, les peuples et les époques. En effet, plus cette violence est proche de nous, plus elle nous touche. Le travail des enfants synonyme d'esclavage ou les violences sur les filles au nom de pratiques religieuses extrémistes commencent seulement à faire l'objet d'intérêt. Mais le plus injuste réside surtout dans les violences qui restent secrètes et dont les filles ne peuvent parler que devenues femmes – et encore ! La violence paternelle à l'égard des filles connaît probablement des raisons multiples : contextes familiaux, économiques ou sociaux particulièrement défavorisés, mise en avant de la primauté de l'éducatif sur l'affectif, mise en question des rôles parentaux, classique répétition de génération en génération qui fait que certains pères maltraitants ont eux-mêmes été des victimes, etc.

Un certain nombre de filles maltraitées ou abusées parviennent à construire une vie satisfaisante. Mais soyons clairs : même s'il existe des explications à la violence paternelle et que la résilience est possible, aucune tolérance ne doit pour autant être admise.

De l'incestuel à l'incestueux

Nous avons vu qu'un père ressent généralement de l'amour pour sa fille. Ce sentiment est éprouvé par l'esprit et ressenti dans le corps. À ce titre, il peut prendre des formes multiples. De l'affection à la passion, de la tendresse à la sensualité, ce sentiment d'un père pour sa fille échappe à des frontières clairement et définitivement définies. Mais, comme l'écrit Catherine Mathelin : « Un père ne doit pas séduire sa fille de quelque manière que ce soit. Il l'a séduite de toute façon, sans rien faire. Il faut qu'il lui dise qu'elle est séduisante, mais il ne doit pas essayer de lui plaire[19]. »

» *TROUBLES PATERNELS*

Charles Lutwidge Dodgson, *alias* Lewis Carroll, n'a jamais été père, mais il est évident qu'à notre époque, l'attirance de l'auteur d'*Alice au pays des merveilles* pour les petites filles aurait suscité bon nombre d'interrogations. Comme l'écrit Jackie Wullschläger, il est bien connu que ses amitiés « sont au-dessus de tout soupçon. En bon victorien (il est né en 1832), cet universitaire célibataire, timide, original et discret [...] est convaincu que le lien avec l'enfance élève l'esprit et l'âme [...]. Néanmoins, à notre époque postfreudienne, il est presque impossible de lire les milliers de lettres qu'il adresse [à des petites filles] sans déceler une sensualité cachée... En 1877, il note dans son journal avoir rencontré "la fillette la plus belle jamais vue, dans des visages de silhouette. On aimerait prendre des centaines de photos d'elle[20]". » Sans être père, on ne peut nier que Lewis Carroll était troublé comme certains pères peuvent l'être.

Bertrand souhaite que je puisse aider sa fille, Julie, 12 ans, qui supporte mal la vie quotidienne avec sa mère dont Bertrand est divorcé depuis quatre ans. Julie le reconnaît volontiers : elle se dispute violemment avec sa mère sur à peu près tous les sujets. Les repas, son poids, les sorties, les amies, le petit ami, les résultats scolaires, les vacances, tout est prétexte à de violentes disputes avec sa mère… Cette dernière n'en peut plus et Bertrand voudrait faire quelque chose. Mais quoi ? Je lui demande alors si Julie ne souhaite pas venir vivre un temps avec lui, comme c'est parfois le cas dans ce genre de situation. Il répond alors brusquement qu'il aime sa fille, qu'il pourrait la recevoir, mais qu'il ne le souhaite pas. Il considère que son ex-femme a laissé trop de liberté à Julie et qu'elle est responsable de l'affirmation excessive de leur fille. Puis tout à coup, sans lien avec ce qu'il me racontait, il me dit que, s'il souhaite que je puisse aider sa fille, c'est pour qu'elle ne devienne pas une « bimbo ». Cette intervention inattendue est un véritable cri du cœur. Au-delà d'une crainte qui ne semble apparemment pas le concerner, ce père est incontestablement troublé par sa fille. Le sait-elle ? Julie est surtout touchée par les accents de sincérité et de tendresse de son père. Elle est émue qu'il semble si bien la connaître, surtout quand il me dit que, derrière des attitudes affirmées et parfois trop violentes, derrière un caractère apparemment fort, elle est d'une grande sensibilité. Elle l'écoute alors avec une extrême attention, montre un visage sérieux et réfléchi, et une émotion qu'elle ne peut cacher l'envahit. Il s'agit ici de ce que certains désignent sous le terme d'incestuel, par opposition aux situations clairement incestueuses, qui renvoie à un fantasme ou une idée malsaine qui peut surgir mais est immédiatement refoulée.

Que se passe-t-il entre Camille Claudel et son père, tel qu'Anne Delbée en fait le récit, lorsque cette jeune fille de 13 ans lui annonce qu'elle veut devenir sculpteur ? « "Je veux être sculpteur !" Elle s'est mise debout. Il lui enserre la taille. Elle est déjà grande pour ses 13 ans. Saisie d'une immense tendresse pour elle, il se lève à son tour et la serre contre lui. "Ma fille, ma fille." Il sent ce corps de femme qui s'annonce. Il lui tient la tête entre ses deux mains. "Qu'elle sera belle, cette femme !" Il regarde sa bouche immense, dédaigneuse. Elle a les joues en feu. Le silence de la cuisine est terriblement présent. Tous deux se regardent[21]... » Il sera ultérieurement facile d'interpréter la passion qui unira Camille Claudel à Auguste Rodin, à peine moins âgé que son père, ainsi que son internement à l'hôpital psychiatrique de Ville Évrard le 10 mars 1913, une semaine après le décès de ce dernier.

Nous nous trouvons ici face à des situations que les psychologues qualifient donc d'« incestuelles », dont la dangerosité n'est pas claire et peut être source d'interprétations de la part des uns et des autres ; elle peut également dépendre du contexte dans lequel elles se situent. Il en va tout autrement de l'inceste proprement dit.

Un père peut parfois être troublé par sa fille – quel père osera dire qu'il ne l'a jamais été ? Mais si le trouble n'est pas l'acte, on peut éventuellement passer de l'un à l'autre. Plus dangereux encore, on peut passer à l'acte sans le sentiment.

Le véritable inceste représente le comble de la violence d'un père sur une fille. Le traumatisme qu'il constitue ne pourra jamais être oublié. La violence incestueuse fait partie de l'irreprésentable pour le psychisme humain. Il s'agit d'un irreprésentable par nature, parce qu'il y a chez l'être humain des événements, des situations, des relations qu'il est, par nature, incapable d'intégrer psychiquement.

» *L'HORREUR DE L'INCESTE*

Est-il besoin de rappeler que l'inceste, « perversion par excellence[22] », est un crime qui se produit très majoritairement entre un père et une fille[23] ? La vie nous apprend qu'aujourd'hui comme hier, ce comportement criminel est souvent caché et fait l'objet d'un non-dit. Ce non-dit s'observe au moment où ce comportement a lieu, de la part de l'homme bien sûr, mais souvent aussi de la part de la petite fille et, ce qui est loin d'être exceptionnel, de la part de la mère. Pour la fille, ce non-dit peut persister de nombreuses années. Elle sera souvent à la recherche de mots pour l'exprimer, et pourra manifester cette blessure intérieure sous des formes diverses qui expriment tout en le taisant ce qu'elle veut crier au monde.

Chacun sait aujourd'hui que des dépressions d'adolescentes ou de jeunes femmes adultes, des gestes suicidaires, des comportements alimentaires pathologiques (anorexie ou boulimie), peuvent recouvrir cette souffrance profonde qui ne se cicatrise pas. Dans d'autres cas, une des conséquences sera un besoin de vengeance et un désir de vivre qui poussera certaines filles ou femmes à se montrer parfois violentes, excessives dans leur rapport aux hommes.

» *BRISER LE SILENCE*

Au cours des siècles et pendant très longtemps, on a considéré l'inceste comme une transgression vaguement tolérée ; il a surtout été largement dissimulé. Dans les traités de matière criminelle de l'Ancien Régime, l'inceste et le viol sont jugés condamnables, mais un nombre infime d'actes est réellement jugé. Une société qui pardonne traditionnellement la brutalité physique, le risque d'indignité qui impose le silence et l'imprécision de l'expertise médicale favorisent cet état de fait.

Lorsque ce non-dit est manifestement pesant, que la souffrance est trop grande, la fille blessée cherchera autour d'elle un tiers avec qui elle pourra partager ce qu'elle a subi : sa mère, une sœur ou une cousine (qui parfois lui dira qu'elle a subi les mêmes traumatismes), un médecin, un juge, un psychologue, une assistante sociale et surtout un petit ami en qui elle a suffisamment confiance pour en parler.

Reconnaître la maltraitance

Il faut savoir que les enfants maltraités dénoncent plus rarement qu'on pourrait imaginer leurs parents. Qu'il s'agisse de sévices physiques, de négligences graves, d'abus sexuels ou de violence psychologique – atteintes d'ailleurs souvent imbriquées –, certains indices doivent alerter l'entourage.

» *DES COMPORTEMENTS QUI EN DISENT LONG*

Le plus souvent, un certain discours des parents doit alerter et celui du père en particulier : il ne donne pas de nom à son enfant, dit « celle-là », « elle » et se plaint de l'enfant : « Elle ne parle jamais, elle pleure tout le temps, je me demande si c'est ma fille. » Sous le regard de son père, l'enfant est souvent silencieux, figé, mais, vu seul, il s'agite, sauf s'il s'agit déjà d'une fille brisée par la violence paternelle. Dans ce cas, elle se terre dans un coin, son regard guette le moindre geste de l'adulte tandis que son corps se raidit.

Les plus jeunes enfants mettent en scène des jeux de violence répétitive ou dessinent explicitement un enfant maltraité. Plus âgée, une fille soit semble s'être adaptée aux règles folles de la famille, soit elle en parle à un tiers dans un moment de confiance qu'elle peut regretter ensuite.

» *LA PAROLE DE L'ENFANT*

Pour ce qui concerne plus spécifiquement la maltraitance sexuelle et plus particulièrement l'inceste, l'absence de traumatisme physique apparent et le non-dit habituel, y compris parfois chez la mère, amènent à se reposer essentiellement sur la parole de l'enfant ou de l'adolescente qui ne s'exprimera souvent que de façon très décalée dans le temps par rapport aux événements dramatiques. On sait par exemple que, face à un trouble comme l'anorexie mentale, lors de fugues ou d'une tentative de suicide à l'adolescence, on se trouve confronté, pour la première fois, à la révélation par la jeune fille de l'abus sexuel auquel, plus jeune, elle a été soumise.

Qu'il s'agisse d'une violence physique ou sexuelle, la certitude ne peut être établie que grâce à l'avis de l'entourage et de plusieurs personnes compétentes : pédiatre, radiologue, gynécologue, psychologue, assistante sociale, enseignants, juge, etc.

On sait aujourd'hui combien la parole de l'enfant est importante, mais on sait aussi qu'il faut être prudent tant les allégations de violence physique et/ou d'abus sexuels par des enfants ou des adolescents sont de plus en plus fréquents, en particulier dans des contextes de séparation parentale.

Une série d'indices doit amener à prêter une attention toute particulière à la parole de l'enfant, mais celle-ci n'a pas à être entendue comme l'expression systématique de la vérité. Un enfant maltraité dans sa famille ou dans une institution se mure généralement dans le silence, par peur ou par honte, et n'est pas prêt à en parler spontanément. Il faut de toute façon savoir qu'une fille qui dit avoir été maltraitée est une enfant ou une adolescente en souffrance qu'il faut aider.

Chapitre IV

HEUREUSE ET MALHEUREUSE EN AMOUR

Je l'ai dit, la relation au père cimente l'existence des filles, qu'elle doit préparer le mieux possible à être heureuses, en particulier auprès des hommes qu'elles rencontreront plus tard. Ajoutons néanmoins que cette relation père-fille n'en est pas le seul déterminant et qu'une femme peut être heureuse avec un homme qui la détachera des liens compliqués qui l'unissent à son père. Tout déterminisme absolu selon lequel une relation malheureuse au père entraînerait systématiquement des difficultés avec les hommes ou dans la vie serait réducteur : la disparition précoce d'un père peut aussi donner à la fille un désir de réussite. La grande helléniste Jacqueline de Romilly, membre de l'Académie française, première femme à enseigner au Collège de France, maintenant âgée de plus de 90 ans, confiait ainsi récemment[1] que si son amour du grec lui venait de sa mère, elle devait son énergie et son optimisme à son père, un homme très brillant, mort à la guerre de 1914 alors qu'elle était âgée de un an.

Néanmoins, en m'appuyant sur ma pratique professionnelle, j'insisterai ici sur les difficultés que certaines jeunes filles ou femmes ont à être heureuses en amour en raison des relations compliquées à leur père, soit qu'elles aient du mal à rencontrer un homme qui leur convient, soit qu'elles choisissent un homme ou une succession d'hommes que systématiquement elles maternent, soit qu'elles cherchent un père de substitution. Toutes ces situations, quelle que soit leur gravité, renvoient à cette question fondamentale : comment ne pas être malheureuse en amour à cause de son père ? En d'autres termes : comment ne pas rencontrer un homme qui est la copie conforme du père ? Comment ne pas passer sa vie à chercher l'homme idéal ? Comment ne pas rencontrer un homme qui ne sera jamais disponible ? Comment ne pas rencontrer un homme qui en aime une autre ? Comment ne pas rencontrer un homme qui fera souffrir ?

Ne pas savoir aimer ni même séduire un homme

Une femme peut séduire un homme sans le vouloir, elle peut vouloir séduire sans y parvenir, mais elle peut aussi, heureusement, réussir à séduire lorsqu'elle le désire. Le pouvoir de séduction reste pour une part mystérieux. On connaît probablement mieux certaines raisons qui amènent une femme à souffrir de ne pas avoir suffisamment séduit. Au moins trois de ses raisons ont à voir avec la relation au père : être marquée par le désir du père d'avoir un garçon et devenir inconsciemment le « garçon manqué » tant désiré, avoir trop peur de sa féminité ou encore avoir une relation trop idéalisée à son père.

J'ai entendu plusieurs femmes m'expliquer qu'elles souffraient de ne pas savoir séduire mais en connaissaient la raison principale : elles étaient trop « garçons manqués ». Elles avaient beaucoup d'amis, se trouvaient très à l'aise au milieu des garçons, ceci d'ailleurs depuis l'enfance, mais lorsqu'un garçon leur plaisait, elles entendaient souvent, face à leurs avances, cette phrase fatidique : « Pour moi tu es comme une sœur... Et même comme un frère. » Elles pouvaient donner plusieurs explications à ce côté « garçon manqué », mais la raison principale était que le père les avait désirées « garçons ».

De nombreuses femmes consultent parce qu'elles souffrent d'une répétition d'échecs dans leur vie amoureuse. Soit elles n'ont jamais pu tomber vraiment amoureuses d'un homme, soit leurs échecs sentimentaux successifs les ont amenées peu à peu à identifier ce qui les empêchait d'obtenir ce qu'elles désiraient. Plusieurs explications au fil du temps leur viennent à l'esprit, mais une seule peu à peu prend corps : les relations qu'elles entretenaient avec leur père étaient trop compliquées. Soit elles s'étaient, malgré elles, mises dans la position de l'éternelle sacrifiée aux autres, captées par un désir profond d'obtenir sans cesse l'amour et l'estime de leur père. Soit, plus consciemment, elles ne trouvaient jamais d'hommes suffisamment bien pour elles. Là aussi elles découvraient que cet idéal masculin, sans qu'elles en aient pris conscience précédemment, révélait qu'elles étaient à la recherche d'un homme qui aurait les mêmes qualités que leur père ou d'un homme que leur père, pensaient-elles, attendait qu'elles choisissent. Ainsi, elles n'avaient jamais suffisamment pu faire le deuil de leur père.

Plusieurs explications peuvent être avancées pour comprendre ce deuil impossible du père. Il y a parfois la disparition réelle d'un père survenue précocement : l'image de cet homme hante sa fille sans répit, l'empêchant d'ouvrir son cœur. À l'inverse, il y a parfois aussi des pères qui aiment trop et qui inscrivent de façon indélébile chez leur fille le besoin de retrouver un amour inconditionnel aussi fort. D'autres, parce qu'ils ont rejeté la mère, ont suscité chez leur enfant la peur des hommes, et en particulier de tout homme avec qui elle pourrait nouer une relation amoureuse. Une dernière situation possible est celle où une fille en conflit aigu avec son père garde en elle un désir profond de faire la paix avec lui, ce qui l'empêche d'être en paix avec elle-même et avec ses désirs de bien-être et de bonheur personnel. Toutes ces situations, aussi différentes soient-elles, montrent que la relation au père conditionne en partie la vie amoureuse de sa fille.

Une impossible rencontre

Catherine a maintenant 32 ans. Elle ne vit plus chez ses parents depuis deux ans mais a eu beaucoup de mal à s'éloigner du domicile familial. Elle est la fille unique d'un couple qui apparemment ne s'est jamais entendu. Ses parents sont issus de deux cultures différentes et sa grand-mère paternelle n'a jamais accepté le mariage de son fils avec la mère de Catherine. Son père semble n'avoir jamais pu couper le cordon avec sa mère, devenue veuve peu de temps après avoir eu ses deux fils. Il a d'abord imposé à sa jeune épouse, de façon égoïste dit-elle, la présence d'une belle-mère, au nom d'avantages matériels, financiers et éducatifs pour leur fille Catherine. Confronté ensuite au conflit permanent entre sa propre mère et sa femme – conflit dont Catherine se souvient bien, alors qu'elle avait à peine 5 ou 6 ans –, son père a fini par se séparer de sa mère, qu'il continua de voir néanmoins tous les jours. C'est en tout cas ce que rapporte Catherine devenue la confidente privilégiée de son père qui, selon ce qu'elle a ressenti, l'aimait pardessus tout. Au moment de son adolescence, les conflits entre sa mère et son père sont devenus plus aigus et ses souvenirs portent surtout sur la crainte constante que ses parents se séparent. Paradoxalement, alors que son père semblait privilégier sa relation à sa propre mère, Catherine se souvient qu'il faisait des crises de jalousie à son épouse. Ces conflits parentaux et la crainte qu'ils suscitaient l'ont, selon elle, « privée de son adolescence ». Elle est restée une jeune fille très timide, travaillant le mieux possible à l'école mais sans efficacité, sortant très peu, n'ayant quasiment pas de camarades à l'exception d'une qu'elle considère toujours comme sa meilleure amie. Après avoir réussi son bac, cette jeune fille intelligente n'a pas osé faire les études longues qu'elle aurait désirées, incontestablement par peur de s'éloigner de ses parents. Elle a donc entrepris des études de secrétariat, métier qui ne lui déplaît pas et dans lequel elle donne toute satisfaction. Elle semble en effet extrêmement dévouée et compétente. On lui reproche parfois son manque d'initiative, mais on la félicite sur le fait qu'elle ne fait jamais d'erreur. À l'âge de 23 ans, elle est tombée amoureuse du frère de sa meilleure amie. Cet amour est resté longtemps platonique, ce garçon n'étant nullement pressé à s'engager. Au fil du temps, soutenue par son père, dit-elle, cette relation s'est peu à peu construite, au point qu'après cinq ans d'« approche », Catherine a eu sa première relation sexuelle. Un an plus tard, ils s'installaient dans un petit appartement qui appartenait à ses parents et proche du domicile de ces derniers. Très rapidement, elle fut déçue par le caractère égoïste et très jaloux de son compagnon, qu'elle n'avait pas perçu auparavant. Après un an de vie commune, ils se sont séparés. Il semble que ses parents, et en particulier son père, aient alors soutenu sa décision. Elle me dit combien elle s'est sentie soulagée par le jugement de son père qu'elle redoutait, et combien il l'avait aidée, y compris matériellement. Elle pensa qu'elle n'était pas près de retomber sur ce type de garçon. Je ne peux m'empêcher de faire le lien avec les traits de caractère de son père qu'elle m'avait décrits et ceux qu'elle avait découverts chez ce garçon : l'égoïsme et la jalousie excessive. Au moment opportun, je lui en ai fait part. Cela ne l'a pas étonnée. Elle a même ajouté : « Je ne sais pas si un jour je pourrai me passer de mon père. »

Sous un rempart de timidité, la menace de l'inceste

Hortense a toujours été une petite fille réservée dont la timidité s'est aggravée avec les années. Elle était apparemment restée trop proche de sa mère, une femme exigeante, mais, semble-t-il, malheureuse et insatisfaite de sa vie. Le père d'Hortense, ingénieur commercial, donnait au contraire l'apparence d'un homme actif, extraverti et toujours de bonne humeur. Il était facile d'attribuer la responsabilité de la timidité excessive d'Hortense à sa mère.

Mais la psychothérapie d'Hortense révéla la face cachée des enjeux auxquels cette jeune fille était confrontée. En plus de sa timidité, Hortense souffrait d'une jalousie excessive, dont elle avait conscience, à l'égard des autres filles de son âge. Avec les années, devenue jeune femme, cette jalousie ne s'était pas atténuée. Bien qu'entretenant un lien étroit avec sa meilleure amie, elle était très jalouse en particulier des relations sentimentales que cette dernière pouvait avoir. Dans son travail, elle était également extrêmement sensible aux compliments que pouvait faire son chef de service à la collègue nouvellement recrutée. Hortense, en raison de sa timidité, était consciente de ses difficultés relationnelles avec les hommes. Telle une héroïne de conte de fées, elle était à la recherche du prince charmant qui serait venu vers elle et l'aurait emportée sur son beau cheval blanc. Intelligente et sensible, elle avait tout à fait conscience d'être dans une attente imaginaire ; elle savait aussi qu'elle était trop discrète mais n'en désirait pas moins qu'un homme vienne vers elle. Sa souffrance intérieure, sa timidité extrême et sa jalousie maladive l'amenaient parfois à ne plus savoir qui elle était et à se sentir par moments totalement folle. Pour se libérer de ses démons et de cette passivité qu'elle considérait comme maladive, pendant plusieurs années elle a tenté une « autothérapie » en faisant du théâtre. Cette activité, bien qu'agréable, ne l'a pas libérée. C'est alors qu'elle a décidé d'entreprendre une psychanalyse. Évidemment, sa timidité s'est là encore manifestée, d'autant que j'étais un homme. Cependant, dans la mesure où l'essentiel de ses problèmes reposait sur ses rapports avec les hommes, la relation « plus neutre » qu'elle pouvait avoir avec moi, dans le contexte de la thérapie, laissait espérer qu'elle pourrait les exprimer.

Ce n'est que très progressivement qu'elle a reconstruit son histoire. Il est alors apparu peu à peu dans sa mémoire combien l'attitude et les propos de son père l'avaient marquée. Fille unique, elle pensait qu'elle avait été d'emblée adorée par son père. Mais, au fil du temps, cette adoration l'avait gênée. Elle se souvenait d'une phrase qui l'avait profondément choquée alors qu'elle n'était encore qu'une enfant. Après une des fréquentes disputes de ses parents à laquelle elle avait assisté, ce dernier lui avait dit avec un regard qui l'avait fortement gênée, une fois sa mère sortie de la maison : « Quand tu seras grande, tu pourras être ma femme. » Cette phrase n'avait peut-être pas été prononcée par son père dans un esprit malsain, mais Hortense ne l'avait pas inventée et surtout l'avait associée à un regard qui lui avait donné un tout autre sens. Elle y avait repensé souvent depuis et y pensait encore. Sa mère lui avait du reste dit que, pendant toute une période de son enfance, elle avait eu de gros problèmes de sommeil, liés selon sa mère à des cauchemars très fréquents. Hortense pensait maintenant que ses cauchemars et ses problèmes de sommeil étaient survenus à la suite de ce que lui avait dit son père. Elle s'était longtemps sentie très fortement tiraillée entre l'admiration et l'affection qu'elle avait pour lui et la gêne qu'elle ressentait à son égard.

À l'adolescence, Hortense a connu un autre épisode qui prenait rétrospectivement tout son sens. Bien que toujours très timide, elle était tombée amoureuse d'un garçon qui l'avait forcée à avoir une relation sexuelle. Depuis, elle ressentait un dégoût pour les hommes mais aussi un sentiment de honte d'elle-même lié la passivité qu'elle avait alors manifestée – passivité qu'elle expliquait à la fois par le désir et le plaisir qu'elle avait ressentis, et le sentiment qu'elle avait subi la violence de l'autre.

Grâce aux liens qu'il était facile d'établir entre les sentiments déclenchés par la phrase et le regard de son père, et ceux qu'elle avait ressentis lors de cet événement traumatisant subi à l'adolescence, elle put m'exprimer toute la colère qu'elle ressentait à l'égard des hommes. Elle comprit le sens de son extrême jalousie et ce que pouvait contenir sa timidité excessive : retenir ainsi tous les sentiments violents qu'elle ressentait envers les hommes. Très progressivement, elle s'autorisa à rencontrer un puis deux, puis trois garçons avec lesquels elle exerça volontairement et consciemment sa capacité à se sentir dominante et non plus dominée. Elle était consciente qu'elle utilisait alors ces garçons comme des sujets d'expérience et qu'elle se vengeait sans doute de ce qu'elle avait subi. Elle put parallèlement se détacher de ses parents et en particulier de son père, concrètement et affectivement. Elle n'osa jamais lui dire combien elle avait le sentiment qu'il avait entravé le développement de sa personnalité et en particulier de sa féminité. Mais elle sut lui dire sans culpabilité toutes les récriminations qu'elle avait sur le cœur à propos des violentes disputes auxquelles elle avait assisté durant son enfance, dont elle le rendait en grande part responsable. Il semble qu'il ait accepté ses reproches, sans lui donner le sentiment d'en faire peu de cas ou de les trouver injustes. Hortense s'est alors sentie gagnée par un sentiment de liberté et a pu rencontrer enfin un garçon qu'elle aime et qui l'aime.

De l'absence de père au rapport perturbé avec les hommes

Le monde du cinéma, mais aussi celui de la psychanalyse, est marqué par l'histoire de Marilyn Monroe, actrice mythique dont on connaît l'existence malheureuse, chaotique et la fin tragique[2]. Cette star aurait pu être considérée comme le prototype de la femme fatale, « personnage central de sombres récits dans lesquels l'homme succombe aux sortilèges d'une séductrice[3] », au même titre qu'Ève, Circée, Dalila ou Salomé. Les biographes de Marilyn, mais aussi son psychanalyste, s'accordent pour souligner combien elle éprouvait un profond sentiment d'abandon et de tristesse de ne pas avoir connu son père, elle qui avait chanté *My Heart Belongs to Daddy* (« Mon cœur appartient à papa »). Dans la biographie qu'il lui consacra, Donald Spoto écrit : « "Elle parlait plus de son père que de n'importe qui d'autre de son enfance", dira plus tard un de ses amis proches. "Elle se souvenait de sa mère, mais sans réelle émotion. Son père, en revanche, lui manquait terriblement[4]." » Dans le film *Les Désaxés* de John Huston, Marilyn Monroe a comme partenaire le célèbre Clark Gable, dont elle aurait parlé en ces termes : « J'aurais voulu qu'il soit mon père, qu'il me donne autant de fessées qu'il voulait, pourvu qu'il me serre contre lui et me dise que j'étais la petite fille de son papa chéri et qu'il m'aimait[5]. » Elle donna aux différentes époques de sa vie des versions fantaisistes et contradictoires sur le nom et la personnalité de son père, autant de tentatives visant à s'inventer une filiation. Susan Doll, qui lui consacra un livre, a écrit : « Juste avant sa mort en 1962, Marilyn remplit un formulaire officiel devant sa secrétaire, qui vit la star mélancolique griffonner amèrement “inconnu” sur la ligne marquée “père”[6]. » Les relations que Marilyn entretint dans sa vie avec les hommes viennent confirmer, si besoin était, combien la relation d'une fille à son père peut la rendre malheureuse en amour, surtout lorsqu'elle en recherche un substitut toute sa vie, ce que Michel Schneider transcrit dans la bouche de Marilyn : « Mon expression favorite quand je parle de mes expériences avec les hommes : ils sont rarement *là*. Eux », ou encore : « J'ai eu des professeurs... Des gens que je pouvais admirer, mais personne à qui je pouvais ressembler. Je me suis toujours sentie une non-personne et la seule manière d'être quelqu'un a été probablement d'être quelqu'un d'autre. C'est pour ça que j'ai voulu jouer et être actrice[7]. »

Si l'histoire de Marilyn comporte une dimension spectaculaire de vie exposée et de parcours extrême, celles, plus anonymes, des deux jeunes femmes dont je vais parler confirment bien l'idée d'un lien entre l'absence du père dans l'enfance et la difficulté d'une relation ultérieure avec un homme.

Une curiosité insatiable

Le père de Caroline est parti lorsqu'elle était âgée de 2 ans et demi. Elle me dit spontanément : « Deux ans et demi, ce n'est pas rien, après tout. » Elle vient me voir parce qu'elle est très jalouse envers son mari. Elle se sent constamment poussée à l'espionner, à l'interroger sur l'endroit où il a passé la journée, à regarder son téléphone portable, etc. Elle avoue même, avec honte, qu'elle lui fait régulièrement les poches. Elle n'a jamais trouvé aucun indice qui lui aurait permis de penser que son mari la trompait, qu'il lui cachait certaines choses, mais sa jalousie l'obsède. Elle se sent gagnée par le désir de lui faire payer quelque chose, mais ne sait pas quoi. Peu à peu, elle découvre que la dette qu'elle est en train de lui faire payer concerne probablement son père et le fait qu'il l'ait abandonnée. Mais, progressivement, elle fait une autre découverte. Elle est de plus en plus convaincue que ce qui la pousse à agir ainsi renvoie à un désir profond qui l'étonne elle-même : celui de découvrir les mystères de la virilité. Elle pense alors que rien n'apaisera son désir de savoir ce que son mari et, au-delà de lui, ce que les hommes ressentent, pensent ou expriment. Elle veut, dit-elle, percer le mystère qu'ils représentent pour elle. Elle comprend brusquement que ce désir a probablement à voir avec une phrase que sa mère lui a souvent répétée : « Les fils restent avec leur père et les filles avec leur mère. » Cette phrase, dit-elle, était sûrement motivée par le désir de sa mère de lui faire accepter le fait qu'elle l'élevait seule. Mais, pour Caroline, cela a pris un tout autre sens et a suscité en elle une formidable curiosité pour le monde masculin à laquelle l'absence du père a particulièrement contribué.

Le père de cœur

Judith consulte apparemment pour ses problèmes de poids qui la complexent. Il s'agit d'une très jeune adulte qui s'exprime bien, avec simplicité et une émotion adaptée. Depuis un an, elle est étudiante dans une école d'architecture, à Paris. Sa venue dans la capitale a été justifiée, dit-elle, par ses études qu'elle ne pouvait pas faire dans sa ville d'origine. Son problème de poids remonte au début de son adolescence et résulte de moments de boulimie qui ne se présentent pas comme un véritable trouble du comportement alimentaire, mais qui ont néanmoins résisté à tous les régimes qu'elle a pu entreprendre. Elle me dit d'emblée qu'elle pense que c'est « psychologique ». Je lui demande de m'expliquer les raisons pour lesquelles elle pense cela. Elle me dit alors que ses parents se sont séparés lorsqu'elle était enfant, qu'elle ne s'est jamais vraiment bien entendue avec sa mère, contrairement à son beau-père avec lequel elle a, dit-elle, de bonnes relations. Elle a un frère aîné qui a quitté assez tôt le domicile familial pour faire ses études à l'étranger. Je demande alors : « Et votre père ? » Elle me répond dans un premier temps qu'elle ne le connaît pas et qu'il ne s'est jamais manifesté. Alors que ce problème semble pour elle dépassé, je suis surpris de voir les larmes couler sur ses joues. Je lui demande ce qui lui arrive. Extrêmement émue, elle me dit alors qu'elle est venue à Paris pour tenter de retrouver son père. Elle espère en effet que ce dernier y vit toujours, car elle a découvert il y a plusieurs années déjà, dans un tiroir de sa mère, une lettre de son père dont l'enveloppe comportait le cachet d'un arrondissement parisien. Elle a secrètement entrepris une enquête digne d'un détective privé qui lui avait déjà permis de retrouver son adresse probable. Elle reste extrêmement émue tout au long de ce récit et finit par me dire : « Mon beau-père, c'est mon père, mais mon père, c'est "mon père de cœur". »

Judith retrouvera son père pendant sa thérapie. Elle sera déçue par cette rencontre. Son père ne correspondait pas à la représentation idéalisée qu'elle s'en était faite. Mais avoir renoué avec sa famille paternelle et en particulier avec son grand-père l'aura soulagée. Elle éprouvera des difficultés pour oser parler de sa démarche à sa mère et à son beau-père, qu'elle avait particulièrement peur de blesser. Son comportement boulimique et son poids s'amélioreront nettement. Surtout, elle rencontrera un garçon dont elle tombera amoureuse, ce qui n'était jamais arrivé auparavant. Elle me dira alors : « On ne peut pas aimer plusieurs hommes à la fois. »

Les conséquences d'un père jamais satisfait

Beaucoup de femmes recherchent dans leur vie un homme qui les aimera pour ce qu'elles sont, qui ne les rabaissera pas, qui ne leur fera pas, plus ou moins explicitement, continuellement la leçon, qui ne les méprisera pas et ne les fera pas passer en société pour des imbéciles. Nous retrouvons ici les principales qualités qu'une fille attend de son père. Elle peut ne pas les avoir trouvées chez lui et risque alors de rechercher l'homme idéal, celui qui, inconsciemment, dans leur cœur, ressemble au père qu'elles auraient désiré avoir. Chacun peut admettre que cet homme idéal est particulièrement rare, surtout lorsqu'il doit exister en tant que conjoint. La quête de cet homme relève donc plus d'un fantasme que d'une réalité. Pour être libre et heureuse, il faut accepter d'être imparfaite et que l'autre le soit.

Une fille qui n'a pas trouvé ces qualités chez son père peut les rechercher désespérément chez les hommes qu'elle rencontre. Un des paradoxes humains repose sur le fait que, tout en recherchant consciemment ses qualités chez un homme, un certain nombre de femmes tombent, sans le vouloir et sans s'en rendre compte, sur des hommes qui ont en fin de compte les mêmes défauts que leur père. Cette situation est à la source de bien des séparations et des divorces.

Épouser un homme qu'on materne

Les femmes aiment materner les hommes, paraît-il. On les a longtemps accusés de prendre du plaisir à trop materner leur mari. On a même été jusqu'à interpréter ce comportement comme le signe d'un lien inconscient avec leur père, soit par nostalgie de ne pas avoir pu jouer ce rôle avec lui, soit pour lui laisser toujours la place de l'homme fort qu'aucun autre ne pourra jamais remplacer. Le lien d'une fille à son père pourrait donc entraver sa vie de femme.

Si votre conjoint attend de vous que vous le materniez, que faire ? Soit il vous exploite et vous n'avez aucune raison de vous laisser faire, soit il est plus faible que vous ne l'êtes. Cette situation est plus fréquente qu'on ne le croit, d'autant que les hommes cachent ce problème derrière des attitudes de prestance agaçantes. Vous ne voulez pas d'un enfant comme conjoint, vous ne voulez pas non plus, comme cela a pu être dit, d'un père comme compagnon ou comme mari, mais vous voulez un homme et plus secrètement un homme qui prenne soin de vous. Souvent, les femmes que j'ai rencontrées qui maternaient ou dominaient trop leur conjoint et en étaient fatiguées, ou qui étaient très ambitieuses et trouvaient que leur compagnon l'était insuffisamment, avaient manqué d'affection de la part de leurs parents, et en particulier de leur père. C'était une manière inconsciente pour elles de compenser ou de s'autosuffire. Mais à quel prix !

Le choix d'un homme plus âgé

Nous avons vu que l'indifférence d'un père fera toujours souffrir une fille au point que parfois une relation même hostile semble à tout prendre préférable. Cette indifférence marquera plus ou moins fortement son histoire. Une de ces « marques » souvent observées est au fond facile à comprendre : il s'agit du désir de rencontrer un homme nettement plus âgé qui viendra combler ce manque d'amour paternel.

Un homme plus âgé se montre souvent séduisant, attentif et protecteur. Cette situation rappelle combien une fille a besoin d'être connue et reconnue par sa mère bien sûr, mais aussi par son père. Les jeunes femmes qui ont le désir de rencontrer un homme plus âgé qu'elles font d'ailleurs souvent d'elles-mêmes le lien avec le désintérêt que leur a manifesté leur père.

La relation au père n'est pas toujours en jeu

Évidemment, cette seule explication ne saurait rendre compte de certaines relations de couple bien caractéristiques. Une femme peut materner l'homme ou systématiquement tous les hommes de sa vie en raison, comme je l'ai évoqué plus haut, des liens particuliers qui l'unissent à son père. Elle en souffrira.

Il ne faut pas la confondre avec d'autres types de femmes dont le caractère compétitif et ambitieux les amène à prendre volontiers des positions dominantes, que ce soit dans le domaine privé, social ou professionnel. Ces femmes sont heureuses et certains couples s'accordent très bien de cette situation. Mais il existe aussi aujourd'hui des femmes ambitieuses, au sens positif du terme, qui se plaignent que leur mari manque, lui, d'ambition. Les liens qui unissent ces femmes à leur père ne sont pas ici en jeu. En effet, le problème chez elles n'est pas qu'elles sont restées trop attachées à leur père, mais qu'elles ne parviennent pas à trouver un équilibre dans leur couple. Elles sont souvent lasses de porter seules le poids de toutes les responsabilités, des plus importantes, comme l'éducation des enfants ou l'achat d'une maison, aux plus modestes mais indispensables, comme le loisir du week-end ou le choix de l'aspirateur. Pour le dire autrement, ces femmes-là vont bien, c'est leur compagnon ou leur mari, trop passif devant la vie, qui doit se remettre en question.

Chapitre V

UNE VIE POUR SE PARLER

La variété et la complexité des liens entre une fille et son père, ajoutées à la pudeur évidente que cette relation suscite, expliquent pour une grande part la difficulté que l'un et l'autre ont d'avoir une parole libre. S'il s'agit bien de dénoncer la culture du silence, il ne s'agit pas pour autant de basculer dans la tyrannie de la transparence, exposant l'intime et vantant exagérément les mérites de l'abolition du secret.

Chaque fille a ses secrets, chaque père a ses mystères

Commençons par la pudeur qui marque très profondément la relation père-fille. Ce sentiment entraîne toujours, chez tout être humain, une retenue de l'expression, qu'il s'agisse du langage verbal ou de l'expression corporelle. Toutefois, entre une fille et son père, la place privilégiée qu'il occupe par rapport aux autres sentiments, qui existent aussi, n'est pas sans raison. Elle renvoie à ce qui se joue en profondeur dans la relation père-fille, à savoir le besoin de trouver une distance suffisante qui amène à réfléchir à ce qu'on accepte de montrer et à ce qu'on ne désire pas montrer. Cela explique que chaque fille ait ses secrets, ce qui est tout à fait normal, et que chaque père ait ses mystères, ce qui l'est tout autant.

Dans cette relation, chacun doit accepter qu'il reste toujours une part d'ombre dans l'identité de l'autre. Il s'agit plus d'un filtre, d'une sorte de « nuit américaine » destinée à laisser voir, tout en préservant une distance suffisante. Un père et une fille représentent l'un pour l'autre une certaine énigme. Freud dit même à propos des théories sexuelles infantiles que le père incarne la question énigmatique par excellence[1]. Le concernant, est-ce l'énigme que représentaient les femmes qui l'a ainsi poussé à devenir le Sherlock Holmes de la psyché humaine, l'amenant à chercher sans répit ce qui lui paraissait inaccessible ?

Cela étant, le maintien d'une trop forte distance comporte un risque dont il faut être conscient : celui de transformer la relation à l'autre en une relation d'inconnu ou, pire, une relation à l'inconnu. Or cette transformation aura immanquablement un effet pervers : sous l'emprise d'une curiosité excitée par ce qui lui est inaccessible, l'être humain veut toujours en savoir plus. Cette réaction toute naturelle ne concerne pas la seule relation père-fille, mais elle a de fortes chances de pouvoir s'y manifester. L'esprit humain est ainsi fait que plus un accès nous est interdit, quel qu'il soit, et plus nous désirons entrer. Un père ne peut rester pour sa fille une totale énigme et inversement, ce qui ne veut pas dire que tous les secrets et tous les mystères doivent être systématiquement levés[2].

La possibilité de parler à son père

J'ai rencontré pendant plus de vingt ans un grand nombre de filles et de femmes pour qui la question essentielle de leur existence concernait les liens qu'elles avaient avec leur père. Ces filles et ces femmes aimaient profondément leur père, mais combien auraient souhaité qu'il se comporte différemment à leur égard ! Qu'il les comprenne mieux, qu'il sache plus communiquer avec elles. Cela étant, j'ai aussi rencontré des pères qui regrettaient de ne pas avoir su mieux dialoguer avec leur fille. Tout espoir de rencontre n'est donc pas perdu, moyennant certains éclaircissements favorisant une meilleure entente !

Chaque homme sait que les femmes aiment se retrouver entre elles pour se raconter leur vie, pour rire, se libérer, échanger. En l'absence d'hommes, elles ne ressentent pas le besoin de jouer un rôle, celui de femme, d'épouse, de maman ou de « petite fille », elles n'ont pas besoin d'utiliser des stratégies de séduction ou de défense. Les hommes paieraient parfois cher pour savoir ce qu'elles se disent dans ces moments-là. On peut les comprendre, car c'est souvent en parlant et en critiquant les hommes qu'elles construisent des liens étroits entre elles. Tandis que les garçons se mesurent entre eux, et ce depuis la cour d'école, les filles se rassemblent en petits groupes, fondés sur la coopération, l'entente, l'intimité et les secrets partagés. Mais de quoi peuvent-elles donc discuter pendant tout ce temps ? s'interrogent les hommes. De tout, répondraient-elles ; de leurs joies, de leurs délires, de leurs peines, de leurs peurs, de leurs désirs, de leurs histoires de famille, de leurs enfants, d'amour, de sexe... Et des hommes, bien évidemment ! Quand les femmes se retrouvent entre elles, tout devient plus facile à dire : elles ne craignent pas que leurs confidences fassent l'objet de moquerie, suscitent le dédain ou alimentent des règlements de comptes, même si tout ne se dit pas non plus et qu'une certaine méfiance peut parfois surgir. Ces temps d'échanges entre femmes ont toujours existé. Peut-être simplement aujourd'hui se font-ils plus ouvertement que par le passé, lors de déjeuners ou de dîners entre copines, sans gêne ni culpabilité. Un sondage révélait récemment que 62,7 % des femmes trouvaient les « soirées filles » sympas et regrettaient de ne pas en organiser plus souvent[3].

Ce besoin de complicité féminine se retrouve bien évidemment en famille. Il va de soi qu'une fille partagera plus facilement avec sa mère qu'avec son père ce qu'elle considère comme secret, féminin, intime, blessant ou tabou. Toutefois, même si ce n'est pas lui qu'elle choisit pour ses confidences, il est douloureux pour une enfant de vivre aux côtés d'un père qui ne parle pas, à qui on ne peut pas parler et qui reste inaccessible, fermé à la discussion. *Dans la mémoire de ces filles devenues femmes, le silence de leur père reste un silence assourdissant, et ce point est d'importance : une petite fille ou une adolescente a besoin de parler à son père, non pas pour lui livrer ses secrets, mais pour mieux le connaître.*

Répétons-le : il existe une fonction positive du secret et du mystère. Par rapport à son père, une fille a besoin de disposer d'un jardin secret, d'un espace où elle puisse ranger ses secrets intimes : c'est une condition essentielle de son épanouissement et de son indépendance. Ses secrets lui garantissent une autonomie psychique et affirment sa liberté personnelle. La seule exception qui vaille en ce domaine est celle dictée par le devoir de protection : un père est toujours en droit de savoir ce qui peut mettre son enfant en danger – personnellement, socialement et, évidemment, de manière vitale. Maintenant, de l'autre côté, du côté de la fille, le mystère que représente son père ne sera jamais totalement percé, et c'est cet aspect d'étrangeté d'ailleurs qui lui confère en partie la position d'autorité symbolique dont sa fille a besoin. Vu ainsi, on comprend mieux que la relation qu'une fille entretient avec son père puisse influer sur son rapport ultérieur au sexe masculin. L'histoire qui unit ces deux êtres très proches, mais dont l'identité doit, dans le même temps, être clairement différenciée, est, en effet, celle qui se répétera plus tard quand cette fille, devenue femme, rencontrera d'autres hommes.

Le désir de parler à son père

Je n'ai jamais rencontré, au cours de mes consultations, de jeunes filles ou de femmes qui n'aient eu, à un moment ou à un autre, le désir très fort de me parler de leur père. Ce faisant, elles me confiaient les sentiments qu'elles n'étaient pas parvenues à lui exprimer directement : leur affection, leur fierté, leurs colères, leurs déceptions, leurs reproches et, bien sûr, leur pudeur. Se remémorant des scènes de leur vie familiale, elles me livraient leur histoire, faute de pouvoir en parler librement avec lui. Je tiens à préciser que ces confidences sur leur père ne m'ont jamais été faites avec aisance, même à moi qui, en tant que thérapeute, suis, presque par définition, un interlocuteur neutre et bienveillant. Une incontestable retenue caractérise la manière dont les femmes, jeunes ou moins jeunes, parlent de leur père. Cette retenue est, tout naturellement, beaucoup plus importante lorsque les propos qu'elles tiennent les renvoient à une souffrance profonde, bien installée, ou les obligent à se souvenir de périodes de crise grave – préférence marquée pour un autre enfant, divorce de leurs parents, refus de leur père d'accepter leur choix amoureux... Concernant son père, le discours d'une femme est toujours chargé de passions et d'émotions ; il est rarement univoque et mêle l'amour et la critique, la tendresse et la frustration, la joie et la colère, l'indulgence et l'incompréhension. *La complexité, la subtilité et la variation dans le temps sont caractéristiques de la relation qui unit une fille à son père.*

On peut oser ici un parallèle. On a assez dit que l'expérience du plaisir féminin est une expérience intime, intérieure, qu'elle prend place dans un espace secret, insaisissable, qui la rend, pour un homme, difficile d'accès à la représentation et à la symbolisation. Les secrets d'une fille seraient-ils pour un père, par un processus de généralisation, ce qu'est souvent le mystère de la sexualité féminine pour un homme ? Je n'ai pas de réponse assurée, mais il est certain, en revanche, que les pères doivent avoir envers leur fille, comme les hommes envers les femmes, la même attention à ce qu'il y a derrière leurs non-dits, sans aller pour autant jusqu'à tout vouloir déchiffrer. De leur côté, les filles doivent trouver les mots, les représentations et les gestes pour exprimer ce qu'elles ressentent et qu'elles n'osent pas dire, afin que leur père ne projette pas sur elles des intentions, des sentiments ou des pensées qui sont imaginaires ou inexacts.

Une même émotion, deux langages

Si une fille n'a pas à tout connaître de son père, si un père n'a pas à tout connaître de sa fille, ils ne devraient tout de même pas être des étrangers l'un pour l'autre. Comment expliquer alors ce constat douloureux et très fréquent, celui d'une trop grande méconnaissance réciproque ? Pourquoi filles et pères veulent si souvent en savoir plus l'un sur l'autre, pourquoi regrettent-ils ne pas pouvoir établir un lien plus profond que celui qui existe entre eux ?

» *LA DISTANCE D'UN PÈRE*

Marine, 30 ans, présente son père comme un homme distant, exprimant peu ses émotions, mais incontestablement très attaché à ses deux filles. Il est d'un caractère plutôt introverti – « comme ma sœur », précise Marine. En revanche, elle communique bien avec sa mère, dont elle se sent très proche, bien plus proche que de sa sœur. Son ami actuel dont elle partage la vie depuis deux ans est aussi peu expansif que son père. Parfois, son côté introverti l'agace profondément ; elle ressent son silence comme une désapprobation, alors qu'elle sait qu'il n'en est probablement rien. Elle s'emploie à bien faire la différence entre les apparences et la réalité vraie, mais ce n'est pas toujours aisé, remarque-t-elle. Récemment, elle s'est plainte à sa mère du côté renfermé de son ami, lui disant : « Papa et lui, c'est du pareil au même ! » Sa mère lui a dit qu'elle comprenait et qu'elle avait, elle aussi, à une époque, éprouvé les mêmes difficultés, avant d'ajouter : « Tu sais, au fond, ton père est un grand affectif... » Elle a alors été chercher un paquet de lettres, entouré d'un ruban blanc, et en a saisi une, celle que le père de Marine lui a envoyée, au cours d'un de ses déplacements professionnels. « Je ne t'ai jamais montré ce courrier, et cette lettre en particulier. J'aurais peut-être dû, je venais juste d'apprendre que j'étais enceinte de toi... » Marine a pris la lettre avec gêne, mais l'a lue. Parmi d'autres paroles d'amour pour sa femme enceinte, son père, cet homme apparemment froid et distant, écrivait : « Tu sais que je ne suis pas particulièrement expansif, mais après que tu m'as annoncé cette nouvelle extraordinaire, j'ai pleuré de bonheur et il a fallu que je prenne un mouchoir pour m'essuyer les yeux devant mon patron qui était là et qui ne comprenait pas ce qui m'arrivait. » Marine est heureuse d'avoir pu lire ces lignes qui modifient en partie le regard qu'elle porte sur son père, mais, lucide, elle conclut : « J'aurais tout de même préféré qu'il soit un peu plus extraverti parfois. Pendant des années, j'ai eu le sentiment de grandir à côté d'un roc. Mon père témoignait d'une force inouïe, que j'admirais, mais qui me faisait culpabiliser quand je me laissais aller à mes émotions... Il faut dire que cela m'arrivait souvent, j'ai un vrai cœur d'artichaut... »

» *PLUS D'ÉCOUTE ET D'ÉMOTION*

En matière de psychologie, l'une des interrogations les plus fréquentes concerne la difficulté toute masculine à se mettre à l'écoute des émotions des autres. Les filles rencontrent ce problème avec leur père, et les femmes avec les hommes en général. Est-ce parce qu'ils ont trop peur de leurs propres émotions ? Est-ce parce qu'ils ont été élevés dans l'idée que, pour être un homme, il faut toujours être capable de contrôler ses sentiments et ne pas se laisser submerger par ce qu'on éprouve ? Toujours est-il que j'ai souvent entendu des femmes, même dans des situations de conflit violent, dire qu'elles avaient été bouleversées par une émotion qui, brutalement et de façon inattendue, avait surgi chez leur compagnon. Brusquement, une communication sensible et émotionnelle devenait possible à leurs yeux, et tout, de nouveau, leur semblait plus facile, même leur couple ! Il en va de même chez les filles. La sensibilité, le plus souvent cachée, de leur père, les émeut quand elle se donne à voir.

De leur côté, les hommes en général, et les pères en particulier, ont du mal avec la propension qu'ont les femmes en général, et leurs filles en particulier, à exprimer leurs émotions négatives, leur anxiété ou leur tristesse. La verbalisation qu'elles privilégient dans ce genre de situation leur paraît dénuée d'intérêt : mieux vaut, selon eux, chercher à trouver un moyen de se dégager de ces affects douloureux, même si ce moyen est objectivement peu approprié. Combien de femmes se sont plaintes devant moi de cette incompréhension, de cette difficulté de communication, typiquement masculine ! Les pères n'imaginent pas à quel point leur fille, quand elle est angoissée, se sentirait soutenue s'ils lui donnaient le sentiment de la comprendre ou de l'écouter, sans verser pour autant dans la rumination morbide. Ils soupçonnent rarement combien leur fille, lorsqu'elle est déprimée, aurait besoin de leur parler. Au lieu de quoi, le plus souvent, ils se mettent à lui reprocher tantôt sa capacité à dramatiser et son manque de sens des réalités, tantôt son laisser-aller ou son insatisfaction chronique. Leurs critiques ne font alors que renforcer le malaise, la culpabilité ou la honte qu'elle éprouve déjà. Heureusement, l'importance accordée aujourd'hui à l'égalité des sexes est en train de changer la manière dont les pères considèrent leur fille et les filles voient leur père. Le droit à la différence, y compris à la différence émotionnelle, fait son chemin.

Les non-dits

Entre une fille et son père, l'un des premiers non-dits, si ce n'est le premier, est l'attirance qui s'exerce entre eux. À l'adolescence, mais aussi après, les filles sentent, sans se l'expliquer, un malaise lié à un certain trouble. Il est vrai qu'aucun homme, même pas un père, n'est totalement insensible aux charmes de la féminité, même si la séduction humaine a de multiples facettes et ne se résume pas, loin s'en faut, à la séduction sexuelle. Sans doute l'une des plaintes les plus fréquentes des filles, celle de se sentir perpétuellement contrôlées par leur père, est-elle liée à cette ambiguïté relationnelle. Prenons l'histoire d'Agnès, 29 ans, qui quitte son mari pour un autre homme dont elle est tombée amoureuse. Elle s'inquiète de devoir en parler à ses deux parents, mais pour des raisons différentes. Elle craint l'angoisse de sa mère, son absence de compréhension, sa peur du lendemain, sa peur de l'insécurité. De son père, elle craint, avant tout, son jugement et sa déception, même si elle pense qu'il comprendra mieux sa décision. De plus, compte tenu des difficultés financières qu'elle risque de connaître, elle a besoin de l'assurance de son aide matérielle. Prenant son courage à deux mains, elle lui fait donc part de ce qui lui arrive et lui demande son soutien. La réaction de son père est conforme à ce qu'elle avait prévu, à une exception près : s'il l'assure qu'elle peut compter sur lui, il lui propose aussi de venir habiter dans leur immeuble, où il possède un autre petit appartement, inoccupé. La réaction d'Agnès pourrait surprendre, car elle décline l'offre de son père. Elle s'en explique ainsi : l'idée de se sentir, par cette proximité, de nouveau sous le contrôle de son père lui est insupportable ; elle en a beaucoup souffert par le passé.

Au-delà des cas particuliers et des relations personnelles de chacune, les filles ressentent souvent péniblement ce contrôle paternel. Pourquoi les pères ont-ils donc ce profond besoin de contrôler ce que leur fille ressent ? Les réponses sont probablement nombreuses et ne s'excluent d'ailleurs pas. Qu'on le veuille ou non, pour commencer, un père, nous dirions normal, se sent responsable de ce qui arrive de désagréable ou de dangereux à sa fille : il met alors en application le devoir de protection dont il se sent investi. Par ailleurs, l'autorité patriarcale reste forte dans notre culture, même si elle n'est plus officiellement reconnue. Enfin, d'autres raisons, moins manifestes, peuvent aussi être évoquées. Les pères seraient-ils inconsciemment habités par un doute existentiel, celui de ne jamais être sûrs de leur paternité ? Leur attitude envers leur fille ne traduirait-elle pas un manque de confiance dans le « féminin » – féminin que leur fille incarne tout particulièrement ? L'anthropologue Françoise Héritier a bien souligné que toute définition du « féminin » est formulée en termes négatifs – « la femme n'est pas... », « la femme n'a pas... », etc. : elle y voit moins un « handicap du côté féminin (fragilité, moindre taille, handicap des grossesses et de l'allaitement) » que l'expression d'une « volonté de contrôle » de la part de ceux qui ne disposent pas du pouvoir de procréation[4]. L'explication psychanalytique proposée par Jean Cournut va encore plus loin, puisqu'il affirme : « Le besoin pour les hommes de contrôler la fécondité des femmes n'est qu'un indice supplémentaire en rapport avec la peur profonde qu'ils ont des femmes, peur de ce qu'ils ne comprennent pas, de ce qu'ils ne parviennent pas à... concevoir du fonctionnement érotico-maternel[5]. »

Chacun est libre d'adhérer totalement à ces interprétations, ou de ne pas les reprendre. Pourtant, si on revient à l'histoire d'Agnès, la motivation inconsciente d'un père disant à sa fille : « Rapproche-toi de moi pour que je puisse contrôler ce que tu fais », est d'autant plus probante qu'Agnès quitte son mari pour un autre homme, dont elle est amoureuse, mais dont elle est aussi enceinte. Si le besoin que ressent ce père de contrôler sa fille repose évidemment sur le souci louable et conscient de la protéger, n'y aurait-il pas aussi, chez lui, une autre motivation, moins claire, celle de contrôler ce qu'il n'a pas : le pouvoir de procréer ?

La difficulté du dialogue

La difficulté du dialogue contemporain entre les pères et les filles est confirmée par toutes les études sur le sujet. Cette difficulté s'accroît même à mesure que la fille grandit. « Il ne me comprenait pas... », « Il n'avait jamais le temps », « Nous avions des centres d'intérêt bien trop différents... », « Il était jaloux de mes petits copains ! » : voilà des phrases que j'entends souvent lorsque des femmes évoquent leur adolescence. C'est, en effet, souvent à partir de cet âge que les filles prennent conscience, pour le critiquer, de ce manque de communication avec leur père. Serait-ce parce qu'elles sont devenues plus affirmées, parce qu'elles ont un regard plus lucide sur les relations humaines, ou bien est-ce parce qu'elles sont elles-mêmes gênées pour parler à leur père, qu'elles projettent leurs propres difficultés sur lui ? Quoi qu'il en soit, dans l'impossibilité de dialoguer, les adolescentes gardent leurs problèmes pour elles. Parfois, conscients que quelque chose ne va pas, leurs pères cherchent à les faire parler, en les interrogeant brutalement et maladroitement sur leurs sujets de préoccupation. Comme ils n'obtiennent pas de réponse, ils en concluent que leur fille s'oppose ou qu'elle leur est hostile, ce qui les agace : ils n'insistent pas. En réaction, l'adolescente se replie sur elle-même en se sentant encore plus incomprise : un cercle vicieux s'installe.

Pourtant, et je tiens ici à le dire haut et fort, il faut cesser de croire au dialogue impossible entre les filles et les pères, mais en reconnaître la difficulté pour mieux la surmonter. *Entre une fille et son père, le véritable obstacle au dialogue est que l'un projette sur l'autre ses propres sentiments ou pensées sans juger bon de vérifier leur authenticité.* Il n'est pas nécessaire de tout connaître de l'autre pour l'aimer, mais il n'est pas non plus possible de bloquer tout échange. Cela est vrai des filles avec leur père mais aussi des pères avec leur fille.

Pourquoi les pères ont peur de leur fille

Il y a la peur éprouvée par certains hommes dans certaines circonstances par rapport à telle ou telle femme, et il y a la peur foncière que ressentent tous les hommes par rapport aux femmes, à « la femme », c'est-à-dire cette part obscure de l'autre. C'est de cette peur du féminin que j'entends parler ici, en rappelant ce mot de Zarathoustra qui, rencontrant une vieille femme, lui dit : « Tout dans la femme est une énigme. »

» *LA PEUR DE LA PART FÉMININE*

De façon significative, la majorité des hommes, même aujourd'hui, n'aiment pas se sentir en position de mère ou de femme, c'est-à-dire, conformément aux stéréotypes qui circulent encore, en position passive et masochiste. Ce qu'ils recherchent spontanément, c'est une position masculine phallique, active et même un peu sadique. Les femmes le savent bien et, intelligemment, savent composer avec ce trait pour en tirer le meilleur bénéfice, mais, pour cela, il faut de l'expérience, et une enfant a une jeune fille ne l'acquièrent que progressivement.

Les raisons pour lesquelles les hommes refusent plus ou moins consciemment et, surtout, plus ou moins explicitement le féminin appartiennent à plusieurs registres. L'explication la plus souvent avancée est qu'ils rejettent la part de féminin qu'ils sentent en eux. Dans cette part féminine, il y a encore, pour beaucoup trop d'entre eux, l'idée de passivité et de masochisme, lesquels ne sont pourtant, d'aucune façon, des attributs de la femme. Plus sérieusement, pour définir des spécificités féminines, on s'oriente désormais davantage vers l'expression des émotions, la capacité de dialogue et d'écoute, et l'exercice de relations humaines plus tourné vers la concertation et la négociation que la hiérarchisation, la recherche de domination ou la rivalité patente. Autrement dit, les hommes qui expriment leurs émotions et qui composent avec les autres au lieu de leur imposer leur point de vue auraient peur de ne pas se sentir assez hommes et d'être aspirés par le monde féminin.

Autre motif fréquemment avancé pour rendre compte de la peur ressentie devant ce qui relève du féminin : le besoin chez les hommes, et notamment chez les pères, de contrôler leur peur de l'inceste ou, plus largement, de leur violence sexuelle. En 1912, dans ses *Contributions à la psychologie de la vie amoureuse*, Freud a avancé la conclusion selon laquelle, pour qu'un homme accède à une vie amoureuse heureuse et libre, il doit avoir « surmonté le respect pour la femme » et s'être « familiarisé avec la représentation de l'inceste avec la mère ou la sœur ». On retrouve ici une des thèses favorites du père de la psychanalyse, à savoir que, chez tous les êtres humains, la vie amoureuse « originaire » est entravée au bénéfice du développement de l'humanité et de la civilisation. Pour Freud, cette entrave ne doit pas être niée, mais reconnue et acceptée, afin d'être dépassée. Si l'on suit cette thèse, les pères devraient donc accepter d'avoir en eux, à moment ou à un autre, des fantasmes incestueux à l'égard de leur fille pour ne pas avoir, en tout premier lieu, à les agir, mais aussi à les refouler excessivement. S'ils les refoulent à l'excès, en effet, ils en paieront le prix fort : une peur démesurée de leur fantasme, associée à un besoin de contrôle envahissant.

» « JE NE VEUX PAS QUE MA FILLE SOIT UNE P... »

Anne, 14 ans, arrive accompagnée de son père. Elle traverse une crise aiguë faite de peurs, de refus d'aller à l'école et de colères inappropriées. Depuis quelque temps aussi, elle se montre impulsive et agressive avec ses deux jeunes frères. Ses parents ont tenté de comprendre, ils ont émis plusieurs hypothèses qu'elle a rejetées les unes après les autres. Un soir, son père rentre du bureau en se plaignant d'une collaboratrice et Anne se met à l'agresser violemment, elle l'accuse d'être comme les autres, de n'être qu'un « sale mec ». Ensuite, elle se met à pleurer, sans doute sous l'effet de la culpabilité. La libération de ce trop-plein d'émotion lui permet alors d'expliquer pour la première fois à ses parents les raisons de son mal de vivre. Elle leur raconte donc qu'elle est tombée follement amoureuse d'un garçon de deux ans plus âgé qu'elle et qu'il l'a maltraitée. Après lui avoir fait croire qu'il était également amoureux, il l'a brusquement laissée tomber pour une autre fille. C'est la première fois qu'elle tombait amoureuse ; d'ailleurs, elle l'est toujours. Elle sait bien que cette situation est loin d'être exceptionnelle, mais, pour elle, cette première déception sentimentale est un drame.

Contrairement à ce qui se produit souvent, l'explication avec ses parents ne soulage pas cette adolescente, et c'est dans ces circonstances que je la reçois avec son père. Anne m'explique assez facilement qu'elle ne parvient pas à oublier ce garçon, qu'elle y pense sans arrêt et qu'elle ne pourra pas supporter longtemps cette situation. Cette phrase me fait craindre un geste violent de sa part contre elle-même ou contre sa rivale, et je fais comprendre au père que je partage son angoisse. Or voilà que cet homme m'explique que là n'est pas du tout sa crainte et me dit en présence de sa fille : « Vous savez, si j'ai voulu que ma fille vous rencontre, c'est surtout parce que je ne veux pas qu'elle devienne une p... C'est de cela que j'ai peur, moi ! » Je suis extrêmement surpris, presque choqué, par ce commentaire totalement inapproprié. Alors que cette adolescente vit ses premiers émois amoureux et de façon particulièrement intense, son père vit cette explosion de sentiments comme une menace, ce qui en dit long, sans qu'il le sache, sur sa façon de concevoir les femmes, leur sexualité et sur le danger qu'elles représentent pour lui, y compris sa propre fille.

» *PAR ESSENCE, UNE FILLE EST DIFFÉRENTE DE SON PÈRE*

La peur est tout autant un facteur de valorisation de l'autre qu'un facteur de rejet, et les hommes pourraient bien, pour cette raison, avoir tendance à valoriser les femmes et à chercher, dans le même temps, à les dominer. Face à leur fille, les pères ont, aussi, un double mouvement. À leurs yeux, celle-ci représente ce qui est issu de leurs gènes, mais, et cela est visible, elle possède, sans aucun doute possible, également les gènes de sa mère : cet emprunt les ramène au féminin, et notamment à la différence des sexes.

Toute différence a une fonction : elle est utile, car elle permet la séparation, mais elle dérange aussi les certitudes, surtout lorsqu'elle est irréductible[6]. Le rapport à la différence, que toute rencontre avec l'Autre actualise, est révélateur de ce qu'est un être humain, pour le meilleur et pour le pire. Et la réaction suscitée risque d'être d'autant plus forte que cette différence est plurielle et concerne à la fois le sexe, l'âge, la génération et le statut. Pour un père, incontestablement, c'est sa fille qui cristallise cet ensemble de différences, même si elle est aussi un prolongement de lui-même.

En outre, on sait bien que, chez l'être humain, il y a toujours dans le présent une part du passé, quelque chose qui est de l'ordre de la répétition. Même si la vie est un livre dont on ignore pour une grande part les premiers chapitres, nous avons tous, en grandissant, le désir de retrouver le temps perdu, de goûter aux délicates retrouvailles avec l'enfant que l'on a été, que l'on aurait aimé être ou que l'on croit avoir été. Chacun de nous se fabrique ainsi ses souvenirs et ses nostalgies. Lorsqu'un père regarde son fils, par les mots qu'il a lui-même prononcés lorsqu'il était petit, par les goûts qui ont aussi été les siens à une époque, par les commentaires que font ses propres parents – « Comme il te ressemble ! On dirait toi, à son âge... », il replonge, par son imagination et sa mémoire, dans sa propre enfance. Une fille, en revanche, malgré toutes les ressemblances physiques ou les ressemblances de caractère, reste toujours pour son père ce qu'il n'a jamais été. Quand cette pensée domine son esprit, elle peut même justifier un jugement négatif du type : « De toute façon, je ne la comprendrai jamais ; c'est une fille ! »

Pourquoi les filles ont peur de leur père

De leur côté, les filles, dès la petite enfance, se confrontent au masculin incarné par les petits garçons, leurs frères éventuels et, évidemment, leur père. Elles doivent très tôt interagir avec ces êtres un peu étranges, qui veulent toujours en avoir plus et en faire plus, et apprennent rapidement à gérer cette rivalité, à la déjouer, la contourner en utilisant des stratégies qui désarçonnent les garçons ou les mettent à distance. Si elles perçoivent intuitivement que leur père appartient à ce monde du masculin auquel elles sont étrangères, elles sentent aussi que ce père est leur père, et ont besoin qu'il ne leur fasse pas peur par son côté trop viril.

» *MON PÈRE, CET ÉTRANGER*

Nous ne ferons que rappeler brièvement ici les deux raisons majeures de cette peur du père : nous en avons déjà parlé longuement dans ce livre. Il y a, d'une part, ce statut qui lui est donné par la société ou par sa compagne – un père se doit d'incarner une position symbolique d'autorité, il se doit d'être le garant des limites contre les excès... – et, bien sûr, le fait qu'il représente le masculin dans ce qu'il a d'étranger, de différent, parfois de pénible si on en croit les petites filles dès la cour d'école et, plus tard, les adolescentes et les femmes que peut franchement exaspérer le côté revendicatif et batailleur des hommes. Cela étant, l'important pour nous ici est de souligner combien *il est primordial qu'une fille puisse dépasser cette peur du masculin, pour éviter, plus tard, une inhibition excessive dans la vie ou, au contraire, un esprit de vengeance dirigé contre tous les hommes, qui mène à l'épuisement et à la frustration.*

» *APPRENONS À NOUS CONNAÎTRE*

Une fille a besoin de connaître son père ; elle n'a pas besoin de tout savoir, elle n'a pas besoin que toutes les zones d'ombre soient éclaircies, mais elle a incontestablement le désir très fort, à un moment ou un autre de sa vie, qu'il y ait un échange, une parole de reconnaissance. Reprenons l'histoire passionnante de l'actrice Jane Fonda et Henry Fonda. Le cinéma rattrape parfois la vie, comme par magie, et l'actrice s'est ainsi retrouvée un jour à tourner avec son père un film intitulé *La Maison du lac* qui retrace les difficultés entre un père, Norman, qui communique peu, et sa fille, Chelsea, qui en ressent de la colère.

Qui doit faire le premier pas dans une telle situation ? Dans le film, la mère de Chelsea fait comprendre à sa fille que c'est l'enfant qui doit, à partir d'un certain moment, aller vers le parent : « Il faut parfois regarder l'autre très attentivement, et se souvenir qu'il fait de son mieux. » Écoutons maintenant ce que Chelsea dit à son père Norman :

« Il faut que je te parle, papa.

— Ah bon, tu as un problème ? demande-t-il d'un ton condescendant.

— Je crois que... Nous pourrions peut-être essayer de nous conduire normalement l'un envers l'autre.

— Normalement ? C'est-à-dire ? répond Norman sèchement.

— Comme un père et sa fille. Tu sais bien.

— Tu as peur de ce que j'ai mis sur mon testament, hein ? Ne t'inquiète pas, je t'ai tout laissé, sauf ma carcasse.

— Je ne veux rien... C'est juste que... On dirait que nous sommes en colère l'un contre l'autre depuis toujours.

— Je n'ai jamais eu cette impression. Je pensais seulement que nous ne nous aimions pas beaucoup.

— Je veux être ton amie », dit-elle en posant la main sur le bras de Norman.

Jane Fonda raconte alors qu'à chaque fois qu'elle lisait le scénario, elle sentait en arrivant à ce passage les larmes inonder son visage : « J'allais, devant la caméra, dire à mon père des choses que je n'avais jamais pu lui dire dans la vraie vie. »

Combien de femmes, après avoir vécu des moments particulièrement difficiles dans la relation qu'elles avaient établie avec leur père, souhaitent lui parler librement, authentiquement – en un mot, faire la paix ! Pour trouver la voie de l'apaisement, il n'y a pas de formule unique ; cela dépendra du caractère, de l'histoire, de l'entourage soutenant ou non cette démarche, etc. Parler directement avec lui, s'il est accessible, lui écrire, car l'écriture à la fois met à distance, circonscrit les sentiments et autorise plus facilement l'authenticité de leur expression. Il est aussi possible de prendre un proche comme messager. Tous les moyens sont bons pour se rapprocher d'un père. *Une fille peut guérir de la relation à son père en ayant le courage d'aller vers lui, de lui donner sa propre lecture de son histoire, des attentes et des déceptions qu'elle a intériorisées sans pouvoir les exprimer. De son côté, le père doit être prêt à ce que ce pas soit fait vers lui.* S'il accepte, chacun, fille et père, seront soulagés d'un poids. Tous les malentendus ne seront pas automatiquement effacés, mais le chemin de la réconciliation sera ouvert.

Mieux se comprendre, mieux se connaître, mieux communiquer

Le chemin que je vous ai proposé de parcourir concernant les filles et leur père, a permis d'explorer, de la petite enfance à l'âge adulte, les liens qui rendent heureux à ceux qui rendent malheureux. Ce chemin a permis également de comprendre l'insatisfaction d'une communication insuffisante mais aussi les raisons des secrets mutuels. Ce parcours a évidemment pour objectif que les filles et les pères communiquent mieux entre eux. La seule façon de bien communiquer est de se faire confiance et d'accepter que l'autre ne pense pas forcément comme soi. Le psychologue Louis Parez supervise depuis plusieurs années des « ateliers père-fille ». Il s'appuie sur l'idée qu'être père aujourd'hui est avant tout une histoire de cœur. Les consultations que je fais depuis plus de trente ans, réunissant un père et sa fille, ne me confirment que partiellement ce point de vue. Pourquoi ?

Il est certes toujours intéressant et bénéfique pour une fille d'observer explicitement, même si elle le sait implicitement, que son père a comme sa mère de la tendresse et des émotions et qu'un autre registre que celui, classique, de l'autorité et de la loi existe chez lui. Mais il ne faut pas pour autant que le père soit trop fusionnel, qu'il joue le rôle de copain. Beaucoup de filles... et de mères, aujourd'hui, s'en plaignent, en particulier dans les situations de garde alternée. Les pères et les mères sont égaux, mais pas symétriques. Le père peut tout aussi bien exprimer sa tendresse et manifester ses émotions que la mère. Encore faut-il qu'il y ait une entente dans le couple et non une compétition pour gagner la tendresse de l'enfant. Cela est d'autant plus important qu'en pensant aux émotions et à la tendresse, on peut glisser vers la question de la sensualité et encore plus de la sexualité. Or chacun est prêt à répondre que la relation père-fille doit à ce niveau être dénuée d'une ambiguïté toujours possible. Le fantasme de l'inceste et la violence qu'il contient sont toujours un risque présent à l'esprit de chacun. La difficulté est que dans la vie, quand on pense ambiguïté, il n'y a pas que l'ambiguïté sensuelle ou sexuelle à laquelle on pense tout naturellement. On pense moins spontanément à l'ambiguïté des sentiments que comporte toute relation humaine. Ceci est particulièrement vrai dans le domaine des sentiments qui habitent toute relation père fille : ambiguïté des émotions, de l'intérêt personnel, de la place respective de chacun, de la rivalité, de la complicité, de la place accordée aux tiers (ici de la place accordée à la mère). À la célèbre phrase du cardinal de Retz : « On ne sort de l'ambiguïté qu'à son détriment », je substituerais, en ce qui concerne les relations père-fille : « On dénie une ambiguïté toujours possible qu'au détriment de l'authenticité de la communication. » Pour un père, savoir que la relation à sa fille est pour elle plus complexe qu'il ne le croit et pour une fille, savoir l'inverse, facilite paradoxalement la communication. Il s'agit donc, pour l'un comme pour l'autre, de développer une compréhension et une connaissance mutuelles associant les sentiments à la connaissance de leurs enjeux.

Comprendre sa fille

Il n'est pas toujours facile pour un père de bien comprendre sa fille, celle-ci doit le savoir. Toutefois, certaines maladresses et certaines erreurs sont si souvent dénoncées qu'il doit être possible de les anticiper !

» *NE PAS PENSER À SA PLACE*

Une fille n'attend pas de son père qu'il pense à sa place, mais qu'il se soucie d'elle, qu'il la comprenne et, pour cela, qu'il prenne le temps de l'écouter à tous les âges de sa vie. Petite, elle a besoin qu'il s'intéresse à ses jeux, qu'il connaisse le nom de sa maîtresse, qu'il sache quel âge elle a exactement, qu'il accepte sa timidité ou ses colères sans la laisser être débordée par ses émotions. Jeune adolescente, elle a besoin qu'il admette qu'elle a une meilleure amie, à qui elle confie tout, que c'est un « truc de fille », mais un truc normal, et qu'il est primordial qu'elle puisse lui téléphoner au moins une heure par jour. Un peu plus tard encore, devenue une adolescente confirmée, elle attend de son père qu'il comprenne qu'elle aime plaire et qu'elle vit, comme ses amies, sous la dictature de certains canons de la beauté, ce qui explique ses plaintes obsessionnelles concernant son « problème de poids » ou le temps passé dans la salle de bains ! Jeune femme, elle attend qu'il lui fasse confiance sur ses choix amoureux ou qu'il lui dise ce qu'il en pense sans la juger. Plus tard encore, une fille attend de son père qu'il ne lui fasse pas la leçon sur la manière dont elle éduque ses enfants, mais qu'il l'épaule en écoutant attentivement ses préoccupations de mère.

» *LUI PRODIGUER LA MÊME ATTENTION QU'À UN FILS*

Les filles aiment être traitées comme des filles, je l'ai dit à plusieurs reprises dans ce livre, mais elles veulent aussi, pour ce qui est de la conduite de leur vie, pouvoir bénéficier du même soutien et des mêmes encouragements paternels que les fils. Désormais, elles nourrissent les mêmes souhaits de réussite scolaire ou professionnelle que les garçons : si, à la maison et sur un plan affectif, elles tiennent à leurs différences, en revanche, en classe, dans leurs études ou dans la vie professionnelle, elles revendiquent à juste titre l'égalité. Un père doit entendre ce désir légitime s'il veut pouvoir donner à sa fille ce qu'elle attend ici de lui. Le travail de changement de représentation que certains hommes ont à opérer de ce point de vue reste encore considérable. Trop souvent encore, des pères ne croient pas aux compétences de leur fille, parce qu'elle est une fille. Pourtant, nous évoluons dans une société de services qui privilégie des valeurs féminines comme le langage, la conciliation, le partenariat ou la sensibilité. Cela est vrai dans le domaine de la culture et de l'éducation, mais vaut aussi même dans le champ économique. *Un père doit avoir le même désir de réussite sociale pour sa fille que pour son fils.*

» *COMPRENDRE SON COMPORTEMENT QUOTIDIEN*

Une fille a des goûts, des intérêts et une manière de les exprimer qui témoignent de sa féminité et qui la rapprochent davantage de sa mère. Ces spécificités féminines ne sont pas sans séduire un père, mais peuvent aussi l'agacer. Une petite fille peut avoir envie de montrer à son père les nouvelles chaussures que sa maman lui a achetées, et venir le déranger alors qu'il lit le journal. Plus tard, elle peut avoir envie de regarder une série à l'eau de rose, alors qu'il y a un match de foot à la télévision. Une adolescente me racontait un jour qu'elle ne comprenait absolument pas que son père s'énerve de la voir appeler tous les jours sa mère au bureau pour le simple plaisir de bavarder ; il ne comprenait pas non plus que, le soir venu, elles passent des heures sur les sites Internet de vente par correspondance pour dénicher des bonnes affaires, c'est-à-dire une « quinzième » paire de chaussures ou le dernier petit haut « top tendance ».

« En revanche, concluait cette jeune fille avec un brin d'amertume, il ne trouve absolument rien à redire lorsque c'est moi qui mets le couvert, qui débarrasse la table, qui aide maman à ranger la vaisselle. Et lorsque je lui fais remarquer qu'il pourrait nous aider, il ne répond pas. »

Ce témoignage contient les deux griefs principaux des filles à l'égard de leur père dans la vie quotidienne : l'absence de respect pour certaines de leurs préoccupations jugées peu « sérieuses » – les habits, le look, les *people*, ou les états d'âme des copines, par exemple –, et le peu de participation aux tâches domestiques – il faut bien dire que si les hommes, en trente ans, ont accompli des progrès importants, il reste beaucoup à faire en ce domaine. Une fille qui a des frères sera particulièrement sensible au fait que les règles collectives s'appliquent à tous les enfants et que son père ne témoigne pas de plus d'indulgence pour son fils qui laisse traîner ses affaires dans la salle de bains ou qui oublie de ranger sa chambre. À ses yeux, la bonne conduite, la politesse et le sens des responsabilités sont d'autres qualités qui concernent tous les enfants, et pas seulement les filles.

» *COMPRENDRE SES ÉMOTIONS*

L'autre grande critique des filles concerne le domaine émotionnel et affectif. Beaucoup d'entre elles se plaignent de ne pas pouvoir aborder avec leur père des problèmes personnels mettant en jeu des sentiments. Pourtant, le rôle majeur des émotions a été reconnu scientifiquement, non seulement dans la créativité, mais aussi dans l'anticipation et l'intelligence. La majorité des pères d'aujourd'hui ne sont heureusement pas aussi introvertis que leurs propres pères, mais l'idée selon laquelle l'expression de ses émotions est un signe de faiblesse continue de dicter le comportement de certains hommes qui, du coup, se trouvent désemparés ou mal à l'aise devant les manifestations émotionnelles de leur fille : généralement, ils laissent à la mère le soin de faire face. Christelle, 14 ans, peut en témoigner : « Mon père ne supporte pas quand je pleure ; il s'en va, il quitte la pièce sans dire un mot ! On dirait qu'il n'accepte pas que je puisse aussi m'exprimer de cette manière. Or, moi, pleurer me fait du bien ; j'en ai besoin, comme j'ai besoin de rire avec mes copines ! »

Filles et pères ne parlent pas exactement la même langue, car, au-delà de la différence d'âge, il y a la différence de culture affective qui les sépare. Cette différence est, pour l'essentiel, une différence d'expression. Il serait ridicule de penser que les pères et leurs filles ne peuvent pas partager les mêmes émotions : la joie, la colère, l'angoisse ou la tristesse ne sont pas le privilège d'un sexe. En revanche, pères et filles doivent savoir que les deux sexes n'expriment pas leurs émotions et, en particulier, leurs émotions douloureuses, de la même façon. Au moment d'un divorce, par exemple, une fille exprimera sa crainte d'être abandonnée par de la tristesse ou par des pleurs, qui embarrasseront d'ailleurs d'autant son père qu'il se sent généralement coupable. Un garçon, lui, exprimera cette crainte différemment, en devenant agressif à l'école ou en se renfermant sur lui-même. La tristesse est une autre émotion plus facile à exprimer pour une fille que pour un garçon. Un père qui voit pleurer sa fille sera touché par ses larmes et se sentira coupable : n'empêche que son premier mouvement aura été d'afficher une indifférence apparente ou de tenir des propos sévères. S'identifier au sentiment de l'autre, même si celui-ci l'exprime autrement, permet de sortir de bien des impasses. Comprendre comment chaque être humain communique ce qu'il ressent et connaître les différences inhérentes à chaque sexe est essentiel pour mieux vivre ensemble. Aujourd'hui encore, un père peut mal comprendre ce que ressent sa fille : les émotions qu'ils éprouvent les rapprochent, mais l'expérience intime qu'ils en ont et surtout les modalités d'expression qu'ils adoptent les éloignent. Pourtant, un père est en mesure de se mettre à la place de sa fille et de percevoir ses émotions et ses réactions : s'il fait l'effort de décoder, il sera capable d'identification et d'empathie. C'est ce que sa fille attend de lui.

» *LUI FAIRE CONFIANCE*

Une fille a besoin que son père lui fasse confiance, tout comme un père a besoin que sa fille lui fasse confiance. Non seulement la confiance humaine se transmet, mais c'est un système qui fonctionne en miroir. Plus encore que les responsabilités qu'il lui laisse dans la gestion de sa vie et ses activités quotidiennes, il est important qu'un père échange avec sa fille sur des « sujets sérieux », qui lui tiennent à cœur, comme les sentiments qu'il ressent ou les valeurs qu'il défend.

Lorsque sa fille est encore enfant, la scolarité représente un excellent domaine d'application. Une attention, voire une surveillance extrême de son travail et de ses notes, sera contre-productive tant sur le plan scolaire que pour l'acquisition de l'estime de soi. On oublie trop souvent que la réussite se bâtit sur la confiance en soi. Moins on fait confiance à un enfant, plus il manque de confiance en lui, il finit même par manquer de confiance tout court – notamment à l'égard des autres et de ses parents. Ce que j'ai écrit à propos des relations mère-fils est tout aussi vrai pour les relations père-fille. Je reçois des parents – de plus en plus souvent des pères – dont la fille a vu ses résultats scolaires fléchir fortement au cours de l'année. L'inquiétude des parents, celle qui les amène à consulter, a en général préalablement retenti sur l'atmosphère familiale. Contrairement au garçon, la fille n'est pas forcément hostile à cette rencontre avec un « psy ». Comme le garçon, elle dira : « S'il n'y avait pas l'école, tout irait bien. » Souvent les parents sont d'accord avec cette analyse. Dans ce genre de situations, la recherche de solution se fait en tête à tête avec la jeune fille qui affirme d'elle-même vouloir se remettre au travail. En accord avec ses parents, un contrat est passé avec elle : « Je te fais confiance, tu te remets à travailler, mais je te demande d'accepter de toi-même de revenir me voir à la fin du trimestre prochain, pour voir si tu as tenu parole. Si oui, tu n'auras plus besoin de revenir me voir ; sinon, c'est bien que tu as un problème qui te bloque, et tes parents ont raison de souhaiter que je te voie. » Je n'ai jamais eu de refus dans ce genre de cas.

Quel enseignement en tirer ? On a le droit de vouloir la confiance de sa fille, mais, quand la situation le réclame, on l'obtiendra d'autant plus facilement qu'on lui fait confiance dans le cadre d'un contrat bien établi. Si cette démarche ne fonctionne pas, cela signifie que la confiance s'est fortement détériorée ou que le problème se situe à un autre niveau. Cette démarche et ce résultat montrent bien ce qu'un enfant, ici une fille, attend de ses parents et de son père en particulier. Un père est du reste, dans ces situations, plus enclin à faire confiance à sa fille qu'à son fils. Ce qui est vrai de la scolarité d'un enfant l'est dans d'autres domaines et le reste plus tard dans la vie. *Dans un moment difficile de son existence, une fille recherchera toujours la confiance de son père, y compris à un âge avancé. Il est utile que les pères le sachent.*

» *COMPRENDRE QUAND ELLE SOUFFRE*

Une fille attend de son père, comme de sa mère d'ailleurs, qu'il comprenne qu'elle peut réellement souffrir. Chez elle, cette souffrance s'exprimera plus volontiers par des maux de tête, des maux de ventre, des plaintes somatiques diverses, des comportements alimentaires excessifs – boulimie ou anorexie – ou encore par l'expression manifeste d'angoisse ou de tristesse. Néanmoins, elle fera part plus volontiers de sa tristesse ou de ce qui l'angoisse à sa mère, car elle sait, intuitivement et d'expérience, que son père accueillera moins bien la verbalisation de ses soucis, qu'il en a même peur, sans doute, paradoxalement, parce qu'il en est très touché.

Une fille, comme un garçon, peut aussi exprimer sa souffrance ou son malaise par des conduites dites externalisées : agressivité verbale et physique, colères et oppositions constantes, auxquelles s'ajoutent à l'adolescence des conduites à risque comme la consommation de drogue. Il existe des filles « casse-cou » – on dit, du reste, volontiers d'elles que ce sont des garçons manqués –, tout comme il existe, à l'inverse, des garçons prudents. Néanmoins, et aujourd'hui encore, ces conduites externalisées sont plus souvent le fait des garçons que des filles. Ce qui ne veut pas dire que les filles souffrent moins. Plus encore, l'incidence évolue avec l'âge de façon différente, si bien que l'écart entre les sexes tend souvent à s'accroître au cours de l'adolescence.

Qu'est-ce qui permet à une adolescente de se sentir moins attirée par les comportements à risque – à l'exception du risque suicidaire qui n'est pas des moindres ? Plusieurs explications permettent de comprendre leur propension moins grande à se mettre en danger. Incontestablement les filles sont moins impulsives, plus réfléchies et savent mieux prendre leur temps quand elles ont à agir. Elles se jettent moins que les garçons, tête baissée, dans ce qui les attire. Sans doute sont-elles aussi plus aptes à accepter un accompagnement des adultes, et en particulier des parents : leurs capacités précoces à mieux exprimer et partager leurs sentiments et leurs émotions les y aident.

Les filles semblent aussi rechercher des sensations différentes que les garçons. Un exemple frappant concerne la manière dont elles gèrent l'ennui. Lorsqu'elles s'ennuient, elles vont chercher un contact pour parler, téléphonant à leur meilleure amie, ou se plonger dans la lecture, alors qu'un garçon voudra agir. La relation à l'intériorité n'est pas la même selon le sexe, comme en attestent les comportements alimentaires à problèmes, beaucoup plus fréquents chez les filles que chez les garçons, qui suscitent des sensations à l'intérieur du corps plutôt qu'à l'extérieur et sont souvent, d'ailleurs, provoqués par l'ennui. Les filles semblent savoir mieux prendre en compte les dangers de la situation et les risques encourus. Dès leur enfance, elles montrent une plus grande capacité que les garçons à prendre en compte tous les éléments présents dans une situation donnée. Elles seraient donc mieux préparées à évaluer les dangers d'un comportement, ce qui permettrait d'expliquer leur plus grande « intuition ». On comprend mieux alors que la souffrance des filles, en particulier à l'adolescence, s'exprime beaucoup plus par l'expression de sentiments d'angoisse, de peur ou de tristesse que par des comportements à risque plus ou moins violents, même si les différences intrasexes, et pas seulement intersexes, sont toujours à prendre en compte.

» *COMPRENDRE SES DÉSIRS*

Une fille souhaite que son père comprenne ce qu'elle désire sans avoir besoin de le lui exprimer clairement et directement : elle compte sur son intuition. J'ai présenté dans les précédents chapitres ce que les filles, aux différents âges de leur vie, désirent et, au contraire, ce dont elles ne veulent pas. Une fille ne cherche pas, comme un garçon, à avoir systématiquement le dernier mot et à être la plus forte. Elle vit les conflits de façon bien différente : alors que, pour lui, le désir de dominer l'autre est souvent sous-jacent, elle voit, elle, l'aspect constructif de l'antagonisme. Toutefois, ce qui la mettra en colère, ce n'est pas la compétition, la rivalité ou le désir de vouloir gagner à tout prix ; ce sera d'être mise au second plan, de n'être pas écoutée ou de sentir le mépris que les hommes, parfois leur père, ont pour les femmes. Évidemment, comme un garçon, elle sera blessée que son père ne lui accorde pas sa confiance ou qu'il la juge incompétente. À cela, elle ne réagira pas forcément brutalement, mais elle en sera profondément affectée : sa confiance en lui en sera ébranlée. Combien de filles se souviennent encore, des années plus tard, d'une phrase, d'un geste, d'une mise à l'écart de leur père qui les a profondément encouragées ou, au contraire, blessées !

Il est évidemment plus important de croire en soi et d'accepter ce qu'on est que de toujours désirer se l'entendre dire de l'autre. Contrairement aux garçons qui ont souvent besoin d'être rassurés de manière régulière et explicite sur leur valeur, les filles ont surtout besoin qu'on ne leur donne pas d'indices les amenant à penser qu'elles ne valent rien. C'est cette réassurance qu'elles cherchent chez leur père en premier lieu, bien plus que des « rappels » constants de leur valeur, qui risqueraient de les laisser penser qu'il veut les séduire. *Une fille attend toujours que son père lui manifeste un soutien tendre et pudique.*

Les premiers émois amoureux ramènent à ce qui, toute la vie durant, différencie une femme d'un homme. En ce domaine, une fille attend de son père qu'il comprenne, là aussi avec pudeur, ses sentiments intimes et qu'il respecte sa discrétion et ses secrets. Chaque père sait que sa fille est habitée par des émois sentimentaux et tout naturellement, même si elle ne les montre pas, par des désirs sexuels, mais il est impératif qu'il évite toute allusion grivoise à ce propos ou qu'il cherche à exercer une surveillance constante. À l'adolescence, le premier rapport sexuel n'est pas quelque chose dont les filles parlent volontiers, pas même avec leur mère – seulement 26 % d'entre elles le font. Les filles désirent avant tout, à cette période de l'existence, mais également plus tard, que leurs pères ne veuillent pas savoir tout ce qu'elles font.

Plutôt que d'exercer un contrôle excessif sur les agissements de son enfant, un père doit savoir que les sentiments qui poussent à l'acte sexuel, plus que les actes pratiqués, distinguent les filles et les garçons. Majoritairement, les filles font l'amour par amour (60 %). Près de la moitié des garçons – et les pères peuvent d'ailleurs témoigner en s'appuyant sur leur propre expérience – le font par attirance ou par désir physique : l'amour ne concerne que 38 % d'entre eux. On comprend que les hommes craignent souvent pour leurs filles qu'elles rencontrent des garçons qui ne les respectent pas : ils ont parfois été de tels garçons par le passé. Néanmoins, il faut signaler l'importance et la place privilégiée que les « sentiments » occupent constamment dans les enquêtes sur la vie sentimentale des adolescents, y compris des garçons[7]. À l'adolescence, une fille sera surtout rassurée par l'établissement d'une relation amoureuse qui lui permet de découvrir l'autre, de partager des intérêts nouveaux et d'entamer une sexualité satisfaisante. À travers cette relation amoureuse, tout un travail psychique de déplacement, de substitution, de détachement s'opère – en particulier, par rapport au père. Quand les joies retirées compensent largement, et même au-delà, la perte de l'enfance ou les craintes qu'elle nourrissait initialement, une adolescente peut « se laisser aller » dans cette relation amoureuse dont l'acte sexuel sera l'heureux accomplissement.

Devenue femme, une fille continuera de souhaiter le même respect de son père concernant sa vie amoureuse et intime. Elle s'épanouira grâce à l'homme qu'elle choisira, dont elle sera amoureuse, qui la rassurera et qui l'aimera. Cette relation pourra même la dégager de conflits qu'elle avait, de façon plus ou moins explicite, avec son père, ou sa mère. Aux parents d'accepter, même s'ils se sentent exclus, l'autonomie qui rend leur fille heureuse.

Un père doit savoir qu'inévitablement arrive un moment où son enfant est en état de juger, d'avoir son point de vue, de porter des critiques et des jugements. Ce n'est pas toujours agréable à entendre, mais c'est ainsi : en grandissant, une fille porte aussi un regard critique sur son père. En la matière, filles et garçons se comportent différemment. Les premières manifestent plus souvent leur opinion avec prudence, avançant progressivement quelques critiques. Les seconds choisissent la contestation ou la provocation par le biais de jugements parfois excessifs ou inappropriés. Mais, quel que soit le chemin emprunté, tous les enfants ont besoin, pour conquérir leur indépendance, de se déprendre du modèle, inégalable et longtemps admiré, qu'ont constitué leurs parents. Ce mouvement psychique, qui émerge à l'adolescence, réapparaît ensuite, à l'occasion de différents événements, en particulier lorsque la question des choix de vie, qu'ils soient amicaux, professionnels ou sentimentaux, se pose.

Coralie, jeune fille de 16 ans, vient me voir sur le conseil du médecin scolaire de son lycée. Elle est en première. Depuis plusieurs semaines, elle est stressée, angoissée ; elle dort de plus en plus mal et n'arrive plus à se concentrer en cours. Elle relie ce malaise à un événement précis et important pour elle. Quelques semaines plus tôt, elle a rencontré un étudiant, plus âgé qu'elle, qui donne des cours particuliers de mathématiques à son jeune frère. Elle est tout de suite tombée amoureuse et ne cesse de penser à lui. Néanmoins, en sa présence, elle se sent complètement paralysée. Le garçon s'est aperçu de son trouble, il lui a demandé ce qui se passait, si elle avait des soucis : elle n'a pas pu répondre. Coralie a imaginé toutes sortes de scénarios et de stratégies pour lui faire part de ses sentiments, mais elle n'a rien osé faire. Peu à peu, elle a commencé à se dire qu'il était impossible que son amour soit réciproque. Elle a traversé des moments de désespoir terrible, mais n'en a parlé à personne chez elle. Elle ne voulait pas que son frère se rende compte de quelque chose, pour ne pas qu'il se moque et la taquine bêtement comme il le fait souvent. Elle a failli en parler à sa mère, mais elle ne s'est pas estimée assez proche pour lui livrer des préoccupations à ce point intimes. Dans sa famille, c'est son père qui a toujours été son grand confident ; c'est vrai depuis qu'elle est enfant. « C'était vrai, rectifie Coralie avec un soupir. » Depuis qu'elle est tombée amoureuse, en effet, elle n'arrive plus à lui parler comme avant. Et elle en souffre d'ailleurs. Elle a l'impression qu'elle ne peut plus voir ses parents comme avant. « C'est comme si brusquement, dit-elle, ils étaient devenus des gens ordinaires. Des êtres humains normaux qui ne donnent pas toujours de bons conseils, qui ne savent pas toujours trouver les mots justes, qui peuvent se tromper dans leur jugement sur les autres... Même mon père a cessé d'être mon héros préféré, c'est dire... »

Comme beaucoup de jeunes filles, Coralie avait mis son père sur un piédestal ; elle était en train de l'en faire descendre, et ce mouvement chez elle la surprend. Elle préférerait, comme elle l'avoue elle-même, que tout redevienne comme avant, mais elle comprend aussi qu'elle ne peut pas toute sa vie idéaliser ses parents, et en particulier son père. Alors qu'elle a longtemps désiré lui ressembler et même envisagé de faire le même métier, celui d'avocat, elle commence sérieusement à s'interroger. Confrontée à une idéalisation amoureuse, cette jeune fille connaît dans le même temps une déception filiale, et ce n'est pas une simple coïncidence. Sa déconvenue en tant que fille est liée à un déplacement des sentiments affectifs : l'idéalisation du père est projetée sur une autre personne. Ce processus est courant, lorsque différentes personnes sont promues, tour à tour, au rang d'idole ou de modèle : sur le plan des sentiments profonds, on ne peut avoir qu'un héros à la fois. Après le temps du père aimé et idéalisé vient donc tout naturellement celui de l'« amoureux » : Coralie, en éprouvant de l'amour pour un autre homme, met à distance le modèle paternel et déplace ainsi une image protectrice ou valorisée et aimée à laquelle elle peut s'identifier.

Les pères n'acceptent pas facilement d'être dépossédés de l'image de modèle masculin qu'ils incarnaient jusqu'alors et qui se trouve remise en question dans de pareils moments. Il leur faut pourtant l'accepter s'ils veulent maintenir le contact avec leur fille, en représentant un type d'appui différent. Une adolescente qui grandit et qui, de surcroît, tombe amoureuse, se sent profondément changée : elle cesse de voir dans son père le recours qu'elle a imaginé pendant toute son enfance, elle s'affranchit en partie de son regard et de sa tutelle. La passion soudaine pour un garçon, c'est-à-dire fondamentalement un autre homme, sert souvent de détonateur dans ce genre de crise d'émancipation.

À ce point de sa vie, privée de ses repères habituels, une jeune fille n'est cependant encore pas très assurée dans sa nouvelle façon d'être. Ses jugements manquent de justesse, ses attitudes ou ses propos manquent de mesure – surtout vis-à-vis de ses anciens modèles, aujourd'hui rejetés : ses parents ; surtout vis-à-vis de son idole d'hier : son père. Très longtemps cantonnée dans le rôle de « petite fille à papa », elle a désormais envie d'exprimer ce qu'elle pense, sans trop savoir si elle le pense vraiment. Un père doit percevoir ce désir d'émancipation dans les provocations et les « coups de gueule » de sa fille, même s'ils ne sont pas toujours faciles « à encaisser ». Il doit, même s'il lui en coûte parfois, se dire que cette prise de distance est nécessaire et positive, car elle permet à sa fille de devenir une adulte. La sérénité et l'intelligence émotionnelle dont il fera preuve dans ces moments de tension sont primordiales pour que sa fille puisse conserver de lui une image idéalisée et se dire secrètement : « Au fond, mon père me comprend. »

» SAVOIR L'ÉCOUTER

Lorsqu'elle était petite, il ne savait souvent pas comment bien faire pour consoler sa fille, même s'il le souhaitait fortement, et déléguait cette tâche à sa femme. Et voilà qu'elle est devenue grande, qu'elle manifeste son autonomie et qu'elle lui reproche encore, mais directement cette fois, de ne pas être là, ou pas à la hauteur de ce qui lui arrive. Pour un père, ce reproche est difficile à accepter car, en réalité, il souhaite l'échange, mais attend que sa fille l'initie et vienne vers lui. Ce qui n'est pas en soi une mauvaise méthode : j'ai parfois entendu des filles me dire qu'elles communiquaient mieux avec leur père qu'avec leur mère, qui les oppressaient par leurs questions. Ce n'est toutefois pas la majorité des cas.

Quelle est donc cette écoute que réclame la majorité des filles de la part de leur père ? Si elles ne souhaitent pas qu'il se précipite vers elles lorsqu'elles manifestent des signes d'angoisse ou de tristesse, si elles se laissent facilement gagner par la culpabilité parce qu'elles ne sont pas assez fortes, pensent-elles, aux yeux de leur géniteur, les filles n'en désirent pas moins que leurs *sentiments* soient compris, surtout ceux qui les font douter ou souffrir. C'est ce qu'elles éprouvent, ce qui les touche, qu'elles veulent pouvoir partager. Il est vrai que les pères n'ont pas appris à partager leurs sentiments douloureux : ils les gardent généralement pour eux. *Or il n'y a sans doute rien de plus apaisant pour une fille que de découvrir que ses sentiments font partie de l'expérience humaine, qu'elle peut les exprimer sans honte, même auprès de ce père qu'elle admire et avec qui elle a une relation de pudeur.* Au père, donc, de comprendre qu'il peut être un recours précieux compte tenu de son statut et de son aura. À lui de donner à sa fille cette écoute si précieuse.

» *EN FONCTION DE LA COMPOSITION FAMILIALE*

La composition de la famille est un facteur important pour comprendre le rapport fille-père. Selon qu'une famille comporte un enfant unique ou une fratrie, selon qu'il existe, ou pas, un regret chez l'un ou les deux parents de ne pas avoir des enfants des deux sexes, la nature et le réseau de relations change.

– *La fille unique*. La relation d'une fille unique à son père peut fournir la matière à certains romans bouleversants comme celui de Balzac, *Eugénie Grandet*, qui retrace l'histoire malheureuse d'une fille très seule subissant un père autoritaire et avare. Dans la vie aussi, parfois le statut de fille unique est lourd à porter, comme en témoigne le destin de Marie Bonaparte, fille unique d'un jeune père veuf de 24 ans, qu'elle aime passionnément. Souvent absent et d'abord réservé, cet homme lui lègue aussi une curiosité intellectuelle insatiable. Princesse de Grèce et du Danemark, arrière-petite-nièce de Napoléon, Marie Bonaparte sera analysée plus tard par Freud qui l'appelait « la princesse » et traduira en français certains des ouvrages du père de la psychanalyse. C'est elle, enfin, qui aidera Freud à quitter l'Autriche pour l'Angleterre en 1938.

J'ai souvent constaté qu'à la fin de l'enfance ou à l'adolescence, les filles uniques investissent souvent de façon intense, beaucoup plus intense que les filles évoluant dans d'autres configurations familiales, telle ou telle activité. Elles sont incontestablement menées par une forte énergie et un désir de réussite. Cela serait-il dû à une relation privilégiée avec le père ? Une fille unique vit évidemment la même problématique que les autres filles de son âge, mais elle a aussi sa problématique particulière. Dans l'enfance, elle a été choyée, aimée sans les limites qu'impose le partage. Cet amour est venu de ses deux parents, mais nous avons vu la place essentielle que tient l'amour du père dans le développement de la fille. Quand elle est la seule enfant, une fille n'est pas confrontée au problème de la rivalité fraternelle – certains diront : pas assez. Sa seule rivale est sa mère – ou sa belle-mère.

Le désir de réussite, l'énergie que manifestent souvent les filles uniques est sûrement en partie dû à cet amour sans partage du père. Le revers de la médaille surgit au moment où il faut prendre de la distance vis-à-vis de ce père pour qui elle est la seule qui compte. La difficulté d'un père à voir se détacher sa fille, et la culpabilité de celle-ci à s'éloigner de son père, qui ne peut reporter son investissement sur un autre enfant, est fortement ressentie. Cette préoccupation est plus intense encore dans la situation, peu fréquente, d'un père qui élève seul sa fille unique : comment quitter un père dont vous êtes la raison de vivre ? La réponse affective n'est pas simple : ici, encore plus qu'ailleurs, communiquer authentiquement et courageusement les difficultés que l'on ressent est primordial.

– *Les fratries exclusivement féminines*. Dans *Le Roi Lear*, Shakespeare nous rappelle combien un père peut parfois se tromper sur l'amour filial que lui portent ses filles ; Cordelia, la plus réservée de ses enfants, bien qu'elle l'aime profondément, sera d'ailleurs victime de cette incompréhension. Le plus souvent toutefois, ce qui caractérise fortement un groupe de filles est davantage sa tendance à la coopération et à la complicité[8] : s'il y a concurrence, ce qui n'est pas rare, celle-ci est plus implicite qu'explicite, à la différence de ce qu'on observe entre garçons. Un père est toujours comblé d'avoir des filles, mais il a parfois du mal à saisir ce qui les unit ou les oppose. Plus couramment, un père peut être perplexe devant l'intérêt unanime qu'elles affichent pour la mode féminine, à laquelle il ne comprend rien malgré tous ses efforts pour essayer de lire les magazines féminins qui s'accumulent sur la table basse du salon, mais tout aussi étonné par leurs disputes incessantes dans la salle de bains pour des histoires de tube de dentifrice mal rebouché ou de bouteille de shampooing vidée sans permission. C'est finalement quand elles sont en rivalité entre elles, même si cette rivalité est toujours un peu masquée, qu'un père comprend le mieux ses filles !

Un père est conscient de l'avantage qu'il y a à être le seul homme du foyer : il n'a pas de concurrent, il n'est pas remis en cause dans sa masculinité et il peut avoir, pour lui tout seul, l'amour de sa femme et de ses filles. À la maison, toutefois, ne pouvant s'appuyer sur le soutien d'un garçon, il se verra refuser pour cette même raison le match de rugby ou le film d'action qui l'aurait détendu à la télévision. Même si, au fond, il éprouve un peu de fierté à se présenter comme le martyr d'un monde féminin sans cœur et sans merci qui impose à tout prix sa loi, il se sentira, bien naturellement, un peu isolé certains jours. Il serait dommage néanmoins qu'il abuse de cette posture d'homme seul et incompris, car, à trop insister, il risque bel et bien d'être mis à l'écart par le « clan des filles », ou de se retrouver à devoir s'appuyer sur une de ses enfants, celle qui lui est le plus attachée ou qui est la plus opposée à sa mère, créant ainsi d'inévitables tensions dans le groupe familial.

Entre elles, les filles établissent des alliances différentes selon leur âge, leur caractère, leurs affinités, qui, d'ailleurs, sont variables dans le temps. La jalousie qui surgit entre elles, ou qui se manifeste chez telle fille envers telle autre, peut mettre un père en difficulté, s'il ne prend pas conscience de ces mouvements naturels ou, pire, s'il les renforce par une préférence qu'il ne peut cacher. Encore plus que dans les fratries de garçons, la rivalité entre filles voit la concurrence s'exacerber très fortement si « l'homme de la maison » montre une affection spéciale, même momentanée ou justifiée par une action particulière, pour l'une de ses enfants. Il n'est d'ailleurs pas rare que, dans les familles qui comptent plusieurs filles, l'une d'elles assume un rôle de garçon et que ce soit vers elle que son père se tourne plus volontiers ou avec elle qu'il entre plus directement en conflit. Les pères qui ont plusieurs filles doivent – et certains le font d'ailleurs très bien, surtout quand ils ont eu une relation compliquée avec une sœur – être très vigilants sur cette question de la jalousie. Cela étant, s'il faut, en effet, tout mettre en œuvre pour répartir équitablement son affection et son autorité entre ses enfants, cela ne veut pas dire, en revanche, qu'il faille nier les différences de goût et d'intérêt chez ses enfants et, sous prétexte d'être juste, envoyer toutes ses filles dans la même école ou leur offrir les mêmes cadeaux.

– *Les fratries mixtes*. Entre frère et sœur, on peut à la fois être semblables et radicalement différents. Camille et Paul Claudel, tous deux célèbres, en offrent un bon exemple. Souvent, dans une famille où cohabitent une sœur et un frère, la phrase type pour la fille est : « Ne lui répond pas », et pour le garçon : « N'embête pas ta sœur. » On se doute que ces deux petites phrases seront répétées en proportion du nombre de filles et de garçons. C'est dire s'il y a de l'agressivité dans l'air ! De fait, un frère et une sœur se chamaillent, s'opposent et se disputent parfois violemment. La bonne nouvelle est que cette situation évolue avec le temps et que les connivences sont mobiles, comme dans le conte de Grimm, *Les Sept Corbeaux*, où une petite fille, après avoir tellement accaparé l'amour de son père qu'il en est venu à transformer ses sept frères en corbeaux, voyage jusqu'au bout du monde pour conjurer ce sort... La mauvaise nouvelle, c'est qu'il reste des cicatrices ou des amertumes tenaces qui resurgissent bien des années après, lorsqu'une sœur a trop fortement, par rapport à ses frères, occupé l'univers affectif de son père.

Comprendre son père

Si les filles attendent de leur père qu'il leur permette de se construire, sachant, pour reprendre la célèbre formule, qu'elles ne naissent pas femmes mais qu'elles le deviennent, en particulier grâce à lui, elles savent que leur père, de son côté, attend d'elles un certain nombre de qualités, même s'il n'est pas très à l'aise, là non plus, pour l'exprimer précisément. Voici, donc, pour les aider à y voir plus clair, ce que les pères qui se sont confiés à moi m'ont raconté de leurs aspirations concernant leurs filles.

» *LE CHARME DISCRET DE LA MODESTIE*

Les hommes ont peur des femmes ; les pères ont peur de leur fille. Serait-ce parce que, fée ou sorcière, la femme, au niveau le plus archaïque, est « faiseuse de destin[9] » ? Sans doute, mais cette peur peut surprendre, car elle ne se montre guère. En tant qu'hommes, les pères, qu'ils s'en défendent ou non, ont en effet plutôt tendance à vouloir s'affirmer et dominer. Les femmes n'ignorent pas ce travers masculin : au mieux, elles en sourient, elles en rient entre elles ; elles peuvent aussi en souffrir profondément. Par ailleurs, en tant que pères, les hommes cherchent à asseoir leur autorité ; ce propos n'est pas rare dans leur bouche : « Ce n'est quand même pas ma fille qui va me donner des ordres chez moi ! »

Les filles sont donc confrontées à une exigence complexe : elles doivent reconnaître le désir d'affirmation et de domination de l'homme qu'est leur père, mais ne pas s'y soumettre, tout en acceptant quand même l'autorité qu'il représente. Pour le dire autrement, elles savent qu'elles ne doivent pas trop affirmer leur caractère ou leur point de vue pour ne pas entrer en conflit avec lui, mais qu'il leur faut, en même temps, ne pas se montrer trop dociles pour pouvoir être respectées. Les plus malignes savent jouer sur ce double registre et trouvent le bon dosage entre la reconnaissance, au moins apparente, de l'autorité paternelle et l'affirmation de ce qu'elles veulent.

En général, les femmes savent se montrer plus modestes que les hommes ; elles considèrent que l'humilité est une qualité et contrôlent leur fierté même dans les moments les plus importants de leur vie. Ce charme discret de la modestie ne les conduit pas à adopter des positions de repli, ou à accepter une domination qui les fait souffrir ; elles l'utilisent comme une arme relationnelle : ne pas chercher à dominer pour pouvoir faire passer efficacement son message est non seulement habile, mais incroyablement efficace. La sensibilité à autrui et l'affirmation de soi composent un alliage précieux dans les relations humaines, et les femmes en possèdent généralement mieux la formule que les hommes. Sans doute parce qu'elles s'exercent, très tôt dans leur vie, à établir la meilleure relation possible avec leur père.

» *TEL PÈRE, TELLE FILLE*

En dehors des pères paranoïaques – et il en existe –, un père apprécie de retrouver en partie son caractère chez sa fille. Il en est même fier : « C'est mon sang, se dit-il, qui coule dans ses veines. » En fait, tous les traits dominants du caractère paternel peuvent se retrouver chez sa fille, que l'on pense à la force que partagent Athéna et son père Zeus, au romantisme qui unit Sissi et Maximilien, à la curiosité intellectuelle que l'admiration pour un père d'une intelligence exceptionnelle a suscitée chez des filles comme Marie Curie, Marie Bonaparte ou encore Christine de Pizan, première femme à vivre de sa plume d'écrivain dès le Moyen Âge[10]. Combien de jeunes filles ont fantasmé sur l'histoire de la jolie impératrice et de son prince charmant, mais aussi sur les liens étroits qui la rapprochaient de son père. Combien se sont répété cette phrase célèbre : « Toi et moi, si nous n'étions pas des princes, nous serions des écuyers de cirque. » De fait, Sissi et son père partageaient le même côté bohème, excentrique et non conformiste, le même amour de la nature, le tout dans un cadre très rigoureux : celui de la cour de l'empereur d'Autriche. On comprendrait sans doute mieux les difficultés du couple de Sissi, si on regardait de près sa relation à son père, qu'elle adorait, qu'elle ne voulait pas renier, alors qu'elle devait assumer son rôle de jeune impératrice. Ne s'agirait-il pas plutôt d'un conflit de loyauté que d'un conflit de royauté ?

Pour mieux comprendre certaines de ses réactions, une fille doit savoir que son père est généralement fier de la ressemblance qui les lie, lorsqu'il s'agit de traits de caractère positifs comme la confiance en soi, la combativité ou l'attachement à des valeurs. Jane Fonda écrit à ce propos : « Savoir ce que je tiens de mon père n'est pas très difficile. Je lui ressemble physiquement, j'ai embrassé la même carrière, et j'ai en commun avec lui des traits de caractère incontestables – y compris, malheureusement, une tendance à me renfermer et à me montrer cassante (je me suis pourtant donné beaucoup de mal pour me débarrasser de ce genre d'attitude). Mais les gènes paternels m'ont aussi transmis sa solidité d'homme du Middle West, le respect de l'intégrité, le goût de la défense des opprimés et la haine des oppresseurs... Je crois que papa, jusqu'au jour de sa mort, portait en lui un sens moral lié à la terre, et que j'en ai hérité, ainsi que mes enfants. » À l'inverse, il arrive qu'une fille puisse reprocher à son père de lui avoir transmis un trait de caractère qui lui déplaît ou qu'un père se sente coupable de voir chez sa fille des attitudes négatives dont il se sait à l'origine. Renforcer cette culpabilité par des critiques acerbes n'apporte pourtant aucun résultat : cela ne fait que susciter des réactions de défense maladroites de la part de l'intéressé...

Tout comme un père peut souhaiter ardemment que sa fille lui ressemble en partie, une fille peut souhaiter ressembler pour une part à son père, posséder les qualités qu'elle estime chez lui, lui faire plaisir en lui montrant les affinités qu'ils ont en commun – en un mot, s'en servir comme d'un modèle identificatoire. Elle peut, dans un moment difficile, retrouver en elle le souvenir d'une phrase qu'il lui répétait souvent et qu'elle a faite sienne, comme cette jeune femme qui, longtemps après, voyait encore son père lui dire : « Il faut savoir accepter ce que l'on vous donne. » Toutefois, ce processus d'identification a des limites : d'abord, parce qu'une fille a un autre modèle identificatoire, sa mère ; ensuite, parce qu'elle doit se construire elle-même avec sa propre personnalité. *Aucun père ne peut imposer à sa fille d'être son miroir ; sinon, il se définit comme un père narcissique, dont le désir est que sa fille lui ressemble pour son propre plaisir à lui.*

Léa souffre d'être toujours habitée par un désir de compétition, qui se manifeste partout – dans sa vie professionnelle, sa vie sociale, sa vie amicale, sa vie amoureuse. Sans aucun doute cet esprit de compétition lui a sûrement permis de réussir brillamment ses études et d'être aujourd'hui chercheuse scientifique respectée. De qui le tient-elle ? De son père, répond-elle sans hésiter. Celui-ci s'est battu toute sa vie et, pour cela, elle l'admire. Elle l'a souvent entendu dire : « Dans la vie, il faut être le meilleur » ; il ajoutait : « C'est encore plus vrai pour toi, ma fille, parce que tu es une fille. » Cela étant, la compétition ne fait pas forcément bon ménage avec l'amitié et l'amour. Léa se sent constamment en compétition, même avec ses petits amis. Le dernier l'a récemment quittée pour cette raison ; elle ne parvient pas l'oublier : pour la première fois de sa vie, elle ne parvient pas oublier un homme. Serait-ce parce qu'elle est très amoureuse de lui ? Pas sûr. Quand elle analyse la situation, elle se dit qu'elle y pense ainsi, c'est-à-dire constamment, parce qu'elle a le sentiment d'avoir « perdu ». Cette pensée lui est désagréable, et elle en veut à son père d'avoir trop voulu qu'elle lui ressemble. Elle avoue : « J'en ai assez d'entendre toujours cette phrase de mon père : "Il fouette le meilleur"... » Elle prend immédiatement conscience de son lapsus et éclate de rire : « Pardon, je voulais dire : "Il faut être"... » Elle ajoute : « Vous voyez jusqu'où mon père m'a menée ! »

» POUVOIR TOUJOURS LA REVOIR

Dans la très grande majorité des cas, même si, par moments, les rapports ont pu être tumultueux, les pères désirent voir ou revoir leur fille, et ce désir persiste tout au long de leur vie. Dans son roman *La Course du chevau-léger*, le romancier Jacques Bertrand[11] raconte l'histoire de Jérémie qui se lance un jour à la recherche de la jeune femme dont la photographie ne l'a jamais quitté : celle de sa fille Magdalena. Depuis plusieurs années, il a perdu sa trace. Il sait que sa fille a un caractère bien trempé, qu'elle aime voyager et que son côté aventureux peut la conduire jusqu'au bout du monde. Il retrouve sa trace en Suisse, en France, au Portugal et, finalement, la retrouve au nord de la Thaïlande, non loin de la frontière birmane, où elle soigne des enfants appartenant aux tribus Hmongs. C'est là que va se dérouler leur ultime rencontre, empreinte d'humour, de pudeur et d'une grande affection. Ce roman traduit le désir profond de nombreux pères : celui de toujours garder le contact avec leur fille, même si elle s'est éloignée d'eux. Certes, il y a des exceptions, quand les tensions et les conflits sont trop forts, nous l'avons vu dans un chapitre précédent, à propos des pères qui refusent de faire la paix avec leur fille après une longue brouille ; mais, en dehors de ce cas particulier, une fille doit savoir que son père l'aimera jusqu'à sa mort, parfois maladroitement, parfois avec possessivité, mais toujours avec, au fond, beaucoup de tendresse.

» *ÊTRE LÀ ET COMPTER*

Comment avoir le sentiment de conserver la confiance de sa fille, quand celle-ci, rencontrant des problèmes personnels, a plutôt tendance à se tourner vers sa mère, ou vers d'autres que lui ? Les pères se posent souvent la question. En fait, il faut distinguer deux types de confiance : celle s'appliquant au quotidien – signer un carnet de notes, rappeler l'heure d'un rendez-vous, préparer les vêtements pour la journée – et celle résultant d'un soutien profond, fait de compréhension et d'amour, qui laisse entrevoir la solidité dont on est capable pour soi et pour l'autre en cas de problèmes. Pour le premier type de confiance, il est évident qu'un père a un rôle à jouer, mais, qu'on le veuille ou non, c'est la mère qui est souvent au premier plan. Le second type de confiance, en revanche, une fille l'éprouve profondément et naturellement envers son père, mais elle doit savoir que la confiance est un sentiment qui fonctionne en miroir et que c'est en accordant aussi elle-même sa confiance à son père qu'elle en recevra les bénéfices.

Une situation bien précise est représentative des difficultés qu'une fille peut avoir à se confier à son père, même si celui-ci le désirait. Je veux parler des chagrins d'amour. Les pères attendent de leurs filles qu'elles leur en parlent, beaucoup plus qu'elles ne le pensent ou ne le font. Incontestablement, elles ne s'y engagent pas volontiers. Autre signe probable de pudeur de leur part, elles préfèrent soit essayer de le cacher, soit en parler à leurs meilleures amies, à leurs sœurs ou à leur mère – la solidarité en matière sentimentale est plus fréquente chez les filles que chez les garçons : le père vient souvent en dernière position. Pourtant, tous les pères que j'ai rencontrés, lorsqu'ils étaient au courant ou devinaient ce qui se passait, m'ont affirmé qu'ils auraient aimé épargner cette souffrance à leur fille.

Certes, un père se sent souvent maladroit quand il s'agit de trouver le moment adéquat ou les mots justes ; il se dit aussi que sa femme est probablement plus qualifiée que lui en ce domaine. Pourtant, s'il a l'occasion de parler et ne sait pas comment dire ce qu'il voudrait dire, mieux vaut qu'il se borne à déclarer, et encore avec prudence : « Ce n'était peut-être pas le garçon qui te convenait », que de prononcer les fameuses phrases du type : « Un de perdu, dix de retrouvés ! » ou : « Ce n'est pas grave, ça va passer », car ces propos figés ne font que disqualifier les sentiments éprouvés par sa fille.

Une mère est souvent la première à deviner ce qui se passe chez sa fille. Tout en finesse, elle sait trouver les mots qui apaiseront le mieux. Les confidences que peut lui faire sa fille reposent sur le sentiment, réel ou projeté, d'une expérience partagée : le père, lui, est du côté des hommes, ce qui n'aide pas la communication dans ces moments-là. Il faut savoir, en particulier au moment de l'adolescence, que les filles considèrent que leurs problèmes sentimentaux les ont mises dans des difficultés importantes – 38 % des filles le pensent contre 20 % des garçons selon une enquête récente[12]. Dans le domaine des sentiments amoureux, un père est non seulement en moins « bonne position » pour devenir le confident de sa fille, mais il est aussi nettement moins à l'aise. En général, il sera habité, dans ces moments affectifs, par la tendance toute masculine qui consiste, au lieu de prendre le temps d'écouter l'autre, à chercher d'emblée une solution au problème – solution qui, évidemment, n'existe pas. Il pourra même parfois, avec beaucoup de maladresse, reprocher à sa fille son choix, la dévalorisant ainsi involontairement. Au mieux, croyant tendre une perche, il lui dira simplement : « Qu'est-ce qui ne va pas ? » « Rien », répondra sa fille le plus souvent. S'il insiste, il sentira qu'il risque soit d'être repoussé, soit de déclencher des pleurs qu'il ne saura pas apaiser.

Pourtant, dans la très grande majorité des cas, un père partage la tristesse de sa fille, même s'il ne le montre pas, et il souhaiterait vraiment que sa fille lui montre la même confiance qu'à sa mère. Tout simplement, il veut l'assurer de sa présence. Si une fille estime qu'elle n'a rien à dire à son père à ce sujet, elle doit néanmoins savoir qu'aucun parent, pas même son père, ne reste indifférent aux peines d'amour de son enfant. Si elle réfléchit, elle sait que cette rupture est très difficile à vivre, mais qu'aucun de ses deux parents n'a le pouvoir de lui éviter une telle expérience ; elle sait qu'elle a besoin que ses parents, et en particulier son père, respectent son chagrin sans la bousculer, sans la culpabiliser et, bien sûr, sans se moquer d'elle. *Au fond, en ce domaine, ce que les pères attendent de leur fille, c'est de n'être pas mis à l'écart.*

Un père accepte sa fonction de protection à l'égard de ses enfants et, en particulier, à l'égard de sa fille, il accepte aussi d'être critiqué ou de prendre des coups, au sens psychique du terme, mais il a le droit, lui aussi, d'avoir des attentes et des exigences. Ce qu'on appelle classiquement, en psychologie, la « loi du père », dont la fonction est de véhiculer les trois grandes problématiques que sont l'interdit, la filiation et la transmission, concerne tout autant les filles que les garçons.

La fonction de protection qu'assume un père repose, de façon positive, sur le fait qu'il aime sa fille et que celle-ci peut être vulnérable. C'est de son devoir de veiller à son environnement pour qu'elle ne soit pas en danger ; sa fille grandissant, il accepte généralement que cet environnement s'élargisse. Cependant, et au-delà de ce qu'elle peut parfois penser, un père reste un refuge privilégié.

Même quand elle souhaite, plus que tout, exprimer ses capacités d'autonomie, une fille lucide ou qui se veut telle sait quelque part qu'elle a aussi un besoin profond de sentir, près d'elle, la permanence d'un soutien sans faille, qu'elle pourra trouver chez son père, mais aussi chez sa mère, quoique de manière différente. Elle a également compris à ce moment de sa vie qu'un père digne de ce nom, et qu'elle respecte pour cette raison, cherche à assumer une double fonction : celle de soutien, mais aussi d'autorité, pour contenir ses débordements, ses caprices, ses colères, pour poser des limites quand cela est nécessaire. Les pères ont souvent, dans ces moments, à surmonter l'attitude ou les paroles agressives de leur fille : il leur faut accepter d'être l'objet d'une tension violente qui est clairement dirigée contre eux. D'ailleurs, même s'ils ne sont pas en première ligne et si l'agressivité de leur fille les épargne, ce qui arrive, il leur revient encore de ne pas accepter, et de le faire savoir, que leur compagne en fasse les frais : la tâche est rude dans les deux cas et ne laisse pas beaucoup de place au répit.

Certes, une des qualités essentielles des parents est de « survivre » à cette tension agressive : ils ne doivent pas être abîmés en profondeur, déprimés ou défaits par cette violence qui pourrait les conduire soit à se montrer indifférents, ce qui serait un signe de démission, soit à réagir en miroir. En un mot, des parents ne doivent pas renoncer à leur fonction ; ils ne doivent pas se dérober ni être trop profondément affectés. « Survivre » implique la capacité à être toujours sensible, voire touché, devant les comportements de son enfant, quel que soit son âge, mais de continuer à s'intéresser, à se soucier et surtout à aimer.

Une fille doit comprendre que, si elle a des droits sur son père, il en a également sur elle. Chacun sait que le contexte culturel et social de l'éducation des enfants a changé, que l'on est passé d'une éducation sans doute trop stricte, ne reconnaissant pas suffisamment les besoins, les capacités précoces des enfants et leurs droits à être écoutés et reconnus dans leur existence propre, à un credo culturel, largement relayé par les médias, où les enfants ont systématiquement raison ou bien sont victimes. Or ce nouveau poids que l'on fait peser sur les enfants peut être source d'angoisse. Une fille peut pourtant comprendre qu'un père a le droit d'exercer une certaine autorité sur elle, à certaines conditions.

Les filles contestent moins directement l'autorité du père que les garçons, mais elles peuvent le manifester sous des formes détournées qui ne trompent personne. Elles s'opposeront par une passivité apparente, par une ténacité surprenante compte tenu de l'enjeu apparemment anodin, par des critiques reprenant habilement les thèses féministes – et, dans cette opposition, elles joueront, mieux que personne, sur les différences de points de vue entre leur mère et leur père – ou tout simplement par une attitude de repli. Je ne reprendrai pas ici en détail ce que j'ai dit ailleurs sur l'autorité parentale, dans mon livre sur les mères et leur fils ou dans le guide que j'ai écrit sur l'adolescent, mais je rappellerai néanmoins qu'il est nécessaire de distinguer trois types d'autorité : l'autorité qui encourage, l'autorité qui permet et l'autorité qui interdit, soit l'autorité affective, l'autorité morale et l'autorité formelle[13].

- *L'autorité affective* est celle qui s'appuie sur l'amour et les souhaits de bonheur et de réussite que l'on espère pour son enfant. Elle est « encourageante », car elle donne à un enfant le sentiment que ce qu'il réalise de bien lui fait du bien. Or, et c'est ce qui nous importe ici, cette autorité affective, encourageante, n'est pas du seul registre de la mère : elle doit être partagée entre le père et la mère.
- *L'autorité morale*, elle, renvoie aux images parentales intériorisées, c'est-à-dire aux représentations mentales que l'enfant a de ce que sa mère et son père différencient comme étant le bien et le mal, le bon et le méchant, le juste et l'injuste. Elle est celle qui permet à un enfant d'expérimenter ses propres limites et de construire ses propres règles par identification aux règles que les parents se donnent à eux-mêmes et qu'ils transmettent à leurs enfants. Ce type d'autorité est également celle qui doit permettre de transmettre les valeurs mora-

les. Rappelons ici le livre de Tahar Ben Jelloun, *Le Racisme expliqué à ma fille*[14], où un père expose à sa fille Meriem, 10 ans, les valeurs auxquelles il tient. Évidemment, en ce domaine, un enfant sera particulièrement sensible aux contradictions d'un de ses parents ou aux contradictions de ses parents entre eux. Dans ces cas, dès qu'il pourra l'énoncer, l'enfant, et en particulier la fille, ne manquera pas de penser, puis de dire à son père : « Tu demandes de faire cela, mais tu ne le fais pas toi-même ! » Cette phrase est douloureuse, car elle tombe le plus souvent juste.

- *L'autorité formelle*, enfin, contient une part relative d'arbitraire. Elle est celle qui dicte l'interdit social et s'appuie sur la loi : on ne dépasse pas une ligne jaune, car c'est interdit, mais on peut doubler avec une ligne en pointillé. Cela n'empêche pas d'expliquer à l'enfant pourquoi c'est interdit. Cette autorité, par l'arbitraire qu'elle sous-tend, demande, encore plus que les deux autres, un consensus entre les deux parents.

L'exercice de l'autorité parentale, qui englobe ces trois aspects, doit éviter des écueils : le renoncement, le défaitisme ou le laisser-aller qui, très rapidement, sera vécu par l'enfant, en particulier par la fille à l'égard de son père, comme de l'indifférence, de l'abandon. À l'opposé, une autorité trop rigide, fixée uniquement sur des interdits formels, ne permettra pas de faire l'expérience du dialogue et ne donnera que deux solutions : soit la rébellion ouverte, toujours à fleur de peau chez un petit qui grandit, soit la soumission et le renoncement. Dans l'un ou l'autre cas, le travail psychologique progressif qui caractérise l'acquisition de la vie sociale est entravé ou profondément modifié. Enfin, le troisième écueil est justement celui d'une autorité qui ne serait exercée que par l'un des deux parents ou leur représentant. Signalons pour clore ce point que l'autorité parentale met en jeu les relations du couple : il faut insister sur l'importance pour les parents de ne pas se dévaloriser l'un l'autre en se contestant systématiquement.

Une fille doit, pour comprendre son père, savoir qu'il a le désir de remplir toute sa vie une fonction paternelle qui évolue au long de l'existence, mais qui est toujours présente dans son esprit et dans son cœur. Ce désir peut paraître par moments pesant, contradictoire, parfois même paradoxal, mais s'il est manifesté à bon escient par le père, avec intelligence et sensibilité, ce sera toujours pour le bien de sa fille.

» *FAIRE LA PAIX*

« C'est quand même mon père ! » me dit un jour Françoise, après m'avoir pendant plusieurs mois parlé des difficultés qu'elle avait rencontrées avec cet homme en raison de son caractère autoritaire, intransigeant, perfectionniste et, parfois, franchement injuste. Pour reprendre la phrase de saint Augustin, on peut parfois être amené à aimer « trop tard » : quand elle tire le fil de la pelote qui la relie à son passé, une fille constate souvent, dans ces cas-là, que son tricot est plein de trous.

Pour en revenir à Françoise, elle s'était, dès son adolescence, fortement opposée à son père. Chef d'entreprise, celui-ci était admiré dans sa famille et par tous ses amis. Son épouse était une femme soumise que sa fille ne voulait surtout pas devenir. Françoise se souvenait qu'elle avait pu être fière de son père, mais elle s'était toujours sentie oppressée, et même opprimée, par cet homme qui ne faisait aucune différence entre sa vie professionnelle et la maison. Dès qu'elle l'avait pu, juste après son baccalauréat, elle était donc partie faire des études dans une ville éloignée. Son père, en désaccord avec son choix, avait refusé de financer les frais liés à sa scolarité. Elle s'était débrouillée seule, restant en relation à sa mère, son frère et sa sœur, mais refusant tout contact, même par téléphone, avec son père. « Pendant longtemps, me raconte Françoise, je ne l'ai plus considéré comme mon père. Il était devenu un étranger pour moi. Pire qu'un étranger : un ennemi. » Quand elle s'était mariée, elle avait accepté sa présence à son mariage, mais elle ne lui avait quasiment pas adressé la parole. Sa vie avançant, elle était devenue elle-même mère d'une fille et d'un garçon. Parfois, elle regrettait que ses enfants ne connaissent pas leur grand-père. Elle avait autour d'elle certaines amies qui avaient su dépasser leurs conflits avec leur père. Elle était touchée en particulier par une femme avec qui elle discutait beaucoup de leurs difficultés respectives avec leur père. Celle-ci lui disait que son père n'était plus du tout le même depuis qu'il était devenu grand-père. C'est à la suite de cet échange que Françoise a commencé à sérieusement s'interroger sur les liens qu'elle pouvait éventuellement rétablir avec son père. C'est alors qu'elle m'a dit cette phrase que je rapportais au début : « C'est quand même mon père ! »

Par l'intermédiaire de sa sœur, restée beaucoup plus proche de leurs parents et dotée d'un caractère plus soumis, le contact a été repris. Cela n'a pas été facile au début, chacun se méfiait et était probablement angoissé par ces retrouvailles. Mais Françoise a été heureuse, au fond d'elle-même, de voir combien son père était fier de sa réussite familiale et professionnelle. Elle a même été fière d'avoir pris l'initiative de revenir vers son père. Elle en a été d'autant plus heureuse que, quelques mois plus tard, celui-ci a eu une alerte cardiaque. Alors Françoise, qui était en position de domination, mais éprouvait une réelle tendresse à son égard, a pu lui montrer qu'elle ne lui en voulait plus.

Comment faire la paix avec son père quand celui-ci le refuse ou bien que la mort l'en empêche ? C'est un vrai problème pour nombre de filles prises dans un conflit qui, souvent, les dépasse. Il n'est pas facile de remettre en cause ses convictions, surtout quand elles s'appuient sur des sentiments qui sont inscrits au plus profond de son cœur. La conviction pour une fille que son père a des défauts tels qu'il n'en est plus fréquentable est un sentiment difficile à questionner, d'autant qu'il est lié à une profonde déception pour un être que l'on a adoré. Aux arguments rationnels qui se sont accumulés pour aboutir à une telle conviction s'associent des blessures affectives profondes. On mesure la difficulté qu'il y a à parcourir le chemin en sens inverse : il ne s'agit pas juste de négocier entre deux points de vue opposés, mais d'apaiser la rancune qui y est associée. Lorsqu'une fille et son père en sont arrivés à se haïr, à se combattre durablement, le chemin vers l'apaisement ne se fait pas d'un seul trait, comme par miracle. Beaucoup de femmes peuvent en témoigner, et de nombreux pères aussi. Le recours à une psychothérapie ou à une véritable psychanalyse reconstruisant, sous un nouvel éclairage, l'histoire de chacun est pour beaucoup une aide indispensable.

Le début de ce travail personnel consiste à rechercher les conséquences destructrices de la rupture douloureuse : « La relation blessante avec mon père a semé la pagaille dans les domaines les plus importants de ma vie : ceux de ma féminité, de ma relation aux hommes, [...] à la sexualité, à la créativité et à la confiance nécessaire pour faire son chemin dans l'existence. J'ai compris très vite, grâce à mon métier de thérapeute, qu'instaurer une nouvelle relation avec le père est une tâche importante pour les femmes qui ont souffert d'une relation détériorée avec cet homme. » Ainsi s'exprime Linda Schierse Léonard dans son livre *La Fille de son père. Guérir les blessures dans la relation père-fille*[15]. Savoir faire la paix avec son père nécessite, de fait, le plus souvent un long processus, qui peut conduire à faire une thérapie ou, mais c'est plus rare, à devenir soi-même thérapeute, comme cette collègue. Le premier temps du « travail » consiste à analyser les conséquences destructrices liées à l'attitude du père ; un second temps permet de comprendre ce qu'il avait – et qu'il a encore s'il est toujours vivant – de positif. Savoir faire la paix avec son père exige que l'on reconnaisse ses qualités cachées. *La paix ne peut se faire que si une fille réussit à clarifier ses sentiments, plus contradictoires qu'il n'y paraît, si elle accepte de s'y confronter et de se remettre en question sans pour autant se renier dans ce qui a pu lui paraître insupportable.* Lorsqu'un père est mort, et parfois à la suite de sa disparition, la paix avec lui se fait sans lui : c'est donc un travail unilatéral où la fille fait tout le chemin.

Ces situations confirment, encore plus que d'autres, qu'entre une fille et son père il faut parfois toute une vie pour pouvoir réellement se rencontrer. Elles éclairent également le fait qu'une fille, même en dehors de relations compliquées, sente quasiment toujours le besoin, à un moment ou un autre, de se réconcilier avec son père pour pouvoir s'en détacher définitivement et renoncer au temps béni de l'enfance où elle pouvait, sans limites, compter sur sa protection et sa tendresse. Ce besoin de faire, à un moment ou à un autre, la paix avec son père aide à prendre conscience de la complexité d'une histoire ô combien déterminante dans la vie de toute fille, quelle qu'elle soit. Il permet, aussi, de comprendre le paradoxe que j'évoquais au début de ce livre : la relation entre une fille et son père est une relation qui cimente l'existence et qui demande, en même temps, une vie pour se rencontrer.

Comprendre son père, c'est comprendre les hommes, et inversement

Comprendre son père permet toujours de comprendre les hommes, leurs forces et leurs faiblesses. Parfois, c'est aussi en comprenant mieux l'homme avec lequel on vit qu'on comprend rétrospectivement mieux son père, et son histoire de couple constitue même parfois un appui pour s'autoriser à dire à son père ce qu'on n'avait jamais osé lui dire avant. Cela étant dit, parce qu'on communique d'autant mieux qu'on comprend mieux l'autre, quel qu'il soit, c'est d'ailleurs ce qu'on appelle l'empathie, je me permettrai de suggérer ici quelques pistes, disons, pour permettre à chacun, fille ou père, de gagner un peu de temps. Ces pistes n'en excluent pas d'autres, et certaines peuvent convenir aux uns, et pas aux autres, mais pourquoi ne pas les proposer ?

– Une femme doit avant tout accepter que son homme ou que son père n'a probablement pas la même énergie qu'elle : les apparences sont, à ce niveau, parfois trompeuses.

- Une femme doit plutôt voir la coupe à moitié pleine que la coupe à moitié vide : ce qu'elle peut percevoir comme de la paresse, une décontraction excessive ou un manque de maturité chez un homme – donc, son père – est aussi le témoignage incontestable d'une réelle capacité à se détendre, à voir la vie du bon côté, à apprécier les petites choses de la vie.
- Une femme doit accepter que sa peur à lui de perdre son temps – crainte fréquente chez les personnes ambitieuses –, vaut pour le travail ou les situations de nécessité réelle, mais pas vingt-quatre heures sur vingt-quatre.
- Il ne faut pas oublier qu'un homme a un ego. Certes, il n'en donne pas toujours suffisamment la preuve ou le fait à mauvais escient, mais, plus on lui montre qu'on apprécie ce qu'il a fait, et plus il sera heureux, se sentira aimé et sera prêt à recommencer.
- Il faut toujours dire à un homme que, si on a une démarche positive, on attend aussi qu'il fasse preuve d'encouragement et qu'il sache dire ce qu'on lui apporte dans la vie.
- Il faut oser lui dire, évidemment avec nuances, qu'on est sensible au fait qu'il soit jaloux des hommes qui nous admirent ou nous font la cour (sauf, évidemment, si on a affaire à un jaloux maladif).
- Il faut aussi lui dire qu'on n'a pas envie qu'il résolve tous les problèmes qu'on rencontre : on a simplement, au fond, besoin qu'il fasse preuve d'écoute et de soutien.

Chapitre VI

D'HIER À DEMAIN : L'AVENIR DES FILLES

La transformation du statut des femmes et des hommes depuis une centaine d'années, et notamment l'évolution progressive des stéréotypes attachés à la fonction maternelle et paternelle, a eu une incidence forte sur l'histoire des filles et de leurs relations avec leur père. Sans tomber dans la caricature du « papa poule », les hommes d'aujourd'hui sont plus proches de leurs enfants que par le passé ; ils s'en occupent souvent dès la naissance, acceptant plus facilement de jouer un rôle qu'ils jugeaient, naguère encore, trop féminin pour eux. *Cette implication des pères n'est pas sans conséquence sur la construction des filles qui, soutenues en cela par une mère dont l'autonomie est également plus grande, peuvent désormais mieux construire, ou mieux exprimer, la bipolarité du féminin et du masculin qu'il y a en elles, comme en chacun de nous d'ailleurs.*

L'idée que c'est aux hommes d'exercer l'autorité et d'assurer la sécurité matérielle, en laissant la gestion du champ affectif à d'autres, c'est-à-dire aux mères, n'est plus une idée dominante aujourd'hui. Désormais, les pères semblent vouloir trouver un certain équilibre entre ces différents aspects de la vie. Leurs filles les observent, les regardent agir, les écoutent et, bien qu'elles perçoivent des différences entre leurs deux parents, elles peuvent plus facilement s'identifier à leur père, sans avoir systématiquement à endosser l'étiquette de « garçon manqué ». Du côté des femmes, le combat pour la parité n'est pas encore gagné, mais on s'en approche, à pas lents il est vrai. En attendant une égalité des chances effective entre les deux sexes, on peut au moins constater que les « supermamans » sont aussi de plus en plus souvent des « superwomen », et inversement : de moins en moins de femmes exerçant des responsabilités très élevées dans le monde professionnel, que ce soit dans la fonction publique, dans des activités libérales ou la finance, renoncent à leur désir de maternité ; ce qu'elles veulent, c'est aussi exister en dehors de leur travail, en étant femmes et mères. Les filles d'aujourd'hui peuvent s'appuyer sur le modèle de ces femmes qui veulent ne plus avoir à choisir entre le travail d'un côté, et les enfants de l'autre, pour avancer dans la vie et s'épanouir dans différents domaines, sans en délaisser aucun.

Les nouveaux pères partagent sans doute mieux que leurs aînés les responsabilités parentales. Ils assistent à l'accouchement, ils changent les couches du bébé, ils déposent la petite à la crèche ou chez la nounou ; ils se rendent aux réunions de parents d'élèves, vont chez le pédiatre et même chez le « psy » ! Cette forte implication dans le quotidien ne peut qu'avoir un effet positif sur une petite fille, dont celui, éprouvé précocement, de ne pas percevoir le père, et donc le masculin, comme totalement étranger à ce qui constitue son identité. Cela n'en diminue évidemment pas l'apport fondamental de la mère. C'est toujours elle qui reste à la maternité avec son bébé, même si la durée s'est fortement réduite au bénéfice du retour au foyer familial ; c'est toujours elle que les publicités pour les marques de lait ou de petits pots visent en premier lieu ; c'est encore elle que l'école appellera plus volontiers s'il y a un problème urgent de santé. Sauf cas particuliers, et j'en ai rencontré, un père, même présent et actif dès les premières années de vie, ne devient pas pour sa petite fille, ou même sa grande fille, l'équivalent d'une mère. Il est un homme, et il le reste à ses yeux : simplement, l'autorité qu'il exerce et la différence essentielle qu'il incarne ne devraient plus susciter, comme avant, la peur et la peur de l'autre en particulier. De cette évolution, on peut penser que l'inventeur de la psychanalyse, le grand Freud lui-même, se serait réjoui. À coup sûr, l'histoire de ses trois filles au destin si contrasté n'aurait pas été la même, et les relations familiales non plus.

Freud et ses filles

La naissance de la psychanalyse est, rappelons-le, issue de la rencontre entre Freud et la souffrance que ses premières patientes présentaient et qui concernait leur père ou un substitut de celui-ci. L'observation classique de Lucie R. constitue un exposé précis de la méthode que Freud emploie avant 1895 et qui débouchera sur la technique psychanalytique pour traiter les cas d'hystérie pathologique où la place du père est centrale. Il est intéressant de noter à ce propos que la prise de conscience par Freud de la fonction paternelle se fait en plusieurs étapes. Alors qu'il en a, autour de 1895, une représentation négative car potentiellement traumatique, il passe ensuite, avec l'œdipe, à l'image triomphale d'un père absolument nécessaire au développement de la psyché, en particulier féminine, et, finalement, théorise le fantasme du meurtre du père que doit opérer l'enfant pour gagner son autonomie. Notons bien que, dans son ouvrage *Totem et Tabou*, il ne parle que des fils et pas des filles, comme si les filles ne pouvaient jamais avoir le fantasme de tuer symboliquement leur père. Ce qui différencie la fille du garçon, « c'est que les filles sont les héritières du père mort, alors que les garçons [...] sont les héritiers et les acteurs [de sa mort][1]. » Cela signifierait-il que les garçons se représentent préférentiellement leur père comme une image idéalisée – « Mon père, c'est le plus fort » – ou une image disqualifiée et symboliquement détruite – « Mon père est nul ! » –, alors que les filles auraient de leur père une image plus complexe et subtile ?

Revenons à la situation personnelle et familiale de Freud lui-même. Celui-ci a eu six enfants, dont trois filles : Mathilde, Sophie et Anna. Ses liens avec chacune ont été différents, et si personne ne nie qu'il les a beaucoup aimées, on peut aussi considérer, en regardant de près l'histoire de chacune d'elles, qu'il a justifié par son action, son influence ou la relation établie, ce qu'il a lui-même écrit dans *Pour introduire le narcissisme* : « Si l'on considère l'attitude des parents tendres envers leurs enfants, on est obligé d'y reconnaître la reviviscence et la reproduction de leur propre narcissisme[2]... »

Mathilde, l'insoumise

À la naissance de l'aînée, Mathilde, en 1887, il écrit à sa belle-mère et à sa belle-sœur : « Vous savez déjà par mon télégramme que nous avons une petite fille. Elle pèse 3 400 g, ce qui est très honorable... Je sens que je l'aime déjà beaucoup, bien que je ne l'aie pas encore vue à la lumière du jour, elle est née à 7 h 45... Je suis aussi fatigué que si j'avais moi-même tout enduré[3]... » Pour cette première naissance, il est resté près de sa femme Martha depuis les premières douleurs jusqu'à l'accouchement, et c'est le prénom de la femme de son ami Josef Breuer qu'il a choisi pour cette enfant. Grandissant, Mathilde devient un garçon manqué dont l'impertinence fait presque peur à Freud. Il attribue le côté exubérant de sa fille aînée à « l'éducation absurde que lui donne la bonne d'enfants... Et [à] la faiblesse de Martha... Espérons que notre petite créature échappera aussi à ces influences et retrouvera un comportement de fillette. » D'aucune façon, il ne se remet en cause en ce qui concerne le côté « insupportable et désobéissant[4] » de sa fille. À l'âge de 10 ans, celle-ci tombe assez gravement malade. Elle souffre de « diphtérie septique » et son père souligne alors avec beaucoup d'insistance qu'elle se montre « très courageuse ». Ernest Jones, biographe et disciple de Freud, écrit que ce serait Freud lui-même qui aurait provoqué l'amélioration : « Pendant cette crise, le père bouleversé demanda à l'enfant ce qu'elle désirerait le plus au monde et elle répondit : "Une fraise." En cette saison, ce fruit était difficile à trouver, mais un magasin bien connu à Vienne en vendait. La première tentative de l'enfant pour en avaler une provoqua un accès de toux qui fit partir toute la membrane obstruante et, le jour suivant, la fillette entra en convalescence. Une fraise – et un père aimant – lui avait sauvé la vie[5]. »

Le caractère difficile de Mathilde semble s'estomper à l'entrée de l'adolescence. Freud note alors qu'elle est « un être humain accompli et naturellement une vraie petite femme... À la maison, elle devient de plus en plus une "mère de substitution". » Ces propos ont amené certains à considérer que Freud éprouvait pour Mathilde des sentiments de tendresse excessive et à avancer l'hypothèse qu'il y avait un lien entre sa première « théorie de la séduction », visant à expliquer l'hystérie des jeunes femmes qu'il soignait, et ce que lui-même ressentait pour sa fille. À l'adolescence, Mathilde sera traitée comme toute jeune fille de bonne famille à l'époque. Elle ne peut pas sortir de chez elle sans être accompagnée, que ce soit pour aller à l'école, à son cours de danse, fort coûteux, ou au théâtre. Comme le note Stefan Zweig dans la critique qu'il fait des pères de cette génération, l'homme qui a construit son œuvre sur la levée des tabous sexuels et la libération de la sexualité féminine élève sa propre fille comme une « plante de serre » qui pousse dans une « atmosphère artificiellement surchauffée ».

Dans son livre consacré à la famille Freud, Eva Weissweiller défend la thèse selon laquelle Freud aurait eu pour maîtresse Minna, la sœur cadette de Martha, son épouse. De son point de vue, Mathilde aurait manifesté des troubles nerveux en rapport direct avec l'infidélité paternelle : « Dès qu'il revient de son voyage en compagnie de Minna, l'état de Mathilde s'améliore, du moins en apparence. Un des cas classiques de "jalousie œdipienne" ou d'"hystérie féminine", comparable à celui d'Ida, alias Dora, une des premières patientes de Freud ? Plutôt une forme de protestation contre son infidélité flagrante, qu'elle juge [...] intolérable, [...] indescriptible. » Il est une répétition presque exacte du « cas Ida » : le père trompe la mère avec une autre femme, et la fille en est désespérée. Si Mathilde avait été une patiente anonyme, Freud aurait sans doute parlé d'hystérie et de jalousie œdipienne, la fille étant amoureuse du père et s'identifiant inconsciemment à la mère trompée au point de reproduire ses symptômes.

Quoi qu'il en soit, le côté intrépide et opposant reprend le dessus et Mathilde obtient de ses parents qu'elle fréquente une école supérieure de science, d'art et de littérature qu'elle qualifie d'« université libre pour les femmes ». Ce choix ne convient que très moyennement à Freud qui lui demande de limiter son nombre d'heures de cours pour, officiellement, protéger sa santé nerveuse. Mathilde ne s'avoue pas vaincue et écrit : « Ce serait merveilleux si je pouvais gagner... De quoi me payer mes sorties ou mes toilettes. Ce serait beau de devenir indépendante, surtout quand on n'y est pas obligée. » Arrive alors ce qui devait peut-être arriver : à 21 ans, malgré la pression de son père pour qu'elle se marie à sa convenance, la fille aînée de Freud tombe amoureuse d'un jeune Viennois, Robert Hollitscher. Une fois de plus, le père n'est pas ravi de la nouvelle. Prétextant son autorité paternelle, il tente d'imposer à sa fille un « délai d'attente ». Comme quoi, on peut contester vigoureusement les tabous et la « morale sexuelle civilisée » dans la Vienne bourgeoise du XIXe siècle finissant, et en être dans sa vie personnelle le plus ardent défenseur !

Pour ce qui est de Mathilde, elle se fiance avec son amoureux dans la plus grande discrétion. Freud et son épouse n'ont d'autre choix que de donner leur bénédiction à leur fille qui les a informés de sa décision quand il était déjà trop tard. Le futur mari est physiquement tout le contraire du père : « Grand, blond, les yeux bleus, il a 33 ans mais paraît bien plus jeune, rapporte Mathilde ; il est très gentil, sensé, d'une grande finesse de sentiments ; nous nous comprenons[6]. » La fille aînée de Freud se marie le 7 février 1909 bien avant que l'année d'attente exigée par son père soit écoulée. Quoique souvent malade, elle s'entend « à merveille » avec son mari. Quant à ses rapports avec son père, ils restent affectueux malgré les désaccords, Freud manifestant toujours une attention particulière dès qu'elle connaît des problèmes de santé, ce qui est fréquent. Sans avoir pu avoir d'enfants, Mathilde quittera Vienne en mai 1938 pour l'Angleterre, accompagnée de son mari. Elle y sera heureuse et beaucoup moins souvent malade qu'à Vienne. Elle y deviendra ce qu'on appellerait aujourd'hui styliste de mode, ouvrira dans un quartier chic de Londres une boutique de vêtements qui prospérera durant plusieurs décennies.

Freud semble avoir toujours éprouvé une certaine admiration pour sa fille aînée, peut-être même plus que pour Anna, qui est pourtant son héritière intellectuelle. C'est aussi envers elle qu'il aura sans doute le plus manifesté son côté patriarcal. Entre ce père et cette fille, il y a probablement une forte affinité de caractère, qui les rend très proches et en même temps les oppose. Comme sa mère Martha, Mathilde paraît ne jamais s'être intéressée à la psychanalyse, mais avoir suivi, inconsciemment, les préceptes que Freud prônait pour les autres en matière de libération féminine et sexuelle. Elle a choisi son époux et a suivi sa voie contre l'avis de ses parents ; son autonomie – la force de son moi – est passée, comme il se doit, par la révolte contre le père et la puissance de son surmoi. C'est aussi en prenant de l'indépendance par rapport à ce qu'avait prévu Freud pour elle que Mathilde s'en est détachée et a suscité la fierté du grand homme.

Sophie : un amour de petite fille

Freud, je l'ai mentionné, a eu deux autres filles, Sophie et Anna. Sur une photographie qui a été conservée, on les voit l'une et l'autre telles deux « poupées fragiles et ravissantes, on dirait presque des jumelles. Leurs robes blanches ont des manches bouffantes. Leur opulente chevelure noire est retenue par un ruban de soie ou de taffetas. Anna est plongée dans un ouvrage de couture, Sophie fixe audacieusement l'objectif : une enfance sans problème, rarement malade et jamais insolente. Il est impossible de se douter des combats acharnés auxquels se livrent les deux petites filles. Une jalousie féroce les oppose, un cas exemplaire de la "rivalité entre sœurs" ; Anna fait tout pour plaire à son père, tandis que Sophie s'accroche tendrement à sa mère, qu'elle aimerait avoir entièrement à elle[7]. » Sophie est la deuxième fille de Freud, elle est née le 12 avril 1893. À son propos, Freud note : « Notre petite fille est bien jolie, elle a pris 370 g la semaine dernière. » Trois ans plus tard, alors qu'elle est demoiselle d'honneur lors d'un mariage, il note de nouveau : « Qui y a-t-il d'ailleurs de plus jolie… Ce fut une petite fille, frisée au fer et couronnée de myosotis. » Sophie restera toujours particulièrement féminine et proche de sa mère. À 19 ans, suivant les traces de sa sœur aînée Mathilde, elle tombe amoureuse de Max Halberstadt, son aîné de onze ans. Compte tenu du contexte familial et du milieu aisé du jeune homme, Freud accepte beaucoup plus facilement le mariage. À son futur gendre, qui lui ressemble d'ailleurs, qui est mince, toujours sérieux et qu'on ne voit que rarement sourire, il écrit : « Je me suis vraiment toujours bien entendu avec ma femme et je lui suis surtout reconnaissant de ces nombreuses et nobles qualités, de nos enfants bien réussis et aussi parce qu'elle n'a jamais été ni très différente de la normale, ni très souvent malade. J'espère que cela sera un heureux présage et que la petite farouche deviendra une bonne épouse. » Il semble néanmoins que ce père ait eu un peu de mal, dans les faits, à laisser partir la plus belle de ses filles. Sophie donnera à Freud son premier petit-fils, Ernst, en 1914. Ce dernier semble contredire la théorie de son grand-père sur l'oralité du bébé, correspondant au plaisir de téter, de sucer, premier stade de la sexualité infantile. Le petit garçon, en effet, ne veut pas boire le sein de sa mère… Évidemment, ce problème s'arrange, mais la guerre est là. La présence à la maison de sa fille chérie Sophie et de son petit-fils semble donner à Freud, dont le moral n'est pas toujours bon, une raison de vivre.

En 1920, soit deux ans après la fin du premier conflit mondial, survient, dans la vie de Freud, un malheur terrible dont il ne se relèvera jamais vraiment : sa fille Sophie, qu'il appelait son « enfant chéri des dieux », meurt brutalement à l'âge de 26 ans d'une grippe maligne. À son disciple Ferenczi, le père confie : « Des années durant, j'étais préparé à la perte de mes fils, et voilà que vient celle de la fille… Tout au fond, je subodorais le sentiment d'une atteinte narcissique profonde et insurmontable. » L'année 1920 est un tournant dans la vie et le parcours intellectuel du psychanalyste viennois. C'est l'année de publication d'un ouvrage capital, *Au-delà du principe de plaisir*, qui constitue la base de ce qu'on appelle la deuxième théorie des pulsions : alors que la première théorie opposait la pulsion sexuelle et la pulsion d'autoconservation, celle-ci, plus spéculative, oppose la pulsion de vie à la pulsion de mort. On attribue généralement son élaboration à ce que Freud aurait vu et compris de la guerre qui s'achève, notamment la violence de l'homme et ses tendances criminelles ou suicidaires, mais aussi à l'épreuve qu'il aurait traversée avec le décès de sa fille. C'est dire si l'œuvre de Freud peut, pour une part, se comprendre par les liens qu'il entretenait avec ses filles. En 1920, quand survient le décès de Sophie, Freud a 64 ans – il mourra à Londres à 83 ans, en 1939. Le destin viendra encore le frapper cruellement à plus d'une reprise. Ainsi, en 1923, ce sera au tour du fils de Sophie, Heinele, de mourir d'une méningite tuberculeuse. La même année, Freud se fera opérer pour la première fois de son cancer de la mâchoire. Ce sera également l'année de la parution d'un autre livre fondamental : *Le Moi et le Ça*, dans lequel il construit la personnalité humaine comme ayant absolument besoin de rejeter loin de la conscience ce qui est insupportable.

Anna, l'héritière

Anna est la dernière des filles de Freud, puisqu'elle naît le 3 décembre 1895. Dans une lettre qu'il adresse à son ami Fliess, le père raconte : « S'il s'était agi d'un fils, je te l'aurais annoncé par télégramme, puisqu'il aurait porté ton prénom. Mais comme c'est une fille appelée Anna, je te l'apprends plus tardivement. Elle s'est introduite aujourd'hui vers 3 h 15 au beau milieu de la consultation et semble une gentille complète petite femme qui, grâce aux soins de Fleischmann (le gynécologue), n'a causé aucun dommage à sa maman. Actuellement toutes deux vont bien. » Ces quelques lignes permettent-elles d'augurer du destin d'Anna ? Signifient-elles que Freud attendait un fils ? Expliquent-elles que la dernière des filles de Freud en soit devenue le « fils spirituel », le successeur, mais un successeur fortement préoccupé, comme nous allons le voir, par son identité sexuée ?

Freud traite Anna comme une adulte bien avant l'âge ; il attend d'elle qu'elle soit mature et sérieuse, ce qu'elle sera, et qu'elle n'entre pas en rivalité féminine avec sa mère, ce qu'elle ne fera pas. Apprendre est, de fait, la passion d'Anna. Elle est la seule fille de Freud autorisée très jeune à assister aux réunions du mercredi de la « société psychanalytique », la seule à qui son père ait expliqué très tôt ce qu'est la psychanalyse : « Tu vois ces maisons avec leurs belles façades ? lui aurait-il dit. Les choses ne sont pas toujours aussi belles derrière les façades. C'est la même chose avec les êtres humains. »

Contrairement à sa sœur Sophie, avec qui elle est perpétuellement en rivalité, Anna semble donc peu féminine et s'intéresse surtout à ses études. Cela n'empêche pas son père de manifester avec elle le caractère autoritaire qu'il adopte avec ses filles et de lui refuser, par exemple, de préparer le Gymnasium qui lui ouvrirait, pourtant, la voie aux études supérieures qu'elle souhaite mener. Anna ne semble pas trop lui en tenir rigueur ; c'est plutôt l'amour qui domine la relation qu'elle a avec son père. « Est-ce que je te manque parfois ? » lui demande-t-elle dans une lettre avant de conclure : « Je t'embrasse une fois et reste toujours ta petite Anna. » Sans doute sait-elle que cet amour est réciproque et que son père parle d'elle comme de sa

« très chère et unique fille ». C'est avec elle aussi qu'il fera ce voyage à deux en Italie au cours duquel on dit qu'il aurait commencé officieusement à l'analyser...

Après l'Italie, Anna prend un peu d'indépendance, mais son père continue de vouloir exercer sur elle un contrôle excessif, comme en témoigne l'épisode bien connu avec le Dr Jones, ami et collaborateur de Freud, qui sera aussi son futur biographe. Estimant que Jones a l'intention de lui demander la main d'Anna, il prend sa plume et écrit à sa fille : « Comme tu le sais, le Dr Jones est un ami et un collaborateur très précieux... Mais je sais... que ce n'est pas l'homme qu'il faut à une jeune fille de nature délicate... Il lui manque le tact et le sens des égards délicats que toute jeune fille plutôt réservée... habituée à beaucoup de prévenances, est en droit d'attendre de la part de son mari... Je te conseille d'éviter, non pas toute relation avec lui, mais en tout cas les tête-à-tête... » À son collaborateur Jones, Freud écrit également et, parlant d'Anna, déclare : « Elle ne s'attend nullement à être traitée en femme, car elle se trouve encore loin d'éprouver du désir sexuel, et a plutôt tendance à refuser l'homme. » Jones, décryptant sans doute la situation, déclare à son tour : « Anna est une noble personnalité et elle deviendra certainement une femme remarquable, si son refoulement sexuel ne lui nuit pas. Bien entendu, elle vous est extraordinairement proche et c'est l'un de ces rares cas où le père véritable correspond à l'imago du père. » On ne saurait être plus clair sur l'intensité des liens entre un père et sa fille et dénoncer de façon plus diplomate les conséquences qu'une telle relation peut avoir sur une vie de femme ! De façon significative, Anna elle-même écrira à une autre occasion : « Chaque fois que je suis allée ailleurs, en Angleterre, à

Budapest, partout, tout le monde était très gentil. Je rêve de ne pas être un homme. »

Anna Freud restera dépendante de son père et soumise à son autorité toute sa vie, même si elle prend parfois une relative autonomie, par exemple lorsqu'elle devient institutrice, malgré un avis paternel très réservé. En octobre 1918, Freud commence son analyse officielle ; apparemment, il souhaite qu'elle marche sur ses traces. Comme il l'écrit à son disciple Ferenczi, il la considère comme la « plus charmante » et la « plus agréable » de ses enfants, celle qui comprend le mieux la psychanalyse, même s'il se soucie de ses choix sexués. Tout cela est peut-être trop délicat et trop personnel pour qu'il puisse confier sa fille à un de ses collaborateurs. Quoi qu'il en soit, au printemps 1923, Anna commence à son tour à exercer la psychanalyse. C'est à cette époque que Freud est opéré pour une tumeur cancéreuse dont il ne guérira jamais. Être auprès de son père et le soigner est la nouvelle mission qu'Anna remplira à partir de cette date et jusqu'à la mort de Freud.

Petit kaléidoscope contemporain

L'histoire des trois filles du Dr Freud, telle que plusieurs biographes l'ont reconstituée, rappelle, si besoin en était, qu'il n'est pas toujours facile d'avoir pour père un homme illustre, surtout, et cela aura été le destin d'Anna, quand la relation établie est une relation de trop grande proximité qui mène à une dépendance sans issue. En revanche, le chemin emprunté par Mathilde, la plus contemporaine des filles de Freud, est sans conteste celui de l'autonomie, et celui qui permet à une fille, quelle qu'elle soit, de se donner une chance d'accéder à la liberté et à l'épanouissement recherché à l'âge adulte.

Évidemment, les temps ont changé et les pères d'aujourd'hui ne se comportent plus comme Sigmund Freud au XIXe siècle ; ils n'ont d'ailleurs plus ni les mêmes droits ni le même pouvoir sur leurs enfants, et leurs filles en particulier. Nous sommes passés en un peu plus d'un siècle de l'autorité paternelle toute-puissante, déjà présente au temps des Romains, et prorogée par la promulgation du Code civil napoléonien en 1804, à une autorité parentale partagée, entre le père et la mère, depuis 1970. Cette autorité paternelle a évidemment longtemps retenti sur le destin des filles. Combien de filles, il y a un siècle, prenaient encore pour mari l'homme que leur père leur avait choisi, combien devaient s'accommoder d'un mariage arrangé, combien avaient le sentiment ainsi d'être mariées pour de l'argent, une terre, un titre ou une alliance ! On sait que ces pratiques, et d'autres pires encore, subsistent dans certains pays du monde. Un livre très bien documenté[8] a fait le point récemment sur tout ce que les femmes, encore aujourd'hui, dans d'innombrables régions du monde, doivent endurer parce qu'elles sont nées femmes. Cette condition inacceptable qui leur est faite, tient évidemment, en premier lieu, au pouvoir que les hommes ont et gardent sur elles et sur la société où elles évoluent. On sait par exemple que les violences et les discriminations qui commencent dès l'enfance touchent toujours plus particulièrement les petites filles qui seront moins nourries, moins soignées et moins éduquées – près de deux tiers des 127 millions d'enfants qui, dans le monde, ont l'âge d'être scolarisés mais ne vont pas à l'école, sont des filles, selon les chiffres fournis par l'Unicef.

Chez nous, la domination masculine est moins ostensible, elle s'affaiblit aussi de façon incontestable, même si tous les progrès ne sont pas encore accomplis, mais les femmes se battent et les mères, avec un nombre croissant de pères, veillent pour que leurs filles puissent être libres. Cela étant, les contes de fées qu'on lit volontiers aux petits enfants, ou qu'on les emmène voir au cinéma, intègrent souvent un imaginaire qui pour certains correspond aux fantasmes les plus profonds, et pour d'autres véhiculent toutes sortes de stéréotypes concernant le destin promis aux garçons et aux filles. Que l'on pense simplement à Cendrillon, à la Belle au bois dormant ou à Blanche-Neige. Est-il bien sûr que les petites filles n'y croient pas et que, devenues grandes, elles n'y croient pas encore un peu ? Si personne ne les a mises en garde ou n'a éveillé leur conscience, est-il bien certain qu'elles ne continuent pas à considérer que les hommes sont, par nature, des pères aimants et des combattants valeureux, les femmes essentiellement des marâtres aigries et de méchantes sorcières, et que le salut d'une jeune fille, à condition qu'elle soit belle, passe sans conteste possible par la protection et l'amour d'un prince aussi merveilleux que charmant ?

Les spécialistes des questions de paternité nous ont appris à distinguer la paternité instituée, celle qui est établie par la loi, la paternité coutumière, celle qui est consacrée par l'usage, et la paternité privatisée, qui rend compte du lien affectif et intrafamilial. C'est cette dernière qui s'est le plus développée depuis une trentaine d'années, au détriment peut-être des deux autres. Cette évolution ne concerne pas d'ailleurs seulement les pères, mais aussi les mères. Comme le remarque le sociologue François de Singly, les parents d'aujourd'hui « ne sont plus d'abord des individus appartenant à une génération précédente chargée de transmettre à la génération suivante des savoirs et les expériences accumulées. Ils sont désormais des individus chargés de décrypter, d'interpréter les besoins des enfants afin de les aider à devenir eux-mêmes[9] ». Évidemment, quand une société a été habituée à donner au père une fonction d'autorité réelle et symbolique, une telle transformation suscite le débat, voire provoque des inquiétudes.

Pour certains, donc, la figure paternelle serait en déclin, ce qui réjouirait les féministes, mais inquiéterait les psychanalystes[10]. Pour d'autres, la découverte récente de l'ADN et les tests génétiques donneraient aux liens de paternité une vérité inédite, aussi forte que celle que l'accouchement donne au lien maternel. Ce qui est sûr, c'est que nous avons désormais affaire à une pluralité de figures paternelles qui composent une sorte de kaléidoscope contemporain de la paternité. Voyons trois de ces situations particulièrement actuelles : celle du père divorcé et du beau-père, celle du père qui élève seul sa fille, et celle du grand-père en rivalité avec son fils. Aujourd'hui, toutes les configurations semblent possibles, nul doute que Freud ne s'y serait pas nécessairement reconnu ou retrouvé !

Pères et beaux-pères

Le livre de Dominique Sampiero, *La Petite Présence*, est le livre qu'un père, qui n'est autre que l'auteur, écrit à sa fille de 5 ans dont il est séparé. Les parents se sont quittés, et Olivia est restée à Paris avec sa mère. Comme il vit dans le nord de la France, ce père décide d'offrir chaque jour à sa petite fille sa présence, une « petite présence », par le biais de l'écriture. Pour compenser l'absence et l'éloignement, pour être là, malgré tout, jusqu'au bout, il lui écrit chaque jour. L'espoir qui le guide, lui dit-il, est que ses mots puissent être « comme une écharpe pour ta vie de femme, une longue robe de soie mauve et bleue qui épousera chacun de tes gestes plus tard, quand tu saigneras en pensant à nous, à ton enfance trop courte, à cette page de ton histoire, déchirée, froissée, roulée en trois chiffons, toi, moi et ta mère ».

Tous les pères n'ont pas le talent de Dominique Sampiero pour adoucir, sans l'effacer, le chagrin qu'éprouve leur fille quand ils s'en vont. Les femmes qui m'ont parlé de la séparation de leurs parents m'ont toutes dit en avoir profondément souffert. Elles en gardaient toutes le souvenir d'une brisure dans leur vie, même quand la rupture ou le divorce avait été « raisonnable ». Il est normal qu'une fille, en raison de l'amour qu'elle porte profondément à ses parents, réagisse à leur séparation. Au-delà de l'enfance, cet événement majeur a parfois dans leur vie des conséquences sur certaines attitudes ou certains comportements qui n'apparaissent pas, à première vue, liés, comme en témoigne l'histoire d'Éléonore.

Cette jolie femme travaille dans le monde de la finance depuis quelques années, mais se demande de plus en plus souvent si elle doit poursuivre la voie qu'elle a prise et continuer de gravir progressivement les échelons de son entreprise, ou bien se tourner vers ce qui l'a toujours attirée : la mode. Éléonore constate qu'elle a beaucoup de mal à se décider. D'un côté, elle ne veut pas trahir ceux qui lui ont fait confiance jusque-là dans sa carrière et l'ont aidée à progresser. De l'autre, elle a le sentiment de ne pas être libre et de ne pas réaliser ce dont elle a toujours rêvé. Le travail psychanalytique qu'elle entame à ce tournant de sa vie lui permet de faire le lien entre sa situation actuelle et ce qui s'est passé, plus tôt, dans sa vie personnelle, au moment de son enfance. Lors d'une séance, elle me rapporte ainsi qu'elle n'arrive pas à dire à son chef de service actuel qu'elle souhaiterait changer d'orientation, comme elle n'osait pas dire à son père qu'elle ne voulait pas servir d'intermédiaire entre lui et sa mère qui se disputaient souvent pour des questions d'argent, après leur divorce. Elle enchaîne alors sur la question qui la taraude, celle de ses choix professionnels, et ajoute, spontanément, sans y prendre garde : « C'est terrible de devoir choisir entre ses parents, cela a des conséquences toute la vie… »

Une des questions que les filles de parents divorcés se posent souvent porte sur les raisons précises pour lesquelles leur père est parti ou a accepté la rupture sans se battre. L'ambivalence qui caractérise la relation mère-fille prend ici toute son ampleur. La majorité des femmes que j'ai rencontrées, dont les parents avaient divorcé lorsqu'elles étaient enfants ou adolescentes, m'ont avoué qu'elles étaient restées longtemps animées par des sentiments contradictoires. Si elles reprochaient à leur père de ne pas avoir tenu bon, de ne pas avoir su trouver les bons mots pour préserver son couple ou, à l'inverse, d'avoir été infidèle et de n'avoir pensé qu'à lui, elles avaient aussi souvent porté un regard critique et même dur sur leur mère qui n'avait pas su, à leurs yeux, apporter à « leur homme » l'attention, l'intérêt ou l'amour qu'il attendait.

Dorothée me parle du divorce de ses parents lorsqu'elle avait 12 ans et de ses réactions d'alors, de la colère qu'elle avait éprouvée, mais aussi de la déception, du dégoût et de l'indifférence qui se mélangeaient. Elle me parle aussi d'un rêve qu'elle vient de faire : son père et sa mère vivent dans une grande maison au bord de la mer, ils sont dans une piscine et semblent très heureux d'être ensemble. Son père nage de façon ridicule et elle en a honte. Tout à coup, dans son rêve, Dorothée voit que l'homme qui est avec sa mère est son propre fiancé qui a quelques années de plus qu'elle : ils sont sur un beau bateau dans la baie de Cannes où, enfant, elle allait en vacances avec ses parents et où elle a projeté justement de passer bientôt quelques jours avec son amoureux. Le rêve de Dorothée est assez explicite, il réalise deux désirs : celui de réunir à nouveau son père et sa mère, mais aussi celui de réussir ce que sa mère n'a pas réussi à poursuivre avec son père et, donc, de faire mieux qu'elle. Chez nombre de jeunes filles ou de femmes dont les parents ont divorcé, il y a, comme chez Dorothée, le regret de cette séparation et le désir qu'elle n'ait jamais eu lieu, la colère contre leur père qui est parti, mais aussi le sentiment que leur mère n'a pas été à la hauteur.

Rappelons ici qu'une fille n'a pas seulement besoin de l'amour et de la tendresse de son père, elle attend également qu'il lui accorde la place qu'elle mérite au sein de la famille et, en l'occurrence, qu'il lui explique, sassez clairement, les raisons de son choix de partir ou de se séparer. Elle ne demande pas pour autant d'être prise pour confidente ou pour complice ; elle demande simplement, et je dirais légitimement, que son père ne la laisse pas à l'écart de ses décisions et, donc, de sa vie. C'est d'autant plus important que cet homme, qui est son père, peut avoir, là aussi légitimement, le désir de vivre une autre histoire d'amour avec une autre femme, et qu'il risque aussi, par ailleurs, à plus ou moins brève échéance, d'être mis en rivalité avec un autre homme : le nouveau compagnon de sa femme. *Un père qui prend le temps et la peine d'expliquer à sa fille les raisons de sa rupture avec sa mère l'aide toujours à se situer dans sa nouvelle constellation familiale et à trouver la place qui lui revient.*

Mireille, par exemple, affirme que son beau-père ne la supporte pas, il est injuste et lui préfère, assure-t-elle, ses propres filles. Elle pense qu'il n'est intéressé que par l'argent de sa mère, qui a quitté son père pour vivre avec lui et qui lui a imposé son choix sans la consulter. En même temps, elle reconnaît avoir peur de ressembler à son père qui est un homme sensible, anxieux et peu combatif. Au jour d'aujourd'hui, elle se sent partagée entre l'admiration qu'elle porte à sa mère, « malgré tous ses défauts », et la peine de voir son père seul et malheureux. Ces sentiments n'auraient-ils pas nui à la qualité de ses rapports avec son beau-père ? Un père plus affirmé et plus serein n'aurait-il pas davantage aidé cette jeune fille à s'accommoder de son beau-père ? On peut, au moins, se poser la question.

Sauf exception, une fille n'attend pas de son beau-père qu'il se conduise comme un père. Je dis bien, sauf exception, car j'ai rencontré des situations où les filles étaient heureuses que leur beau-père le fasse, soit parce que leur père avait disparu très précocement et que cet homme manifestait une incontestable tendresse à leur égard, assumant totalement son éducation ; soit parce que le père avait été particulièrement défaillant ou même rejetant. Mais, pour en revenir au cas le plus général, après une période initiale qui peut être tendue, une fille attend de son beau-père qu'il se conduise comme un beau-père, c'est-à-dire qu'il respecte la place du père et aussi qu'il occupe la sienne, qu'il n'y ait donc, de sa part, ni substitution ni abstention. Si cela n'est pas le cas, les fréquentes difficultés initiales s'aggravent, en effet, et peuvent laisser des traces durables. Entre un beau-père et sa belle-fille, l'important est de construire une relation de confiance où le parent naturel n'est pas évincé, mais respecté, sans rivalité d'aucune sorte. Il ne s'agit pas de se forcer à être aimable ou de séduire : une fille sent immédiatement, peut-être encore mieux qu'un garçon, l'inauthenticité des sentiments ; il s'agit d'être soi, d'occuper sa place, toute la place, mais seulement sa place. À la mère aussi de faire accepter à ses enfants, y compris à sa fille, qu'elle continue à exercer l'autorité éducative avec leur père pour les questions de fond – santé physique ou problèmes psychologiques, orientation scolaire, vacances, activités sportives et culturelles – et qu'elle partage l'autorité quotidienne avec un nouvel homme.

Seule avec son père

Un père peut se retrouver seul à éduquer ses enfants, le plus souvent à la suite du décès de la mère. Dans ces situations, lorsque la fille est l'aînée, elle se voit souvent attribuer le rôle de substitut maternel ou se l'attribue d'elle-même face à des frères et sœurs plus jeunes. Si elle peut en tirer une fierté, elle peut aussi vivre cette responsabilité comme une charge : à son père de ne pas trop compter sur elle, même involontairement, et à l'alléger au besoin en se faisant davantage aider par ses propres parents, ses beaux-parents ou de simples proches. De même, et peut-être plus encore, un père qui se retrouve seul avec sa fille unique doit-il veiller particulièrement à ne pas trop attendre de celle-ci. Quand je dis « attendre trop », je parle sur un plan matériel, concret, mais aussi affectif. Un père peut, en effet, développer une forme de dépendance à l'égard de sa fille unique et l'amener, de ce fait, non seulement à jouer le rôle de l'adulte, mais aussi à entrer dans une sorte de vie de couple dont elle aura du mal à sortir plus tard. Il peut aussi, surtout à l'adolescence, manifester sa crainte, consciente ou inconsciente, qu'elle le quitte en se montrant particulièrement sévère sur la question des sorties, des fréquentations ou des loisirs pratiqués, l'empêchant ainsi de prendre une autonomie suffisante.

Il revient aux pères, comme aux mères confrontées à la même situation, de trouver le bon dosage entre la fonction symbolique qu'ils se doivent d'exercer, sur le plan de l'autorité notamment, et le respect de l'indépendance croissante de leur fille, qui est tout aussi nécessaire à la construction de son identité. Tout enfant a besoin, pour continuer à grandir, de tendresse et de repères, mais aussi de limites et de liberté. Une adolescente qui vit seule avec son père aura, comme toutes les jeunes filles de son âge, mais un peu plus encore, le sentiment de manquer parfois d'air. Elle cherchera alors à prendre de la distance, parfois brutalement, comme souvent les garçons, parfois de façon beaucoup plus intériorisée en manifestant une timidité importante ou des sentiments dépressifs qui se traduiront par une tristesse manifeste, quand ce n'est pas des comportements alimentaires inappropriés. Cela dit, il n'est pas rare de constater aussi que des filles ayant grandi seules avec leur père sont devenues plus rapidement autonomes et plus combatives. Il arrive même qu'elles s'investissent encore plus et réussissent encore mieux que des filles de leur âge vivant avec leurs deux parents, parce qu'elles cherchent, ce faisant, à faire plaisir à leur père ou à combler un manque lié à l'absence de leur mère.

Pères et grands-pères

Laura est une jeune femme qui a été très marquée par son grand-père paternel. Elle en garde le souvenir d'un homme passionnant, toujours élégant, entouré d'amis. Elle se souvient avec plaisir que ses parents disaient qu'elle était sa préférée. Elle n'en doute pas, car sa mémoire est habitée par des souvenirs de bonheur, de rires, de promenades en commun. Si elle a choisi de faire médecine, c'est sûrement parce qu'elle a vu combien cet homme était passionné par son métier, respecté par ceux qui l'entouraient et heureux de vivre. Son regret est de ne pas l'avoir connu plus longtemps et de ne pas avoir eu le temps de lui montrer qu'elle suivait sa voie. Penser à lui, dans ses moments d'angoisse, de fatigue ou de cafard lui redonne du courage, avoue-t-elle.

Et son père, quelle importance a-t-il eue dans sa vie ? Moindre, beaucoup moindre : ils avaient une relation difficile, explique-t-elle. « Ceci explique d'ailleurs peut-être cela, ajoute-t-elle. Je n'aurais sans doute pas rencontré autant de problèmes avec mon père si mon grand-père n'avait pas occupé une telle place... » Petite, elle avait déjà perçu l'admiration du fils pour le père, de son père pour son grand-père – il se comparait toujours à lui, donnant le sentiment qu'il ne pourrait jamais l'égaler –, mais ce n'est que récemment que la relation entre ces deux hommes a pris tout son sens pour elle. Elle est sûre désormais que les liens étroits qui l'unissaient à son grand-père ont dû agacer son père et qu'il lui a toujours préféré son frère en partie pour cette raison.

Aujourd'hui, les grands-pères restent de plus en plus jeunes longtemps. Cela contribue sans aucun doute à les faire passer du statut de personnages un peu lointains et parlant peu, qu'ils possédaient avant, à une présence beaucoup plus réelle. Un ami, déjà grand-père, me racontait récemment que sa petite-fille âgée de 7 ans lui avait demandé s'il voulait bien remplacer son père avec qui elle s'était disputée. Elle avait argumenté sa demande, comme savent le faire les enfants d'aujourd'hui, en lui disant qu'il n'aurait pas besoin d'être plus présent que son père, qu'elle voyait très peu, et qu'elle travaillerait ainsi mieux à l'école car lui, au moins, serait patient avec elle. On le voit, s'il existait par le passé une rivalité de nature fantasmatique entre un père et un grand-père, cette rivalité prend désormais, la longévité de tous aidant, des formes beaucoup plus réelles aux yeux d'une petite fille...

Pères d'aujourd'hui, filles de demain

Un dimanche, j'assistais à une scène que je voudrais rapporter ici. Me promenant dans la matinée, je vois tout à coup avancer le patron d'une très grande société française de dimension internationale que je reconnais tout de suite. Ce père, que je sais remarié, se promène avec ses deux filles. L'une montre avec fierté qu'elle savait pédaler sur son petit vélo, l'autre est dans une poussette que pousse avec tendresse son père. Ce père qui dirige plusieurs milliers de salariés semble simplement fier et tout à fait heureux. Aurais-je pu assister à la même scène trente ans plus tôt[11] ? Sans doute pas, le monde a vraiment changé, me dis-je. Entre, d'un côté, Freud ou même les pères d'il y a seulement une génération et, de l'autre, les nouveaux pères, les pères divorcés, les beaux-pères, les pères seuls et les grands-pères d'aujourd'hui, plus rien ne ressemble à rien, et on y perdrait volontiers son latin, comme diraient certains. Reprenons pour essayer de trouver un fil.

En 2002, 43 % des pères ont pris un congé de paternité. Si la France n'est pas la Suède, les pères s'occupent donc beaucoup plus de leurs enfants que ne le faisaient leurs propres pères, même si, de tout temps, il y a sûrement toujours eu des « papas poules » qui portaient dans leur poche l'étrange désir d'être une femme[12]. Personne ne peut nier les profonds changements qui affectent la famille, la place des deux parents dans la vie affective de leurs enfants, les rôles masculin et féminin et, bien évidemment, le statut des femmes et, par là même, des filles dès leur naissance. Certains aiment évoquer le rôle défaillant des pères contemporains, mais on peut aussi souligner le rôle positif que jouent ces « nouveaux pères ». Notre époque a, en tout cas, compris que le statut du père, la refonte des structures traditionnelles de la famille et l'émancipation de la femme étaient inséparables. L'évolution que nous connaissons vise clairement au rapprochement des fonctions et des rôles de la mère et du père. Les principes fondamentaux du Code civil, qui a longtemps été l'instrument juridique de la puissance du père et du mari, ont été contestés par la loi du 13 juillet 1965 qui a introduit la notion d'égalité entre époux. Rappelons que la loi du 4 juin 1970 a, quant à elle, confirmé que les deux époux assumaient désormais conjointement la direction de la famille par l'« autorité parentale » qu'ils exercent, supprimant l'appellation de « chef de famille » jusque-là attribuée au père. Cette transformation a été couronnée par la loi du 8 janvier 1993 qui pose le principe selon lequel l'enfant, fille ou garçon, quel que soit son âge, dès lors qu'il est « capable de discernement » – notion bien complexe – doit être consulté sur toute procédure le concernant. Enfin, encore plus récemment, la disparition du patronyme n'est pas sans questionner la fonction symbolique du père, de la mère et de l'enfant.

Tous ces changements de droit ont des manifestations et des conséquences dans les faits. Une étude portant sur la présence quantitative et qualitative des pères dans les crèches, auprès d'enfants âgés de 6 mois et de 2 ans, montre que les « nouveaux pères » sont incontestablement beaucoup plus proches de leurs enfants, là aussi filles ou garçons, que leurs propres pères ne l'étaient. Elle indique que 30 % des pères sont présents à l'inscription de leur enfant, 60 % environ les accompagnent et viennent les rechercher, et 36 % participent au processus d'adaptation. Ces « nouveaux pères » se qualifient eux-mêmes de « très affectueux » (à 6 mois, ils sont 61,8 % et, à 2 ans, 70 %), de « papas poules ou très papas poules » (55,8 % à 6 mois et à 2 ans 46,7 %), de « peu autoritaires » (50 % à 6 mois et 40 % à 2 ans), et surtout de « responsables » (80 % à 6 mois et à 2 ans[13]). Incontestablement, nous n'aurions pas trouvé de tels chiffres une génération plus tôt. Ces données amènent même les auxiliaires de puériculture et le personnel des crèches à trouver certains pères « trop présents » !

Dans son bon sens, l'opinion générale attend aujourd'hui d'un père qu'il soit « paternel », c'est-à-dire qu'il assume la fonction d'autorité réelle et symbolique qu'il incarne depuis longtemps, et qu'il soit également plus « maternel », c'est-à-dire plus présent, plus disponible et plus impliqué dans l'éducation de ses enfants. La majorité des jeunes pères contemporains répondent à l'évidence à cette attente, ce qui les conduit à intervenir, par exemple, dans le choix des habits de leur enfant ou à être plus attentifs aux propos qu'ils tiennent à leur fille ou aux désirs qu'ils peuvent éventuellement projeter sur elle. De cela, on ne peut que se féliciter, comme on peut se réjouir que, dans le combat pour la condition des femmes, l'homme ne soit plus perçu comme il l'a longtemps été, c'est-à-dire comme l'ennemi à abattre. Désormais, la meilleure façon pour une femme de s'affirmer n'est plus de se transformer en femme virile, mais d'avoir confiance en elle et d'être elle-même. Les filles d'aujourd'hui ont cette chance de pouvoir s'appuyer sur les acquis du combat féminin, ou féministe, de leurs mères, et leurs grands-mères, tout en préservant une féminité dont elles sont fières. C'est une victoire, gagnée de haute lutte par les femmes, qui doit être saluée à sa pleine valeur.

Les temps changent, donc, bel et bien. Certains esprits chagrins voient dans cette évolution un affaiblissement regrettable de l'autorité du père jadis tout-puissant. D'autres, parmi lesquels nous nous rangeons, préfèrent insister sur l'établissement d'un nouveau « pacte de filiation » retentissant sur les liens familiaux. De mon point de vue, en effet, toutes ces transformations juridiques, sociales et culturelles vont dans le bon sens. Je suis persuadé que les filles de demain puiseront dans le modèle que leur offrent leurs deux parents l'énergie nécessaire pour se construire la vie qui leur va. *Cela étant, l'harmonisation des rôles maternel et paternel au sein de la famille n'implique pas, à mon sens, de balayer ce qui a fait l'histoire humaine, à savoir la différence des sexes et la différence des générations.*

L'écoute, longuement poursuivie de mes patientes, m'a convaincu que la fonction paternelle est nécessaire à la subjectivation de tout un chacun, des garçons mais aussi, et peut-être encore plus, des filles. La légitime recherche de la parité entre les deux sexes ne doit pas engendrer l'effacement des différences, bien au contraire. Si les hommes et les femmes ne sont pas si différents les uns des autres, ils sont néanmoins différents : une fille aura toujours besoin, pour grandir, et d'un père et d'une mère, ou, plus exactement, de « *fathering* » et de « *mothering* » selon des termes chers au psychanalyste anglais Winnicott. Déjà en 1963, soit quelques années avant les événements de 1968, Alexander Mitscherlich, fondateur du Sigmund Freud Institut de Francfort, annonçait que l'on s'acheminait vers une « société sans père[14] ». Cela n'est pas exact si l'on regarde notre société actuelle, mais il est certain, en revanche, que si les pères venaient à manquer, alors ces pères manquants feraient non seulement des « fils manqués », mais des « filles peinées[15] ». Pour ma part, et ma pratique quotidienne m'invite à le penser, je crois que chacun comprendra, parvenu au terme de la lecture de ce livre, qu'une fille compte infiniment sur l'amour et l'autorité de son père, si tant est que l'autorité soit définie comme le pouvoir de la rendre suffisamment sûre d'elle-même, libre et heureuse.

CONCLUSION

Les pères ont une place essentielle pour les filles dans la construction de leur personnalité, de leur être profond, de leur devenir de femmes et en particulier de leurs rencontres avec les hommes de leur vie. C'est une relation qui cimente toute l'existence. Cette relation évolue avec le temps, elle n'est pas immuable, mais dans l'esprit d'une femme elle est toujours là quelque part, plus ou moins enfouie. Si un père peut amener une fille à grandir harmonieusement, une fille peut également changer son père, et en particulier le rendre moins craintif ou hostile au monde féminin. Elle sera parfois la seule à pouvoir le faire. L'amour tendre et heureux entre une fille et son père existe, je l'ai rencontré. Malheureusement il y a des pères, aujourd'hui comme hier, qui peuvent faire souffrir leur fille et les rendre profondément et pour longtemps malheureuse. En cas de conflit important ou même de véritable rupture, j'ai constaté que tôt ou tard, dans la majorité des cas, une fille souhaitera faire la paix avec son père. Encore faut-il que celui-ci l'accepte. Il faut parfois toute une vie pour qu'un père et une fille se retrouvent.

À notre époque, pour être un « bon père », il faut savoir que les filles désirent être autonomes, veulent agir et construire, influer sur le cours des choses et donner du sens à leur vie. Mon métier m'a amené à écouter beaucoup d'entre elles. J'ai essayé de transmettre dans ce livre ce que chaque fille, chaque femme mais aussi chaque père m'ont appris sur cette relation humaine. La relation entre une fille et son père est faite de sentiments complexes, différents selon les moments de la vie, mais le plus souvent marqués par une pudeur qui n'existe pas comme telle dans la relation mère-fille. La palette de ces sentiments est polychrome, de l'amour à la déception en passant par la joie, la peine, la peur ou encore la colère. Qu'elles aient cinq, dix, vingt, trente, quarante, cinquante ou soixante ans, toutes les filles ou toutes les femmes qui se sont confiées à moi, amicalement ou professionnellement, m'ont apporté une certitude : ce qu'elles désirent avant tout, c'est d'être fières de leur père. En un mot, pour pouvoir s'identifier à lui et se sentir elles-mêmes confiantes, elles attendent de leur père de l'amour et du respect : qu'il les aime, les respecte et qu'il soit respectable et respecté.

Enfin, la relation d'une fille avec son père et d'un père avec sa fille ne se fait pas sans la présence d'une mère. Médiatrice, conciliatrice, appui mais parfois aussi obstacle, la mère joue un rôle fondamental dans ce qui se passe entre un père et sa fille. Elle a été elle-même la fille d'un père, toutes les mères ont été des filles. Une mère peut donc connaître et être infiltrée des enjeux profonds de cette relation. Inversement, un père peut jouer un rôle important dans ce qui se passe entre sa fille et sa femme. On lui a souvent et classiquement attribué comme principal rôle celui d'être séparateur entre la mère et la fille. Je pense que cela est réducteur, lui aussi se doit d'avoir un rôle de médiateur et parfois de conciliateur, et ne pas être tenté de fuir ce rôle. On a beaucoup insisté sur la rivalité mère-fille par rapport au père. Cette manière de voir est trop simpliste. Une fille souffrira aussi de voir son père disqualifier sa mère, car en cela il la disqualifie en tant qu'appartenant au monde féminin. Si une mère doit permettre à ses enfants, fille et garçon, l'accès à leur père, un père doit tout autant respecter leur mère, en particulier pour une fille.

La relation entre les filles et leur père a toujours été remplie, pour une part, de secret et de mystère, mais notre monde contemporain, à la recherche d'une compréhension mutuelle et identique pour chacun, permet d'en lever quelques-uns. Ce livre se veut un message d'espoir : l'espoir qu'entre pères et filles de demain, même si la pudeur est toujours présente, la parole soit plus facile.

NOTES ET RÉFÉRENCES BIBLIOGRAPHIQUES

Chapitre I

PÈRE, QUI ES-TU ? FILLE, QUI ES-TU ?

1. Braconnier A., *Mère et fils*, Paris, Odile Jacob, 2005.
2. André C., *Imparfaits, libres et heureux*, Paris, Odile Jacob, 2006.
3. Bataille G., *L'Expérience intérieure*, Paris, Gallimard, 1988.
4. Sollers P., « Lacan même », entretien avec Jean Allouch, *L'Unebévue*, 23, 2005, p. 7-27.
5. Julie Depardieu, entretien avec David Le Bailly, *Paris Match*, 5-11 octobre 2006.
6. « La gloire en héritage », enquête Élizabeth Sancey, *Paris Match*, 9 novembre 2006.
7. Kagan J., *Galen's Prophecy*, New York, Basic Books, 1994.

Chapitre II

UNE HISTOIRE D'AMOUR AU FIL DU TEMPS

1. Missonnier S., « Bloc-notes », *Le Carnet psy*, 14-15, 112, 2006.
2. Bayle B., *L'Enfant à naître. Identité conceptionnelle et gestation psychique*, Toulouse, Érès, 2006.
3. Marbeau-Cleirens B., *Les Mères imaginées*, Paris, Les Belles Lettres, 1988.
4. Missonnier S., Golse B., Soulé M. (sous la dir.), *La Grossesse, l'enfant virtuel et la parentalité*, Paris, PUF, 2004.

5. Houzel D., *L'Aube de la vie psychique*, Paris, FSF, 2002.
6. Fivaz-Depeursinge E., Corboz-Warnery A., *Le Triangle primaire, le père, la mère et le bébé*, Paris, Odile Jacob, 2001.
7. Stern D. N., *La Constellation maternelle*, Paris, Calmann-Lévy, 1995.
8. Bruner J.-S., *Le Développement de l'enfant : savoir-faire, savoir dire*, Paris, PUF, 1983.
9. Pierre-Humbert B., *Le Premier Lien*, Paris, Odile Jacob, 2003.
10. Lamb M. E., *The Role of the Father in Child Development*, New York, Wiley & Sons, 3e éd., 1997.
11. Golse B., *Du corps à la pensée*, Paris, PUF, 1999.
12. Herzog J., « L'enseignement de la langue maternelle – aspect du dialogue développemental fille-père », *in Journal de la psychanalyse de l'enfant*, 1992, 11, p. 47-60.
13. Laplanche J., *Entre séduction et inspiration*, Paris, PUF, 1999.
14. *Ibid.*
15. Pierre-Humbert B., *op. cit.*
16. Pedersen F. A., Rubenstein J.-L. et Yarrow L. J., « Infant development in father-absent families », *Journal of Genetic Psychology*, 1979, 135, p. 51-61.
17. Field M., *Contes cruels pour Anaëlle*, Paris, Robert Laffont, 1995.
18. Le Camus J., *Le Vrai Rôle du père*, Paris, Odile Jacob, 2000.
19. Cournut J., *Pourquoi les hommes ont peur des femmes*, Paris, PUF, 2001.
20. Guillaumin J., *Le Père aujourd'hui*, Paris, L'Esprit du temps, 2003.
21. Assoun P.-L., *Freud et la femme*, Paris, Payot, 1995.
22. Mathelin C., *Raisins verts et dents agacées*, Paris, Denoël, 1994.
23. Lauru D., *Père-Fille*, Paris, Albin Michel, 2006.
24. Assoun P.-L., *Le Regard et la voix : leçons de psychanalyse*, Paris, Anthropos, 2000.
25. Lacan J., *Le Séminaire*, Livre VIII, *Le transfert*, Paris, Seuil, 1991.
26. Freud S., *Nouvelles Conférences d'introduction la psychanalyse*, Paris, Gallimard, 1984.
27. Klein M., *La Psychanalyse des enfants*, Paris, PUF, 1959.
28. Cournut J., *op. cit.*
29. Vasseur N., *Je ne lui ai pas dit que j'écrivais ce livre*, Paris, Liana Levi, 2006.
30. Assoun P.-L., *op. cit.*
31. Lacan J., *Écrits*, Paris, Seuil, 1966.
32. Silber A., « Une journée avec Faïza Guène », interview parue dans le journal *Elle*, 28 août 2006.
33. Maestripieri D., *Evolution of Communication*, Harvard University Press, 2003.
34. Vincent L., *Comment devient-on amoureux ?*, Paris, Odile Jacob, 2004.

Chapitre III

DES MOTS MALHEUREUX AUX MAUX DOULOUREUX

1. Delbée A., *Une femme*, Paris, Presses de la Renaissance, 1982.
2. Testud S., *Gamines*, Paris, Fayard, 2006.
3. Goscinny A., *Le Père éternel*, Paris, Grasset, 2006.

4. Middlebrook D., *Son mari. Ted Hughes et Sylvia Plath, histoire d'un mariage* (traduit de l'anglais par Valérie Rousseau), Paris, Phébus, 2006.
5. Rapporté par Jean-Luc Douin, *Le Monde*, 23 juin 2006.
6. Savigneau J., « Une dernière visite à Sybille Bedford », *Le Monde*, 23 juin 2006.
7. Cyrulnik B., *De chair et d'âme*, Paris, Odile Jacob, 2006.
8. Brun D., *La Maternité et le Féminin*, Paris, Denoël, 1990.
9. Maine M., *Father Hunger : Fathers, Daughters and Food*, Carlsbad, Gurze Books, 1991.
10. Nielsen L., *Embracing your Father*, New York, Mac Graw-Hill, 2004.
11. Dethieux J.-B. et coll., « À la recherche des émotions perdues : l'adolescente anorexique et son père », *Neuropsychiatrie de l'enfance et de l'adolescence*, 2001, 49, p. 131-140.
12. Brusset B., *Psychopathologie de l'anorexie mentale*, Paris, Dunod, 1998.
13. Maine M., Father Hunger, *op. cit*.
14. Jeammet P., « Le corps à l'adolescence », *in* Roux M.-L. et Dechaud-Ferbus M., *Le Corps dans la psyché. La psychothérapie de relaxation*, Paris, L'Harmattan, 1993.
15. Bochereau D., « Rencontre avec des pères d'anorexiques », *Neuropsychiatrie de l'enfance et de l'adolescence*, 1994, 6, p. 233-239.
16. Foliot B., « Le manque de père : relation père-fille et anorexie », mémoire de maîtrise de psychologie clinique, 2004-2005.
17. Valère V., *Le Pavillon des enfants fous*, Paris, Le Livre de poche, 2003.
18. Badinter E., *Fausse Route*, Paris, Odile Jacob, 2003.
19. Mathelin C., « Le père, c'est la santé », *in* Colin-Simard V., *Pères d'aujourd'hui, filles de demain*, Paris, Anne Carrière, 2003.
20. Wullschläger J., *Enfances rêvées, Alice, Peter Pan... Nos nostalgies et nos tabous*, trad. par Monique Chassagnol, Paris, Autrement, 1995.
21. Delbée A., *op. cit*.
22. Ciavaldini A. et Balier C., *Agressions sexuelles : pathologies, suivis thérapeutiques et cadre judiciaire*, Paris, Masson, 2000.
23. Pour toutes les questions concernant l'inceste, je renvoie le lecteur à l'excellent ouvrage d'Hélène Parat, dans lequel l'auteur aborde les questions historiques, anthropologiques, sociologiques, juridiques et psychologiques. Parat H., *L'Inceste*, Paris, PUF, « Que sais-je ? », 2004.

Chapitre IV

HEUREUSE ET MALHEUREUSE EN AMOUR

1. Weissman E., « Une journée avec Jacqueline de Romilly », *Elle*, 21 août 2006.
2. Schneider M., *Marilyn, dernières séances*, Paris, Grasset, 2006.
3. Maingueneau A., « Esthétique de la femme fatale », *in* André J. et coll., *Fatalité du féminin*, Paris, PUF, 2002.
4. Spoto D., *Marilyn Monroe, la biographie*, Paris, Presses de la Cité, 1993.
5. Schneider M., *op. cit*.
6. Doll S., *Marilyn, vie et légende*, Paris, Ramsay, 1991.
7. Schneider M., *op. cit*.

Chapitre V

UNE VIE POUR SE PARLER

1. Freud S. (1908), « Les théories sexuelles infantiles », *in La Vie sexuelle*, Paris, PUF, 1969.
2. Lévy-Soussan P., *Éloge du secret*, Paris, Hachette Littératures, 2006.
3. Sondage, www.linternaute.com, 2006.
4. Héritier F., *Masculin/féminin. La pensée de la différence*, Paris, Odile Jacob, 1996.
5. Cournut J., *Pourquoi les hommes ont peur des femmes*, Paris, PUF, 2001.
6. *Ibid.*
7. Ainsi, en 1987, ils étaient 85 % à considérer que « vivre une passion » est une action « moderne » et souhaitable (sondage BVA-*Le Monde* et NRJ, septembre 1987) et, en 1996, comme nous l'avons dit, 87 % des filles et 70 % des garçons disent être amoureux de leur partenaire.
8. Dans son roman *Les Trois Sœurs*, Sylvie Testud raconte l'histoire de trois filles, trois sœurs, dont le père, présent partout dans les esprits, est visible nulle part dans la vie (Paris, Fayard, 2006).
9. Maingueneau A., « Esthétique de la femme fatale », *in* André J. et coll. (sous la dir.), *Fatalité du féminin*, Paris, PUF, 2002.
10. Roux S., *Christine de Pizan, femme de tête, dame de cœur*, Paris, Payot, 2006.
11. Bertrand Jacques A., *La Course du chevau-léger*, Paris, Julliard, 2006.
12. Enquête IPSOS effectuée pour le Forum adolescences de la Fondation Wyeth, mai 2005.
13. Braconnier A., *Le Guide de l'adolescent*, Paris, Odile Jacob, 1999.
14. Ben Jelloun T., *Le Racisme expliqué à ma fille*, Paris, Seuil, 1998.
15. Schierse Léonard L., *La Fille de son père. Guérir les blessures dans la relation père-fille*, Montréal, Le Jour éditeur, 1990.

Chapitre VI

D'HIER À DEMAIN : L'AVENIR DES FILLES

1. Margarita D., « Non deux fois non », *Documents et Débats*, 1992, 39.
2. Freud S., « Pour introduire le narcissisme », in *La Vie sexuelle*, trad française, Paris, PUF, 1969.
3. Issue de la correspondance de Freud 1873-1939, *in* E. Weissweiler, *Les Freud, une famille viennoise*, Paris, Plon, 2006.
4. *Ibid.*
5. E. Jones, *La Vie et l'œuvre de Sigmund Freud*, Paris, PUF, 1958.
6. G. Gödde, *Mathilde Freud*, Giessen, 2003.
7. E. Weissweiler, *op. cit.*
8. Ockrent C. (sous la dir.), *Le Livre noir de la condition des femmes*, coordonné par S. Treiner, Paris, XO, 2006.
9. Singly F. de, *Les Adonaissants*, Paris, Armand Colin, 2006.
10. Burguière A., « Joseph, père moderne », *Le Nouvel Observateur*, 3-9 août 2006.

11. Cela me fait penser à la thèse d'Olivier Rey sur le « retournement des jeunes enfants dans leur poussette ». Selon lui, ce retournement, fréquemment observé aujourd'hui chez les jeunes parents, serait significatif de notre monde contemporain qui demande aux hommes, et ceci dès l'enfance, de tourner le dos aux acquis des générations antérieures, à l'autonomie comprise comme une conquête progressive et qui donne aux enfants « le projet de se construire par eux-mêmes » et d'« appréhender le monde à leur gré », voir O. Rey, *Une folle solitude*, Paris, Seuil, 2006.
12. A. Braconnier, *Mère et fils*, *op. cit*.
13. M. Lamour, « Coconstruire la paternalité : une expérience de recherche-action-formation à la crèche », *in* André J. et Chabert C., *L'Oubli du père*, Paris, PUF, 2004.
14. Mitscherlich A., *Vers la société sans père*, trad. fr., Paris, Gallimard, « Tel », 1981.
15. Corneau G., *Père manquant, fils manqué*, Paris, Éditions de l'homme, 1992.

REMERCIEMENTS

Je voudrais tout d'abord remercier toutes celles et tous ceux qui m'ont accordé leur confiance, qui ont enrichi ma réflexion et que j'ai tenté d'aider le mieux que j'ai pu.

Les illustrations qui ont été inscrites dans cet ouvrage sont une synthèse reconstruite de plusieurs histoires. Elles sont dans ce sens racontées de façon à préserver l'anonymat.

Mes remerciements vont aussi à Caroline Rolland et Marie-Lorraine Colas pour leur aide dévouée et efficace ; Gabrielle Gelber pour son amical soutien passé, actuel et futur.

Enfin, je remercie tout particulièrement Odile Jacob pour ses conseils pertinents, amicaux et bienveillants, sans qui ce livre ne serait pas ce qu'il est.

TABLE

Chapitre II

UNE HISTOIRE D'AMOUR AU FIL DU TEMPS

Chapitre III

DES MOTS MALHEUREUX AUX MAUX DOULOUREUX

Chapitre VI
D'HIER À DEMAIN : L'AVENIR DES FILLES

Cet ouvrage a été transcodé et mis en pages
chez Nord Compo (Villeneuve d'Ascq)

Imprimé en France sur Presse Offset par

CPI
Brodard & Taupin

La Flèche (Sarthe), le 25-02-2008
N° d'impression : 45882
N° d'édition : 7381-2064-X
Dépôt légal : mars 2008